STAAT UND POLITIK

Herausgegeben von Prof. Dr. Ernst Fraenkel,
Prof. Dr. Otto Heinrich von der Gablentz, Prof. Dr. Karl Dietrich Bracher

unter Mitwirkung von
Prof. Dr. Waldemar Besson, Prof. Dr. Gert von Eynern
Prof. Dr. Ossip K. Flechtheim, Prof. Dr. Richard Löwenthal
Prof. Dr. Gerhard A. Ritter, Prof. Dr. Kurt Sontheimer

Band 3

DIETER GROSSER

Grundlagen und Struktur der Staatslehre Friedrich Julius Stahls

WESTDEUTSCHER VERLAG · KÖLN UND OPLADEN

1963

ISBN 978-3-663-06333-9 ISBN 978-3-663-07246-1 (eBook)
DOI 10.1007/978-3-663-07246-1

Verlagsnummer 053403

Softcover reprint of the hardcover 1st edition 1963

Gesamtherstellung: Peter-Presse Christoph Kreickenbaum KG Darmstadt

VORWORT

Friedrich Julius Stahl (1802–1861), der einst berühmte konservative Staatsphilosoph, Kirchenrechtslehrer und Politiker, gilt heute in der Hauptsache als Theoretiker des »monarchischen Prinzips« und als Verfechter eines autoritären Staats- und Kirchenbegriffs. Dieses Urteil erfaßt jedoch nur eine Seite der Leistung Stahls; es verleitet dazu, seine politische Theorie als Konstruktion zur Rechtfertigung des monarchischen Prinzips und des »Obrigkeitsstaates« anzusehen und daher als überholt abzutun. Die fruchtbaren Ansätze der politischen Wissenschaft, die in Stahls Werk enthalten sind, werden dabei übersehen.

In der Literatur ist Stahl bisher relativ wenig Aufmerksamkeit gewidmet worden. Die liberale Staatslehre seiner Zeit sah in Stahl primär den politischen Gegner und bemühte sich kaum um ein tieferes Eindringen in sein Denken [1]. Die erste philosophisch gründliche Kritik an Stahl übte 1861 der Herbartianer Thilo [2]; sein philosophischer Standpunkt hinderte ihn jedoch daran, die auf Schelling zurückgehende Komponente in Stahls Denken verständnisvoll zu erfassen. So sieht er Widersprüche bei Stahl auch dort, wo keine sind.

1906 bemühte sich Erich Kaufmann um eine systematische Darstellung der Rechts- und Staatslehre Stahls [3], wurde aber ihrem Leitgedanken, dem Begriff des sittlichen Reiches, nicht gerecht [4]. Auf Kaufmanns Untersuchung geht die Ansicht zurück, daß das monarchische Prinzip bei Stahl systembedingt sei und daß daher Stahls Staatslehre höchstens historischen Wert besitze. Henning von Arnim [5] und Peter Drucker [6]

[1] Bezeichnend ist das Urteil Robert von Mohls, der Stahl über alle anderen konservativen Staatstheoretiker stellt, ihm Ernst und Tiefe des philosophischen Denkens, juristische Schärfe und großen, wenn auch irrenden politischen Sinn zugesteht, aber zugleich Stahls Werk als wissenschaftlich unwahr bezeichnet, weil es »einen bewußt vorgesetzten praktischen Zweck hat, welchem zu Liebe die Theorie gemacht wird« (in »Geschichte und Literatur der Staatswissenschaften«, Bd. I, 1855, S. 255). Gewiß enthält Stahls Theorie eine Ideologie; dadurch ist aber nicht ausgeschlossen, daß sie auch Elemente von allgemeiner Bedeutung und wissenschaftlichem Wert aufweist.
Vgl. ferner Dahlmann, »Die Politik auf den Grund und das Maß der gegebenen Zustände zurückgeführt«, 2. Aufl. 1847, S. 199; Bluntschli, »Geschichte des Allgemeinen Staatsrechts und der Politik«, 1864, S. 630 ff., und »Staatswörterbuch«, 3. Bd., S. 657 ff.).

[2] Christfried Albert Thilo, »Die theologisierende Rechts- und Staatslehre«, 1861.

[3] Erich Kaufmann, Studien zur Staatslehre des monarchischen Prinzips, Diss. Halle 1906, und »Über den Begriff des Organismus in der Staatslehre des 19. Jahrhunderts«, 1908.

[4] Vgl. unten S. 61.

[5] Henning von Arnim, Studien zur Entwicklung des konservativen Staatsgedankens, Diss. Greifswald 1925.

[6] Peter Drucker, Friedrich Julius Stahl, Konservative Staatslehre und geschichtliche Entwicklung, Tübingen 1933.

gelangten zu einer tieferen Würdigung Stahls, übernahmen aber von Kaufmann das Urteil über die Systembedingtheit des monarchischen Prinzips. Poppelbaum[7], Hübner[8] und neuerdings Volz[9] übersahen den Einfluß Schellings auf Stahl und kamen daher zu einseitigen Interpretationen. Poppelbaum und Hübner behaupteten, daß Stahl gänzlich in der Linie Luther – Pietismus – Konservatismus stehe, Volz hingegen meinte, Stahl sei eher Thomist als Lutheraner. Die während der nationalsozialistischen Zeit erschienenen Arbeiten über Stahl[10] sind fragwürdig, weil sie sich aus naheliegenden Gründen um die Betonung eines angeblich jüdischen Zuges in der Rechts- und Staatslehre Stahls bemühen. Von den beiden jüngsten Dissertationen über Stahl stellt die Arbeit von Adelheid Roos vor allem Stahls politische Haltung während seiner Tätigkeit in der Ersten Preußischen Kammer dar[11], während Fahlbusch die theologische Basis der Revolutionslehre Stahls untersucht und ähnlich wie Volz zu dem Ergebnis kommt, daß Stahl dem Katholizismus näher stehe als dem Protestantismus[12].

Die stark divergierenden Ergebnisse dieser Studien lassen auf Widersprüche im Denken Stahls selbst schließen. Die ganze Vielschichtigkeit der Voraussetzungen der Rechts- und Staatslehre Stahls und damit die Ursache dieser Widersprüche ist bisher nur in der Biographie Gerhard Masurs erhellt worden[13]. Seinem biographischen Anliegen gemäß beschränkt sich Masur in seinem unvollendet gebliebenen Werk bei der Darstellung der Staatslehre auf die Untersuchung der 1. Auflage der »Philosophie des Rechts«, in der wesentliche Gedanken Stahls erst im Ansatz vorhanden sind.

Die vorliegende Arbeit will

1. in der Philosophie Schellings und in der Theologie Luthers die beiden Hauptquellen der metaphysischen Prämissen Stahls aufdecken, die Widersprüche zwischen diesen Hauptquellen nachweisen und in der Staatslehre verfolgen;
2. zugleich die für die politische Wissenschaft fruchtbaren Gedanken Stahls von zeitbedingten Elementen sondern,
3. dabei vor allem das Verhältnis des monarchischen Prinzips zu den Grundbegriffen der Staatslehre Stahls untersuchen, um über den Wert dieser Grundbegriffe für die politische Wissenschaft der Gegenwart entscheiden zu können.

Aus dieser Zielsetzung ergeben sich Anlage und Methode der Arbeit. In einem einleitenden Abschnitt wird zunächst die geistige Entwicklung Stahls und der Ursprung seiner politischen Theorie bis zur endgültigen Festigung seines Standpunktes geschildert, um die Wahl der Philosophie Schellings und der Theologie Luthers als der Hauptquellen der metaphysischen Prämissen Stahls begründen zu können. Dann

[7] K. Poppelbaum, Die Weltanschauung Fr. J. Stahls, Diss. Frankfurt 1922.

[8] Reinhard Hübner, Fr. J. Stahl und der Protestantismus, Diss. Rostock 1928.

[9] Otto Volz, Christentum und Positivismus, Tübingen 1951.

[10] Wilhelm Lang, Stahls christlicher Staat und Luthers Obrigkeit, Diss. Bonn 1936, und Johannes Heckel, Der Einbruch jürdischen Geistes in das deutsche Staats- und Kirchenrecht durch Fr. J. Stahl, Historische Zeitschrift Bd. 155/1937, Heft 3.

[11] Adelheid Roos, Konservatismus und Reaktion bei F. J. Stahl, Diss. Bonn 1957.

[12] Erwin Fahlbusch, Die Lehre von der Revolution bei F. J. Stahl, Diss. Göttingen 1954.

[13] Gerhard Masur, Friedrich Julius Stahl, Geschichte seines Lebens, Aufstieg und Entfaltung 1802–1840, Berlin 1930.

folgt eine vergleichende Darstellung der für Stahl wesentlichen Gedanken Schellings und der Zwei-Reiche-Lehre Luthers, in der die Gegensätze zwischen den beiden Gedankengebäuden herausgearbeitet werden. Im folgenden dritten Abschnitt werden die philosophischen Grundlagen der Rechts- und Staatslehre Stahls als Versuch einer Synthese der auf Luther und Schelling zurückgehenden Komponenten beschrieben. Der vierte Abschnitt entwickelt die Staatslehre Stahls aus dem Gedanken des sittlichen Reiches. Die Frage nach der Stellung des monarchischen Prinzips im System der Staatslehre wird in einem gesonderten fünften Abschnitt behandelt. Abschließend wird versucht, Stahls politische und wissenschaftliche Leistung zu würdigen und mit seinem Begriff des sittlichen Reiches Fragestellungen der politischen Wissenschaft der Gegenwart zu beantworten.

Die Dissertation entstand auf Anregung und unter Anleitung von Herrn Professor Dr. von der Gablentz, Freie Universität Berlin. Ihm sowie Herrn Professor D. D. D. Gollwitzer, Freie Universität Berlin, und Herrn Professor Dr. Masur ist der Verfasser für wertvolle Hinweise zu großem Dank verpflichtet.

D. G.

INHALT

STAHLS DENKEN ALS TEIL DER REAKTIVEN STRÖMUNG NACH DER FRANZÖSISCHEN REVOLUTION

1. Die reaktiven politischen Ideenkreise nach der Französischen Revolution

a) Allgemeine Charakteristik

Die Französische Revolution, dieses »Phänomen, das sich nicht vergißt« [14], entzündete nicht nur die Hoffnungen aller derer, die eine Änderung der bestehenden politischen und sozialen Machtverhältnisse erstrebten. Ihr Angriff auf die bestehende Ordnung verursachte zugleich eine breite reaktive [15] Strömung, die sich der revolutionären Bewegung entgegenstemmte. Sie wurde eingeleitet durch ein »revolutionäres Buch gegen die Revolution« [16], Burkes »Reflections on the Revolution in France«, mit dem Burke das moderne konservative Denken begründete.

Diese reaktive Strömung war in sich stark differenziert. Allen ihren Verzweigungen gemeinsam war neben der Ablehnung der Revolution die Abwehr des rationalistisch-naturrechtlichen Denkens, in dem die geistige Ursache der Revolution gesehen wurde. Gemeinsam war ihnen auch das Mißtrauen gegen das optimistische Menschenbild und den Fortschrittsglauben der Aufklärung, die Abneigung gegen ein abstraktes, auf das Mögliche zielende Denken und die Vorliebe für das Konkret-Vorhandene oder in der Vergangenheit Erprobte. Allen gemeinsam war schließlich die Bindung an die Interessen der in ihrer bisherigen Stellung bedrohten Schichten, besonders des Adels, woraus sich vor allem in Deutschland eine ausgeprägt ständische Ideologie ergab.

Doch hier beginnen bereits die Divergenzen. Bei unterschiedlicher Sozialstruktur und Geschichte in England, Frankreich und Deutschland mußte die reaktive Strömung in diesen Ländern unterschiedliche ideologische Färbungen entwickeln. So entstand in Frankreich, wo die Auslöschung der Revolution durch die Restauration der Bourbonen das Hauptziel war, eine besonders radikale und virulente Form der Restauration, die sich in dem theokratisch-feudalistischen Legitimismus de Maistres und de Bonalds widerspiegelte, während im nichtrevolutionierten England eine viel gemäßigtere, realistischere, die Reform umschließende Art des antirevolutionären Denkens ausgebildet wurde. Diese in der besonderen Geschichte und Sozialstruktur einzelner Länder begründeten Unterschiede sind für die vorliegende Untersuchung jedoch von sekundärem Interesse. Für sie kommt es vor allem darauf an, die reaktive Strömung in Deutschland zu betrachten, weil Stahls politische Theorie mit ihr verbunden ist.

[14] Kant, Akademie-Ausgabe 1910–1923, Bd. VII, S. 63.

[15] Vgl. dazu Karl Mannheim, Das konservative Denken, in Archiv für Sozialwissenschaften und Sozialpolitik, Bd. 57, 1927, S. 68 ff.

[16] Novalis, Werke, Briefe, Dokumente, herausg. v. E. Wasmuth, Heidelberg 1953–57, Bd. I, S. 340.

Zwei Gliederungsprinzipien sind fruchtbar: die einzelnen Zweige innerhalb der reaktiven Strömung können erstens nach ihrem Verhältnis zur politischen Dynamik gesondert werden. In diesem Falle sind die idealtypischen Begriffe Restauration, Reaktion und konservative Reform anzuwenden [17]. Zweitens können die Richtungen innerhalb der reaktiven Strömung nach ihren geistigen Wurzeln unterschieden werden. Für Deutschland wäre dann von der Schule Hallers, von der politischen Romantik und von der historischen Rechtsschule zu sprechen. Hegel ist ein Sonderfall. Sein Ideal der konstitutionellen Monarchie stellte ihn zwar an die Seite der konservativen Kräfte; sein System selbst aber hat als Ergebnis rationalistischen Geistes mit dem konservativen, restaurativen oder reaktionären Denken nichts gemein. Lediglich das Vorurteil ihres Verkünders, nicht die Logik des Systems, ließ die dialektische Selbstentfaltung des absoluten Geistes im politischen Bereich bei der konstitutionellen Monarchie enden. Hegels System konnte revolutionären ebenso wie konservativen Ideologien dienen, es ist mit den Kategorien der reaktiven antirevolutionären Strömung nicht ausreichend zu erfassen.

Zwischen den Begriffsreihen Restauration – Reaktion – konservative Reform und Haller – Romantik – historische Rechtsschule besteht zwar eine positive Korrelation, doch keine vollständige Identität. Die Restauration, die »Wiedereinsetzung einer schon einmal gestürzten Führungsschicht« [18], war das erklärte Ziel Hallers, von dessen Lehre die Epoche nach 1815 ihren Namen erhielt. Doch Haller bot mit seiner rationalistischen Rechtfertigung bestehender Machtverhältnisse zugleich der Reaktion Werkzeuge an. Das reaktionäre Festhalten an bestehenden Ordnungen zeigte sich in der Verherrlichung des Königtums und des Adels durch die politische Romantik; andererseits aber ist in der Romantik auch ein restauratives Element enthalten. Der Reaktionär will das Rad der Geschichte nicht zurückdrehen, er will es festhalten. Echte Reaktionäre waren Gentz und Metternich, die jede Bewegung verabscheuten und den status quo verewigen wollten. Novalis und Adam Müller hingegen lebten zu sehr in der Vergangenheit, als daß sie der bloßen Gegenwart so viel Geschmack hätten abgewinnen können. Wenn sie an der Gegenwart starr festhielten, so nur deshalb, weil sie den Unterschied von Vergangenheit und Gegenwart aufhoben und das Vergangene als das Wahre in der Gegenwart deuteten.

Für das restaurative wie für das reaktionäre Denken verläuft die Geschichte im Kreise [19]. Doch während das restaurative Denken an der Vergangenheit orientiert ist, in der Vergangenheit das schlechthin Bessere sieht, hat der echte Reaktionär überhaupt kein Verhältnis zur Geschichte. Für die Vergangenheit kann er sich ebensowenig begeistern wie für die Zukunft [20]. Er nimmt den Kreislauf als unabänderliches Faktum und sucht ihn durch starres Festhalten an der Gegenwart zu verzögern.

Der echte Konservative dagegen hat ein lineares Geschichtsbild [21]. Er kennt einen Sinn der Geschichte, er begreift sie als eine Entwicklung, die zu einem absoluten, von

[17] Vgl. Otto Heinrich v. d. Gablentz, Reaktion und Restauration, in »Zur Geschichte und Problematik der Demokratie«, Festgabe für Hans Herzfeld, 1958, S. 55.
[18] O. H. v. d. Gablentz, a. a. O., S. 55.
[19] O. H. v. d. Gablentz, a. a. O., S. 66.
[20] O. H. v. d. Gablentz, ibidem.
[21] O. H. v. d. Gablentz, a. a. O., S. 67.

Gott gesetzten Ziele führt. Daher kann er weder das Vergangene zurückholen noch am Gegebenen starr festhalten. Er öffnet sich dem Gedanken der kontinuierlichen Fortbildung des Bestehenden durch Reformen, ohne die Ehrfurcht vor dem Vergangenen zu verlieren; denn er sieht in der geschichtlichen Entwicklung den Ausdruck eines göttlichen Waltens, das durch das Handeln der Menschen geschieht. Der Konservative fühlt sich als Glied eines objektiven Sinnzusammenhanges, den vergangene Generationen unter göttlicher Zulassung schufen und der der gegenwärtigen Generation zur Fortbildung auf das absolute Ziel hin anvertraut ist. Doch da er aus einem sehr nüchternen Menschenbild weiß, welche Macht das Böse hat und wie leicht bei willkürlicher Änderung vom Ziele abgewichen werden kann, läßt er sich bei der Fortbildung eher von der Erfahrung als von der ratio, eher von dem geschichtlich Bewährten als von einem konstruierten Denkmodell beraten.

Die einzige Richtung innerhalb der reaktiv-antirevolutionären Strömung in Deutschland, die sich dem Gedanken der konservativen Reform öffnete, war die historische Rechtsschule Savignys. Zwar bietet auch sie kein reines Modell für einen idealtypischen Begriff; auch bei Savigny gibt es restaurative Elemente. Aber es herrscht doch der Gedanke einer organisch-kontinuierlichen Entwicklung vor, für den der Vergleich des Rechts mit der Sprache am bezeichnendsten ist. An die historische Rechtsschule knüpfte Stahl an, als er daran ging, seine Philosophie des Rechts zu entwerfen; in geringerem Maße beeinflußten ihn romantische Gedanken. Gegen Haller grenzte sich Stahl stets mit äußerster Schärfe ab; seine Behandlung ist hier erforderlich, weil sie der Klärung der Stahlschen Position dient.

b) Haller

Haller leitet seine Staatslehre aus einem einzigen Prinzip ab, das er als »großes und unzerstörbares Naturgesetz« bezeichnet: Nur der Überlegene, der Mächtigere herrsche. »Laßt einen Reichen und einen Armen, einen Weisen und einen Thoren, einen Starken und einen Schwachen in Berührung kommen, es sei daß sie einander nötig haben oder nicht, laßt sie sogar Verträge schließen, welche ihr immer wollet: Ihr werdet allemal die Freiheit und die Herrschaft auf jener, die Abhängigkeit oder Dienstbarkeit auf dieser Seite finden«[22].

Diese rein naturalistische Betrachtungsweise wirft jedoch sofort die Frage auf, ob nicht bei einem Wandel der realen Machtverhältnisse jeder gewaltsame Wechsel der Herrschaftsverhältnisse zu rechtfertigen ist. Haller sagt selbst: »Gleichwie endlich alle Herrschaft auf höherer Macht beruht, so dauert sie auch nicht länger als diese. Laßt einen Reichen arm, einen Starken schwach, einen Weisen töricht werden, daß er andere nicht mehr zu nähren, zu schützen, zu leiten vermag: so fällt auch seine Herrschaft weg ...«[23].

Diese Schwierigkeit sucht Haller durch die Annahme zu umgehen, daß jede durch natürliche Überlegenheit erworbene Herrschaft ein Privatrecht sei und daher wie jedes andere Privatrecht veräußert und vererbt werden könne. Damit entfällt für Haller der Unterschied zwischen privatem und öffentlichem Recht, zwischen priva-

[22] Haller, Restauration ..., 1. Bd., Winterthur 1816, S. 346/347.
[23] Haller, a. a. O., S. 352.

ter und öffentlicher Gewalt. Der Fürst unterscheide sich von irgendeinem Grundbesitzer nur darin, daß er völlig unabhängig sei, während der Grundbesitzer noch bestimmten Abhängigkeiten unterworfen bleibe. Der Staat wird bei Haller in eine Vielzahl von staatsähnlichen privaten Herrschaftsverhältnissen aufgelöst; der eigentliche Staat ist nur das mächtigste, unabhängigste und freieste unter diesen Herrschaftsverhältnissen. »Was fehlet der Privatherrschaft noch zum Staat als die Unabhängigkeit? oder ist sie nicht für sich allein betrachtet bereits ein Staat, nur ein kleiner und mindermächtiger, in einem größeren eingeschlossen?«[24] Hallers Auffassung verhindert jede Mitwirkung des Bürgers am Staat. Die Beamten sind die Diener, die Regierung ist die Privatangelegenheit des Fürsten[25]. Die allgemeine Wehrpflicht wird als Frucht der Revolution abgelehnt; der Krieg des Fürsten ist »sein Krieg und betrifft seine eigene Sache«[26]. Das Staatsvermögen ist das Privatvermögen des Fürsten, er kann darüber frei verfügen[27]. Seine Gesetzgebung ist nur durch fremdes Recht beschränkt[28].

Durch die Desintegration des Staates in private Herrschaftsverhältnisse befreit Haller zugleich die private Rechtssphäre des Einzelnen vom Staate. Er sieht in den Rechtsverhältnissen und im Besitz der Menschen naturgegebene Tatsachen, die der Gesetzgeber nicht zu schaffen, sondern lediglich zu kennen hat[29]. Es sei »wahnsinniger Despotismus«, die Rechte der Bürger nach den Staatszwecken bestimmen zu wollen. Daher habe der Fürst auch nicht das Recht, seinen Untertanen gegen ihren Willen Steuern aufzulegen. Der Staat solle möglichst durch das eigene Vermögen des Fürsten erhalten werden. Reiche das nicht aus, so müsse er vor der Auflage einer Steuer die Zustimmung der Steuerzahler einholen. Er solle jedoch nur die Mächtigen und Selbständigen, nicht aber die Abhängigen besteuern[30]. Nur diese Selbständigen solle er in den Landständen versammeln. Sie seien nicht Vertreter des ganzen Volkes, könnten daher nur für sich sprechen und sich selber zur Steuerleistung verpflichten. Wohl aber könnten sie als Fürsprecher und Beschützer ihrer eigenen Untertanen und Hintersassen auftreten[31]. Wenn der Fürst die Rechte der Untertanen verletzt, so sei Widerstand zulässig, im äußersten Falle Gewaltanwendung gegen den Fürsten[32].

Mit dieser Auffassung empfahl sich Haller als Ideologe aller derer, die traditionelle Privilegien wiederherstellen oder erhalten wollten. Als Friedrich von Gentz im August 1819 den Karlsbader Konferenzen seine Denkschrift »Über den Unterschied zwischen landständischen und Repräsentativverfassungen« vorlegte, in der er sich bemühte, den süddeutschen Konstitutionalismus als Ausdruck der Volkssouveränität darzustellen, konnte er sich auf Haller stützen: mit der Souveränität des Monarchen vereinbar sei lediglich die altständische Verfassung, die eine gesonderte

[24] Haller, a. a. O., Bd. 1, S. 438.
[25] Haller, a. a. O., Bd. 2, S. 135 f.
[26] Haller, a. a. O., S. 66.
[27] Haller, a. a. O., S. 262.
[28] Haller, a. a. O., S. 179.
[29] Haller, a. a. O., S. 190.
[30] Haller, a. a. O., S. 323.
[31] Haller, a. a. O., S. 325.
[32] Haller, a. a. O., Bd. 2, S. 428 f.

Interessenvertretung einzelner Stände vorsehe, nicht aber die Repräsentativverfassung, nach der eine einheitliche Landesvertretung an der Gesetzgebung teilnehme[33].

Besonders stark war der Einfluß Hallers in den konservativen Kreisen Preußens. Auch die Gerlachs neigten zu Haller, obwohl dessen privatrechtlich-patrimoniale Staatsauffassung mit ihrer Vorstellung vom göttlichen Auftrage des Staates nur schwer in Übereinstimmung zu bringen war. Immerhin konnte Stahl, als er 1840 nach Berlin kam, diesen Widerspruch nutzen, um die Konservativen allmählich zu seinem öffentlich-rechtlichen Staatsbegriff hinüberzuziehen.

c) Die organische Staatsauffassung der Romantik

Während Haller den Staat in eine große Zahl privater Herrschaftsverhältnisse auflöste, suchten die Romantiker Staat und Gesellschaft zu einem organischen Ganzen zu integrieren. Damit bildeten sie die eigentliche Antithese zu dem individualistischen Rationalismus des 18. Jahrhunderts, und wie die meisten antiindividualistischen Bewegungen verfielen sie in das Extrem der Überintegration.

Die Staatsauffassung der Romantik knüpfte an Burkes »Reflections on the Revolution in France« an. 1793 von Gentz übersetzt, führte Burkes Kritik an dem ungeschichtlichen politischen Rationalismus, der von Frankreich ausstrahlte, die Romantiker zur Ablehnung der Französischen Revolution, der viele von ihnen zunächst mit Sympathien gegenübergestanden hatten. Burke sah im Staate keine bloße utilitaristische Interessengemeinschaft, sondern »eine Gemeinschaft in allem, was wissenswürdig, in allem, was schön, in allem, was schätzbar und gut und göttlich im Menschen ist ... eine Gemeinschaft zwischen denen, welche leben, denen, welche gelebt haben und denen, welche noch leben sollen«[34]. Der Staat erschien Burke als eine sittliche Individualität, die sich durch die Generationen entfaltet und in deren kontinuierliche Entwicklung nicht willkürlich eingegriffen werden darf.

Diese Auffassung des Staates als sich entfaltende Individualität war selbst noch nicht organisch; doch sie bereitete den Boden für die Aufnahme der organischen Betrachtungsweise Fichtes und Schellings durch die Romantik.

In seiner »Grundlage des Naturrechts« ersetzte Fichte 1796 die naturrechtlich-individualistische Staatstheorie durch die organische Staatsauffassung. Der Staat ist ihm ein »organisiertes Naturprodukt«[35]. »In dem organischen Körper erhält jeder Teil immerfort das Ganze, und wird, indem er es erhält, dadurch selbst erhalten; ebenso verhält sich der Bürger zum Staat«[36].

Der junge Schelling versuchte 1797 in seiner pantheistischen Naturphilosophie, das Universum als Organismus aufzufassen, der sich gesetzmäßig im Prozeß der göttlichen Selbstoffenbarung entfaltet. In organischer Gliederung, organischer Bin-

[33] Vgl. H. O. Meisner, Die Lehre vom monarchischen Prinzip im Zeitalter der Restauration und des Deutschen Bundes, Breslau 1913, S. 190.

[34] Burke, Betrachtungen über die Französische Revolution, übersetzt von Gentz, 2 Teile, Berlin 1793 u. 1794, bei von der Gablentz, Die politischen Theorien seit der Französischen Revolution, Köln 1957, S. 55.

[35] Fichte, Sämtliche Werke, 3. Band 1845, S. 203, S. 208.

[36] Fichte, a. a. O., S. 209.

dung sah er das »Prinzipium der Dinge«[37]: im Mikrokosmos spiegelt sich die Struktur des Makrokosmos, die Entfaltung des Ganzen ist identisch mit der Steigerung der Individualität der Teile, die selber Mikroorganismen im Makroorganismus sind und in organischer Abhängigkeit von einander stehen.

Diesen ontologischen Organismusbegriff wandte Schelling in seinen »Vorlesungen über die Methode des akademischen Studiums« (1803) auf den Staat an. Gegenstand der Historie ist ihm »die Bildung eines objektiven Organismus der Freiheit oder des Staates«. Es gebe eine Wissenschaft des Staates so notwendig wie eine Wissenschaft der Natur. Die Idee des Staates könne aber nicht aus der Erfahrung abgeleitet werden; denn diese Erfahrung sei selbst nach Ideen geschaffen. Der Staat müsse als Kunstwerk erscheinen[38].

Die organische Betrachtungsweise war deshalb von so großer Wirkung auf die Romantiker, weil sie ein Zentralproblem ihres Denkens zu lösen vorgab: wie ist individuelle Freiheit möglich angesichts überindividueller Gesetzmäßigkeiten, wie verhält sich das sittlich Gebotene zu dem von der Natur Gegebenen? Schellings Jugendphilosophie antwortete: Freiheit besteht in der Entfaltung der Individualität gemäß ihrem innersten Gesetze, höchste Ausprägung der Individualität ist gleichbedeutend mit höchster Entfaltung des Ganzen. Die verbindende Klammer, durch die individuelle Entfaltung und Gesamtentfaltung zur Harmonie gebracht werden, besteht in dem Entwicklungsgesetz, das dem Gesamtorganismus immanent ist und in dem sich die Selbstoffenbarung Gottes ausdrückt.

Die organische Staatsauffassung ist allen Romantikern gemeinsam; ihren Höhepunkt findet sie bei Novalis. Er formuliert fragmentarisch die wesentlichen Gedanken der romantischen Staatslehre, deren Wirkung noch bei Stahl erkennbar ist. Für Novalis ist der Staat »eine Person wie das Individuum«[39]. »Die Politik, die Gesellschaftslehre, die Ehetheorie gehören in die höhere Wissenschaftslehre, wo von zusammengesetzten Menschen gehandelt wird«[40]. »Der Staat ist immer ein Makroanthropos gewesen: die Zünfte – die Glieder und einzelnen Kräfte, die Stände – die Vermögen. Der Adel war das sittliche Vermögen, die Priester das religiöse Vermögen, die Gelehrten die Intelligenz, der König der Wille. Allegorischer Mensch«[41].

Das ästhetische Element im romantischen Staatsdenken wird am deutlichsten in den Fragmenten »Glauben und Liebe oder der König und die Königin« die Novalis aus Anlaß des Regierungsantritts Friedrich Wilhelms III. und der Königin Luise niederschrieb. Hier finden wir die gleichen Argumente der Rechtfertigung der Monarchie, denen auch der sonst so klare und unpoetische Stahl verfallen wird: »Ein wahrhaftes Königspaar ist für den ganzen Menschen, was eine Konstitution für den bloßen Verstand ist. Man kann sich für eine Konstitution nur wie für einen Buchstaben interessieren ... Was ist ein Gesetz, wenn es nicht Ausdruck des

[37] Schellings Werke, Münchner Jubiläumsausgabe herausg. v. Manfred Schröter, 1. Hauptband, 1927, S. 568.
[38] Schelling, a. a. O., 3. Hauptband, S. 334.
[39] Novalis, Werke, Briefe, Dokumente, herausg. v. E. Wasmuth, Heidelberg 1953–57, Band II (Fragmente I), S. 403.
[40] Novalis, a. a. O., Bd. III (Fragmente II), S. 141.
[41] Novalis, a. a. O., Bd. II (Fragmente I), S. 417.

Willens einer geliebten, achtungswerten Person ist? Bedarf der mystische Souverän nicht, wie jede Idee, eines Symbols, und welches Symbol ist würdiger und passender als ein liebenswürdiger, trefflicher Mensch?«[42]

Die Monarchie ist für Novalis daher die »schönste poetische Gesellschaftsform«[43]. Neben dieser ästhetisierenden Schwärmerei finden sich aber auch psychologische Gesichtspunkte: »Übrigens ist auch ein geborener König besser, als ein gemachter. Wer so geboren ist, den schwindelt nicht, den überreizt auch eine solche Lage nicht.«[44] Schließlich vereinigen sich psychologisches und ethisches Argument: Die Monarchie beruhe »auf dem Glauben an einen höhergeborenen Menschen, auf der freiwilligen Annahme eines Idealmenschen«[45]. Diesem Idealmenschen sollten alle nachstreben; der König sei Erziehungsmittel, sein Vorbild solle die Untertanen erheben und schließlich thronfähig machen[46]. Daher müßten der König und die Königin »das Prinzip der öffentlichen Gesinnung« sein[47]. Das bedeutet eine Anforderung an öffentliche Meinung und Monarchie zugleich: »Dort gibt es keine Monarchie mehr, wo der König und die Intelligenz des Staates nicht mehr identisch sind.«[48]

Ähnliche Gedanken äußert der eigentliche Staatstheoretiker der Romantik, Adam Müller. Er nennt den Staat »die innigste Verbindung der gesamten physischen und geistigen Bedürfnisse, des gesamten physischen und geistigen Reichtums, des gesamten inneren und äußeren Lebens der Nation zu einem großen, energischen, unendlich bewegten und lebendigen Ganzen«[49]. Hier wird der Staat zum allumfassenden Organismus, außerhalb dessen der Mensch nicht leben kann.

Die heute naheliegende totalitäre Konsequenz einer solchen Staatsauffassung war den Romantikern nicht deutlich. Sie folgerten aus ihrem organischen Staatsbegriff, daß der Staat wie jeder Organismus selbst wieder ungleichartige Organismen enthalten müsse und daß daher eine ständische Gliederung notwendig sei. Müller behauptet sogar, es könne keinen Staat geben, wenn die Elemente der bürgerlichen Gesellschaft nicht »unendlich verschieden und ungleich« wären; denn das Wesen des Staates liege gerade im ständigen Ausgleich des Verschiedenartigen[50]. Außer zur Idealisierung des Ständestaates und zur Rechtfertigung der Ungleichheit der Menschen diente der organische Staatsbegriff zur Begründung einer Politik der Beharrung. Wie die Entwicklung eines natürlichen Organismus nicht willkürlich gelenkt werden könne, dürfe der Staat nicht willkürlich umgestaltet werden, sondern jede Veränderung müsse sich aus organischem Wachstum ergeben. In diesem Gedanken ist immerhin die Möglichkeit enthalten, eine notwendige kontinuierliche Weiterentwicklung anzuerkennen, wie es im Sinne der Jugendphilosophie Schellings gelegen

[42] Novalis, a. a. O., Bd. I, S. 352.
[43] Novalis, a. a. O., Bd. I, S. 353.
[44] ibidem.
[45] Novalis, a. a. O., Bd. I, S. 354.
[46] Novalis, a. a. O., Bd. I, S. 355.
[47] Novalis, a. a. O., Bd. I, S. 359.
[48] ibidem.
[49] Adam Müller, Elemente der Staatskunst, ungekürzter Neudruck 1936 nach der Originalausgabe 1808/09, S. 27.
[50] Adam Müller, Vorlesungen »Über König Friedrich II. und die Natur, Würde und Bestimmung der Preußischen Monarchie«, Berlin 1810, S. 153.

hätte. Da aber die Romantiker in der Abwehr des Rationalismus die gesamten Veränderungen seit 1789 als Entartung verwarfen, begannen sie schließlich im Vergangenen das schlechthin Bessere zu sehen und somit jede Fortentwicklung abzulehnen.

d) Die historische Rechtsschule

Nur der dritten Richtung innerhalb der antirevolutionären Strömung in Deutschland, der historischen Rechtsschule, gelang es, die Forderung nach Kontinuität mit dem Sinn für das Zeitgemäße zu verbinden. Während die Romantiker primär durch den Organizismus der Frühphilosophie Schellings angeregt wurden, nahm die historische Rechtsschule vor allem den Entwicklungsgedanken Schellings auf. Wird die Welt als Ausdruck der Selbstoffenbarung Gottes angesehen, so erscheint auch das historisch Gewordene als Stufe, als Durchgangspunkt dieser Selbstoffenbarung. Geschichtlich begründete Verhältnisse werden in dieser Sicht zwar nicht als absolut und unveränderlich angenommen; denn die Entwicklung wird weiterführen; wohl aber liegt es nahe, Ehrfurcht vor ihnen zu empfinden, sie nicht willkürlich zu ändern, weil sie als das Ergebnis einer Entwicklung gelten, die von einem Höheren als vom Menschen bestimmt wird.

Schelling selbst deutet in seinen Stahl zugänglichen Schriften seine Ansichten zu Staat und Recht nur flüchtig an. Aber die Ablehnung der konstruierenden, auf das rationalistische Naturrechtsdenken zurückgehenden Methode ist in den Vorlesungen »Über die Methode des akademischen Studiums« deutlich[51], und die Forderung einer »geschichtlichen« Ansicht von Recht und Staat wird unüberhörbar erhoben: »Das erste Streben eines jeden, der die positive Wissenschaft des Rechts und des Staates selbst als ein Freier begreifen will, müßte dieses sein, sich durch die Philosophie und Geschichte die lebendige Anschauung der späteren Welt und der in ihr notwendigen Formen des öffentlichen Lebens zu verschaffen«[52].

Unabhängig von Schelling, aber ebenso wie er durch Herder angeregt, leistete Friedrich Carl von Savigny auf dem Gebiete des Rechts das, was Schelling verlangte. 1803, im gleichen Jahre, in dem Schelling seine »Vorlesungen über die Methode des akademischen Studiums« hielt, veröffentlichte Savigny sein »Recht des Besitzes«, in dem er den Stoff in seiner historischen Entfaltung darstellt. 1814 erschien dann Savignys Schrift »Vom Beruf unserer Zeit für Gesetzgebung und Rechtswissenschaft«, durch die er zum Führer der historischen Rechtsschule wurde. Zweck der Schrift war vor allem die Abwehr des rationalistischen französischen Naturrechtsdenkens, das im »Code« in Deutschland eingedrungen war und das sich nun in der Forderung erhob, ein einheitliches Gesetzbuch für ganz Deutschland zu schaffen.

Savigny tadelt am Denken des 18. Jahrhunderts, es habe »Sinn und Gefühl für die Größe und Eigentümlichkeit anderer Zeiten, so wie für die naturgemäße Entwicklung der Völker und Verfassungen« verloren[53]. Dieser unhistorische, rational

[51] Schelling, in »Über das Studium der Historie und der Jurisprudenz, Werke 3. Hauptband, S. 337.

[52] Schelling, 3. Hauptband, S. 337.

[53] Savigny, Vom Beruf unserer Zeit ..., in Thibaut und Savigny, Ein programmatischer Rechtsstreit auf Grund ihrer Schriften, herausg. v. J. Stern, Darmstadt 1959, S. 74.

konstruierende Sinn äußere sich in der Rechtswissenschaft darin, daß der Inhalt der Gesetzgebung so betrachtet werde, als hänge er von dem zufälligen, wechselnden Wollen des Gesetzgebers ab; daher werde das Recht ständiger willkürlicher Veränderung unterworfen. Das Recht ist aber für Savigny mit dem Volke entstanden, an die Entwicklung des Volkes gebunden: »Wo wir zuerst urkundliche Geschichte finden, hat das bürgerliche Recht schon einen bestimmten Charakter, dem Volke eigentümlich, so wie seine Sprache, Sitte, Verfassung. Ja diese Erscheinungen haben kein abgesondertes Dasein, es sind nur einzelne Kräfte und Tätigkeiten des einen Volkes, in der Natur untrennbar verbunden ...«[54]. Für Savigny bezeichnend ist der Vergleich des Rechts mit der Sprache. Wie die Sprache entwickle sich das Recht in organischem Zusammenhange mit dem Volkscharakter[55]. Es entstehe daher ursprünglich nicht durch die Willkür eines Gesetzgebers, sondern durch Sitte und Volksglaube, »durch innere, stillwirkende Kräfte«: es sei primär Gewohnheitsrecht[56]. Erst auf einer höheren Stufe der Volksentwicklung trete zu diesem »politischen« Elemente des Rechts, dem Zusammenhange mit dem Volksleben, sein »technisches Element«, das wissenschaftliche Leben des Rechts im Juristenstande[57]; doch auch das »technische« Element des Rechts faßt Savigny als »Leben«, d. h. als organische Entwicklung, als kontinuierliche Fortbildung aus dem Bestehenden auf. Der durch Burke angeregte Blick auf englisches Rechtsempfinden ist unverkennbar.

Mit äußerstem Mißtrauen betrachtet Savigny die Abänderung bestehenden Rechts durch neue Gesetzgebung. Solche Änderung unter Bruch der Kontinuität sei leicht »fruchtlose Korruption des Rechts«[58]. Unbedenklich erscheint Savigny lediglich Gesetzgebung, die »der Gewohnheit zu Hilfe kommt«, d. h., die Gewohnheitsrecht präzisiert, ausführt[59]. Von einer Kodifikation und Vereinheitlichung des in Deutschland geltenden Rechts verspricht er sich nichts. Eine Zeit, die es unternehme, überkommenes Recht zu sichten und zu kodifizieren, müsse den vorangegangenen Zeiten überlegen sein. Diese Überlegenheit spricht Savigny seiner Zeit ab. Gegen die Vereinheitlichung des Rechts in Deutschland wendet er sich mit dem Gedanken, es sei ein Irrtum, zu glauben, das Allgemeine werde an Leben gewinnen durch die Vernichtung aller individuellen Verhältnisse. »Könnte in jedem Stande, in jeder Stadt, ja in jedem Dorfe ein eigentümliches Selbstgefühl erzeugt werden, so würde aus diesem erhöhten und vervielfältigten individuellen Leben auch das Ganze neue Kraft gewinnen«[60]. Ähnlich wie die Romantiker glaubt Savigny also, daß höchste Individualität dem Ganzen am besten diene; auch er ist Anhänger der spezifisch romantischen Harmonievorstellung, die in der organischen Staatsauffassung zum Ausdruck kommt.

[54] Savigny, a. a. O., S. 76.
[55] Savigny, a. a. O., S. 77.
[56] Savigny, a. a. O., S. 79.
[57] Savigny, a. a. O., S. 78.
[58] Savigny, a. a. O., S. 80.
[59] Savigny, a. a. O., S. 81.
[60] Savigny, a. a. O., S. 96.

Der radikale Bruch dieser Denkweise mit dem rationalistischen Naturrecht wird besonders deutlich, wenn Savigny den geschichtlichen Sinn als den einzigen Schutz gegen die verbreitete Selbsttäuschung bezeichnet, das, was den Neigungen eines Individuums oder eines bestimmten Zeitalters entspräche, für allgemein menschlich zu halten. So werde das Naturrecht fälschlich mit der allgemeingültigen Vernunft gleichgesetzt, während es in Wirklichkeit aus zeit- und situationsbedingten, keinesfalls allgemeinmenschlichen Institutionen abgeleitet sei[61]. Die dem konservativen Denken letztlich zugrundeliegende Vorstellung einer göttlichen Sanktion des historisch Gewordenen zeigt sich, wenn Savigny willkürliche Abänderung bestehenden Rechts mit der Begründung verurteilt, was vor aller Augen von Menschenhänden geschaffen sei, werde im Gefühl des Volkes stets von dem unterschieden werden, dessen menschlicher Ursprung nicht so offenkundig sei[62]. Lebendiges Gewohnheitsrecht sei daher wahrer Fortschritt[63]. In diesem Leitgedanken Savignys ist Achtung vor dem geschichtlich Entstandenen mit der Möglichkeit kontinuierlicher Fortentwicklung verbunden; hier ist auf dem Gebiete der Rechtswissenschaft der Gedanke der konservativen Reform geprägt, den Stahl aufgriff und zu politischer Wirkung brachte.

2. Stahls wissenschaftlicher Weg bis zur endgültigen Zielsetzung

a) Grundzüge der Persönlichkeit Stahls

Stahl fand sein endgültiges Ziel erst nach langen Jahren des Ringens um eigene feste Überzeugungen. Am Ende seines Lebens, im August 1861, meinte Stahl, die Menschen hätten es jetzt leicht, ohne Kampf ihren Standpunkt zu finden. Er selbst hingegen habe seine Überzeugungen durch eigenes Studium, Kampf und Streit gewinnen und sich im Gebet durchringen müssen zu Festigkeit und Klarheit[64]. In einer Arbeit, die die Wurzeln der Stahlschen Staatslehre aufdecken will, muß versucht werden, einen Blick in dieses Ringen um eigene Überzeugungen zu tun; denn nur so wird es möglich sein, die Hauptquellen seines Denkens zu ermitteln.

Stahl war eine tief religiöse Natur. Die Bindung an Gott war ihm Lebensbedürfnis und bestimmte sein Wesen. Sein Streben nach Heiligung des Daseins mag bereits durch die rabbinische Erziehung geweckt worden sein, die Stahl im Hause seines Großvaters Abraham Uhlfelder, des Vorstehers der jüdischen Gemeinde in München, erfuhr[65]. Doch unter dem Einfluß seines Lehrers Thiersch, der zum Kreise protestantischer Gelehrter um Friedrich Heinrich Jacobi gehörte, empfand der Heranwachsende ein Ungenügen an der im Formalen erstarrten jüdischen Gesetzesreligion.

[61] Savigny, a. a. O., S. 139.
[62] Savigny, a. a. O., S. 96.
[63] Savigny, a. a. O., S. 149.
[64] Stahl zu Anna Homeyer, der Tochter eines Universitätskollegen, Wilkens, Stahl-Nachlaß, Mappe 22 k, nach Adelheid Roos, Konservatismus und Reaktion bei Friedrich Julius Stahl, Bonner Diss. 1957, Anm. S. 1/2.
[65] Masur, Fr. Jul. Stahl . . ., S. 24.

Mit 17 Jahren trat er aus innerster Überzeugung zum protestantischen Christentum über[66].

Thiersch gab die Leitgedanken Jacobis an Stahl weiter[67]. Mit seiner Kritik an Spinoza[68] hatte Jacobi die theistische Gegenbewegung gegen die rationalistische Philosophie eröffnet. Jacobi stellte als erster die Frage, die Schelling 1809 wieder aufnahm und die Stahl beherrschen sollte: ist die Ursache der Welt, ist das höchste Wesen eine bloße unendliche und ewige Wurzel aller Dinge, ein erster Beweger, oder ist sie eine persönliche Intelligenz, die durch Vernunft und Freiheit wirkt[69]. Jacobi entschied sich dafür, daß Gott eine freie Persönlichkeit sein müsse und daß dem Menschen ebenso Persönlichkeit und damit Freiheit und Selbsttätigkeit zukomme[70]. Jacobis Persönlichkeitsmetaphysik hatte nicht die gleiche begriffliche Schärfe wie die des späten Schelling, seine Gleichsetzung von wirklicher Vernunft und Glaubenskraft[71] erwies sich im Lichte der Kritiken Kants als unhaltbar; wohl aber bahnte sich bei Jacobi die »Umkehr der Wissenschaft« an, die Stahl schließlich, fast 50 Jahre später, mit allem Nachdruck forderte: schon Jacobi verlangte, die Philosophie müsse mit »den ursprünglichsten Offenbarungen der Seele« beginnen, wenn sie Gott nicht verlieren wolle[72]. Über Thiersch wirkten diese Gedanken auf den noch ganz offenen und formbaren Geist Stahls und gab ihn eine Richtung, die sich trotz aller Krisen und Fortentwicklungen nicht mehr änderte: Auch Stahl gründete hinfort sein Denken auf die Bindung der freien Persönlichkeit des Menschen an einen persönlichen Gott.

Neben dem Ringen um Gewißheit im christlichen Glauben kennzeichnete Stahl das Streben nach philosophisch-rationaler Durchdringung und Erkenntnis. Stahl begnügte sich nicht, wie Jacobi, mit der »Gewißheit des Gefühls« [73]. Er wollte philosophische Begründung, scharfe Begrifflichkeit, logische Gedankenfolge. Er war Philosoph aus Leidenschaft, und bei aller Ablehnung der rationalistischen Denkrichtung doch soweit von den großen Systemen des Rationalismus selber beeindruckt, daß auch er die Welt durch ein geschlossenes System zu begreifen suchte. »Der Drang, sich auf spekulativem Wege Rechenschaft zu geben von dem Gefüge der Welt, von der Stellung des Menschen in ihr und zu Gott, war mächtig in ihm wie nichts anderes« [74]. Zwar nahm Stahl die Voraussetzungen seines Philosophierens aus der Offenbarung; doch nur diese tiefste Wurzel seines Denkens kann irrational oder vielmehr überrational genannt werden; in dem Gedankengang, der sich auf den überrationalen Prämissen aufbaut, bemüht sich Stahl um strenge Rationalität. Das führte ihn bis in Widersprüche hinein. So versuchte er einen rationalistischen Gottes-

[66] Masur, a. a. O., S. 36 f.

[67] Vgl. Masur, a. a. O., S. 32.

[68] Jacobi, »Über die Lehre des Spinoza«, in Briefen an Herrn Moses Mendelssohn, 1785, Werke IV, 1.

[69] Jacobi, Werke IV, 2, S. 76.

[70] Jacobi, Werke IV, 1, S. 25 ff.

[71] Jacobi, Werke II, S. 11.

[72] Jacobi, Werke IV, 1, S. XLI.

[73] Jacobi, Werke II, S. 60, S. 61, S. 9.

[74] Masur, a. a. O., S. 107.

beweis, obwohl er selbst immer wieder die Ansicht vertrat, daß der Mensch über die letzten Dinge keine rationale Gewißheit erhalten könne[75].

Als dritte festliegende Komponente in der Persönlichkeit Stahls ist eine Neigung zum Konservatismus zu nennen. Damit ist nicht gemeint, daß sich Stahl schon als Student mit konservativen politischen Kräften identifiziert hätte; seine Wendung zum bewußten politischen Konservatismus erfolgte erst zur Zeit der Julirevolution[76]. Wohl aber zeigte sich schon bei dem Neunzehnjährigen eine positive Einstellung zum Staat, eine Achtung vor dem Bestehenden. Auf dem Streitberger Burschentag im Oktober 1821 bezeichnete Stahl es als das Ziel der Burschenschaft, »sich für das Bestehende tüchtig zu machen«[77]. Sein »instinktiver Respekt vor den vorhandenen Formen autoritärer Gewalt«[78] erwies sich auch, als er sich um die Auflösung der nach den Karlsbader Beschlüssen verbotenen Burschenschaft bemühte[79]. Nur vermuten kann man, wo die Ursachen dieser früh aufgetretenen konservativen Neigungen liegen mögen: in Stahls Freundschaft mit Hermann von Rotenhan, in dem er das Idealbild des deutschen Adels verkörpert sah[80]; im nachwirkenden Einflusse seines Großvaters Uhlfelder, der sich um die Emanzipation der Münchner Juden bemüht und dem Könige die treue Erfüllung der staatsbürgerlichen Pflichten durch die Judenschaft gelobt hatte[81]; vielleicht auch im Bestreben des Außenseiters Stahl, die Anerkennung der Repräsentanten der vorhandenen Ordnung für sich zu gewinnen.

Diese vorhandene politische Ordnung, in die Stahl hineinwuchs, war die der konstitutionellen Monarchie, wie sie sich in Süddeutschland seit 1815 herausgebildet hatte. Stahl zweifelte nie daran, daß die konstitutionelle Monarchie den deutschen Verhältnissen im höchsten Maße entsprach; denn er glaubte, daß sie die Freiheitsforderungen des gemäßigten Liberalismus, die er als Student in sich aufgenommen hatte und deren Berechtigung er nie leugnete, befriedigte, ohne mit dem traditionellen Gottesgnadentum und der monarchischen Souveränität zu brechen. Durch diese Anerkennung des süddeutschen Konstitutionalismus unterschied sich Stahl von vornherein von den an Haller orientierten Anhängern einer bloßen Restauration. Die Erfahrung des süddeutschen Konstitutionalismus und, mit diesem vereinbar, die Nachwirkungen eines sehr gemäßigten Liberalismus, öffneten Stahls Konservatismus dem Gedanken der Reform und führten ihn über die historische Rechtsschule zu einer Staatslehre, die Kontinuität mit der Anerkennung des Zeitgemäßen zu verbinden suchte.

b) Stahls Konflikt mit Hegel

Diese Grundzüge der Persönlichkeit Stahls – christliche Gläubigkeit, philosophische Leidenschaft, konservative Neigung – verursachten den entscheidenden Konflikt in Stahls Ringen um den eigenen Standpunkt, als er die Philosophie Hegels kennen-

[75] Stahl, Phil. d. Rechts, 3. Aufl., I, S. 496 ff.
[76] Masur, a. a. O., S. 177.
[77] Masur, a. a. O., S. 60.
[78] ibidem.
[79] Masur, a. a. O., S. 69.
[80] Masur, a. a. O., S. 42.
[81] Masur, a. a. O., S. 22.

lernte. Hegels System mußte Stahl durch seine großartige Geschlossenheit beeindrucken, Hegels Staatsbegriff den noch in den Idealen der Burschenschaft Denkenden begeistern. Bei Hegel fand Stahl die philosophische Rechtfertigung seines eigenen Bestrebens, »sich tüchtig zu machen für das Bestehende«; denn Hegel versuchte, den bestehenden Staat »als ein in sich Vernünftiges zu begreifen und darzustellen«[82]. Für Hegel war der Staat die »Wirklichkeit der sittlichen Idee[83], »objektiver Geist«, das »an und für sich Vernünftige«, in dem die »Freiheit zu ihrem höchsten Recht kommt«, weil im Staate die Stufe der Selbstentfaltung des absoluten Geistes erreicht ist, in der Einheit der objektiven und der subjektiven Freiheit besteht[84]. Leitgedanken der späteren Staatslehre Stahls klingen hier an: der Staat erscheint als etwas Gegebenes, Objektives; er ist unabhängig vom zufälligen Wollen der Einzelnen, etwas Sittliches, in dem Einheit des allgemeinen und des besonderen Willens möglich ist.

Doch bei Hegel ist dieser Staatsbegriff Teil eines philosophischen Systems, das die Welt in ihrer Konkretheit und Mannigfaltigkeit aus einem Begriff ableiten will: aus dem absoluten Geiste, der sich nach unwandelbaren Gesetzen selbst entfaltet. Die letzte Ursache der Welt ist für Hegel nicht der persönliche Gott des Christentums, ein freier, selbstbewußter Schöpfer, sondern eine unpersönliche Kraft, die sich nach Gesetzen entfaltet, die ihr selbst immanent sind, an die sie gebunden ist. Für Hegel ist die Welt notwendig so, wie sie ist; die Geschichte verläuft in unwandelbarer Notwendigkeit, der Mensch hat keinen Einfluß auf ihren Gang. Der Gewissensentscheidung des Einzelnen kommt nur geringe Bedeutung zu; der Weltgeist benutzt durch die »List der Vernunft« die Einzelnen als unwissende Werkzeuge für seine Zwecke. »Gerechtigkeit und Unrecht, Gewalt und Laster, ... Schuld und Unschuld, ... Glück und Unglück der Staaten und der Einzelnen haben in der Sphäre der bewußten Wirklichkeit ihre bestimmte Bedeutung und Wert, und finden darin ihr Urteil ... Die Weltgeschichte fällt außer diesen Gesichtspunkten; in ihr erhält dasjenige notwendige Element des Weltgeistes, welches gegenwärtig *seine* Stufe ist, sein *absolutes Recht*, und das darin lebende Volk und dessen Taten erhalten ihre Vollführung und Glück und Ruhm.«[85]

Während Stahl sich dem Eindruck des Hegelschen Staatsbegriffs nicht entziehen konnte, mußte er die ihm zugrunde liegende metaphysische Basis ablehnen, weil sie unvereinbar war mit seinem Glauben an einen persönlichen Gott und an die sittlich selbständige, freie Persönlichkeit des Menschen[86]. Andererseits erkannte Stahl in Hegels System »das Wesen aller neueren Philosophie«[87]; die gesamte herrschende Philosophie schien den persönlichen Gott zu leugnen und lediglich einen pantheistischen Gottesbegriff gelten zu lassen. Stahl geriet in eine geistige Krise[88]. Die Resultate der Philosophie widersprachen seinem Glauben; doch er wollte weder auf seinen

[82] Hegel, Sämtliche Werke, Bd. 7: Grundlinien der Philosophie des Rechts, Vorrede S. 34, Stuttgarter Jubiläumsausgabe 1952.
[83] Hegel, a. a. O., § 257.
[84] Hegel, a. a. O., § 258.
[85] Hegel, a. a. O., § 345.
[86] Vgl. Masur, a. a. O., S. 82.
[87] Stahl, Phil. d. Rechts, 1. Auflage, I, S. VI.
[88] Masur, a. a. O., S. 85.

Glauben verzichten noch den Versuch einer philosophischen Durchdringung des Daseins aufgeben. Er selbst sagte, er wäre von Anfang an von der Unwahrheit der Philosophie Hegels überzeugt gewesen, habe jedoch zunächst die Ursache des Irrtums nicht finden können. So habe ihn Hegel zwar nicht zum Pantheismus bekehrt, wohl aber sei sein eigener Glaube geschwächt und getrübt worden[89].

c) Der Einfluß Schellings

Nach Stahls eigenem Zeugnis war es Schelling, der ihm half, die Krise zu überwinden. In der Vorrede zur 1. Auflage der Philosophie des Rechts (1830) erkennt er an, daß er von Schelling »vielfach Mittel zu klarer Auseinandersetzung, Erweiterung, zu tieferer Begründung« seiner Gedanken erhalten, daß er vieles gelernt und daß ihn vor allem Schellings Begriff der geschichtlichen Ansicht gefördert habe[90]. Schon damals wehrte sich Stahl jedoch dagegen, als Schüler Schellings zu gelten. Schellings »System der Freiheit« könne nur bei Selbständigen wahre Liebe und Verehrung finden[91]. In der Vorrede zum 2. Band der 2. Auflage (1846) grenzt Stahl seine eigene Lehre noch entschiedener von der Schellings ab. Seine Überzeugungen hätten durch Schelling keine neue Richtung erhalten; er verdanke Schelling lediglich eine »Anfeuerung und eine sehr bedeutende Unterstützung zur wissenschaftlichen Darlegung jener Grundüberzeugungen«[92].

Mit dieser Abgrenzung wird Stahl seinem Verhältnis zu Schelling nicht ganz gerecht[93]. Zwar trifft es zu, daß Stahls Leitgedanke, der Begriff der freien Persönlichkeit, ihm nicht erst von Schelling, sondern schon von dem durch Jacobi beeinflußten Thiersch nahegebracht wurde. Ebenso ist es berechtigt, wenn Stahl einen direkten Einfluß Schellings auf seine Staatslehre leugnet; denn Schelling selbst hatte niemals eine systematische Darstellung des Staates versucht. Doch deutet Stahl selbst an, daß er die philosophische Formulierung und Begründung seiner Idee der freien Persönlichkeit bei Schelling lernte. Damit aber mußte Stahl wesentliche Teile der metaphysischen Basis übernehmen, die Schelling seiner seit 1809 entwickelten »Philosophie der Freiheit« gegeben hatte. Das war für Stahls eigene politische Philosophie von entscheidender Bedeutung; denn eine politische Philosophie wird letztlich durch das ihr zugrunde liegende Menschenbild bestimmt, und das Menschenbild Stahls trägt unverkennbar die Züge der Anthropologie Schellings. Man kann Stahl daher die von ihm behauptete Selbständigkeit seiner Rechts- und Staatsphilosophie zubilligen, soweit es um ihre Systematik und um die Einzelheiten ihrer Gestaltung geht. Die metaphysischen Grundlagen seiner Lehre verdankt Stahl dagegen in hohem Maße der »positiven« Philosophie Schellings.

Schellings Einfluß hatte Stahl schon als zwanzigjähriger Erlanger Student verspüren können, als Schelling in Erlangen Vorträge hielt[94]. Zwar hörte ihn Stahl da-

[89] Stahl, Phil. d. Rechts, 1. Aufl., I, S. VI.
[90] ibidem.
[91] Stahl, a. a. O., S. VII.
[92] Stahl, Phil. des Rechts, 2. Auflage, Bd. II, 1, S. XIII.
[93] Masur, a. a. O., S. 107.
[94] Zu Schellings Wirken in Erlangen Kuno Fischer, Geschichte der neueren Philosophie, Bd. 7, S. 174 ff., und Masur, a. a. O., S. 63, S. 66.

mals noch nicht; seine Wirkung war in Erlangen jedoch so stark, daß sicher auch Stahl indirekt Gedanken Schellings kennenlernte. Nachhaltiger war dann der Eindruck, den Schellings Münchner Vorlesungen »Zur Geschichte der neueren Philosophie« (ab 1827) in Stahl hervorriefen[95]. In ihnen gab Schelling eine Historisierung seiner eigenen philosophischen Entwicklung. Er kritisierte die gesamte rationalistische Philosophie, zu der er auch seine eigene Natur- und Identitätsphilosophie und das System Hegels rechnete, mit dem Argument, sie sei bloß »negative« Philosophie, sie erfasse nur das notwendig so Seiende, das nicht-anders-sein-Könnende, versage aber vor dem Phänomen der Freiheit und der unendlichen Mannigfaltigkeit der Welt. Die Welt könne nur durch eine »positive« Philosophie erfaßt werden, die sie als ein Werk schöpferischer Freiheit begreife. Schöpferische Freiheit aber käme nur einer Persönlichkeit zu, der Persönlichkeit Gottes und der Persönlichkeit des ebenbildlichen Menschen.

Das waren die Stichworte, deren Stahl bedurfte, um den Bann der Hegelschen Philosophie zu brechen. Nun faßte er Mut, seine eigenen Vorlesungen über die Philosophie des Rechts, die er seit dem Winter 1827/28 in München hielt und in denen er sich auf die historische Rechtsschule stützte[96], zu einer umfassenden »Philosophie des Rechts nach geschichtlicher Ansicht« auszubauen. Der 1. Band dieses Werkes, die »Genesis der gegenwärtigen Rechtsphilosophie«, erschien 1830. Seinen Schwerpunkt bildete die Kritik der rationalistischen Rechtsphilosophie, in der Stahl die Rationalismuskritik Schellings unverändert übernahm. Mit Hilfe der durch Schelling gewonnenen Werkzeuge wollte Stahl »dem Rationalismus einen ewigen Denkstein« setzen[97] und ihn durch eine Rechtsphilosophie überwinden, die von der »geschichtlichen Ansicht« ausging.

Der Terminus »geschichtliche Ansicht« scheint auf die historische Schule hinzuweisen. Gewiß rechnete Stahl auch die historische Schule zur »geschichtlichen Ansicht«[98], doch ging es ihm um weit mehr als um die Entwicklung des Rechts aus dem sich in der Geschichte entfaltenden Volksgeiste. Geschichtlich ist für Stahl die Ansicht, »nach welcher etwas geschehen ist, und geschieht, nach welcher es eine freie Tat gibt[99]. In Schellings »positiver« Philosophie liegt also die Wurzel der »geschichtlichen Ansicht« Stahls, nicht in der historischen Rechtsschule! Schelling nenne, wie Stahl betont, die christliche Ansicht der Welt die geschichtliche im Gegensatz zur logischen der neueren Philosophie[100]. Nach der logischen Ansicht sei die Welt und alle besonderen Dinge im Wesen Gottes notwendig enthalten, nach der geschichtlichen oder christlichen sei sie »erst entstanden (geschehen) durch seine freiwillige Schöpfung«[101]. Geschichtliche Ansicht bedeutet also für Stahl nicht, daß das Gegenwärtige stets aus dem Vergangenen abgeleitet, vom Vergangenen her begriffen werden müßte. Sie bedeute auch nicht, daß die Welt als zufälliges Geschehen »ohne Einheit

[95] Vgl. Vorrede zur 1. Auflage der Phil. des Rechts, I, S. IV.
[96] Vgl. Masur, a. a. O., S. 93 ff.
[97] Stahl, Phil. d. Rechts, 1. Aufl., I, S. XV.
[98] Phil. d. Rechts, 1. Aufl., I, S. 56.
[99] Phil. d. Rechts, 1. Aufl., I, S. 55, 3. Aufl., I, S. 98.
[100] Phil. d. Rechts, 1. Aufl., I, S. 55, 3. Aufl., I, S. 99.
[101] Phil. d. Rechts, 1. Aufl., I, S. 56, 3. Aufl., I, S. 99.

des Ziels und der Beherrschung«[102] aufgefaßt wird. Geschichtliche Ansicht bedeutet für Stahl im Anschluß an Schelling, daß die Welt als die freie Tat Gottes aufgefaßt wird, als Schöpfung, an deren Schicksal der Mensch durch seine eigene freie Tat nach Gottes Zulassung Anteil hat. Welche Bedeutung Stahl dieser »geschichtlichen Ansicht« zumißt, zeigt seine Bemerkung: »Geschichtliche Philosophie – dieses eine Wort in diesem Sinn, wie Schelling es aussprach, ist das Segenvollste, was die Wissenschaft, so weit unsere Kunde reicht, geleistet hat. Denn mit diesem Wort ist dem Christentum in der Philosophie die Stätte bereitet.«[103] In diesen Äußerungen gibt Stahl selbst zu erkennen, daß der »positiven« Philosophie Schellings eine grundlegende Bedeutung im System seiner eigenen politischen Philosophie zukommt, und daß sein Verhältnis zu Schelling enger ist, als er es später wahrhaben wollte.

d) Stahls Verhältnis zur historischen Schule

Die Rezeption Schellings bestimmte Stahls Verhältnis zur historischen Rechtsschule. Stahl fühlte sich zwar von ihr stark angezogen, erkannte jedoch, daß es ihr an philosophischer Durcharbeitung und Begründung mangelte. Wenn Stahl auch nicht so weit ging wie Hegel, der die historische Rechtsschule mit der Bemerkung kritisiert hatte, es sei ein Schimpf für eine Nation, wenn ihr die Fähigkeit abgesprochen werde, ein Gesetzbuch zu machen[104], so mag er doch ein Ungenügen darin gesehen haben, daß Savigny das Gerechte als Norm des Rechts nicht bestimmte und daher keinen Maßstab gab, die Fortbildung des Rechts zu beurteilen[105]. Stahl erkannte, daß das Fehlen einer solchen Norm zu einem reinen Relativismus führen konnte, unter dem alles als gerecht galt, was als zeitgemäß erschien[106]. Dieser Gefahr des Abgleitens in einen bloßen Relativismus ist der spätere Historismus in der Tat nicht entgangen. Stahl suchte ihr dadurch zu begegnen, daß er die historische Rechtsschule durch die Klammer der »geschichtlichen Ansicht« mit einer christlichen Norm verband. Er betonte den »tiefen Zug der Frömmigkeit« in der historischen Rechtsschule, der sich darin äußere, daß sie Ehrfurcht empfinde vor dem, was durch göttliches Walten ohne menschliches Zutun in der Geschichte geworden sei[107]. Stahl glaubte, daß es nach Savigny wahrer, wenn auch nicht deutlich ausgesprochener Ansicht eine Norm des Gerechten gäbe; nur dürfe diese Norm nicht in der Weise des rationalistischen Naturrechts aus der »leeren Vernunft« abgeleitet werden, sondern aus der »vollen menschlichen Erkenntnis« und aus den »Fingerzeigen, welche die Führung Gottes in der Geschichte gibt«[108].

Mit dieser Ansicht, die Stahl hier Savigny unterschob, stellte er sich selbst zugleich die entscheidende Aufgabe: die Norm in der geschichtlich gewordenen Mannigfaltig-

[102] Phil. d. Rechts, 1. Aufl., I, S. 55, 3. Aufl., I, S. 98.
[103] Phil. d. Rechts, 1. Aufl., I, S. 56; schon in der 2. Auflage (1847) läßt Stahl diese Äußerung fort, vgl. 2. Aufl., I, S. 94, 3. Aufl., I, S. 99.
[104] Hegel, Grundlinien der Phil. d. Rechts, § 211.
[105] Vgl. Stahl, Phil. d. Rechts, 1. Auflage, I, S. VIII.
[106] Vgl. Stahl, Phil. d. Rechts, 1. Auflage, II, S. 15.
[107] ibidem.
[108] Phil. d. Rechts, 1. Aufl., II, S. 16.

keit zu bestimmen, den Maßstab des Gerechten zu finden, der weit genug war, um dem Wechsel der Völker und Zeiten Rechnung zu tragen, und der zugleich das dem Menschen Wesentliche in diesem Wechsel bewahrte. Diese Aufgabe bedeutete letzten Endes, daß Stahl ein »Naturrecht der historischen Schule« schreiben mußte [109]. Stahl stand somit vor einem ähnlichen Problem wie in der Gegenwart die Verfechter eines »geschichtlichen Naturrechts«, die den Gegensatz von unveränderlichen, zeitlosen Naturrechtsnormen und bloßem Positivismus durch die Historisierung der Norm überwinden wollen [110].

e) Stahls Verhältnis zur Romantik und zu Haller

Die starke romantische Strömung der Zeit konnte an Stahl nicht ohne Folgen vorübergehen. Vieles in den romantischen Gedankengängen entsprach seinen eigenen Neigungen: die Ablehnung rationalistischer Konstruktion, die Achtung vor dem geschichtlich Gewordenen, das Bestreben, den Staat aus der Ebene der bloßen Utilität in die der Ethik emporzuheben. Auch der romantischen Glorifizierung des Königs und des Adels konnte sich Stahl öffnen: er selbst hatte in Rotenhan ein Idealbild des deutschen Adels vor sich. Alle diese Gemeinsamkeiten mögen durch den engen Kontakt, den Stahl als Münchner Privatdozent mit den Kreisen der Münchner Spätromantik hatte, noch verstärkt worden sein [111].

Zugleich aber besaß der in den Kategorien der historischen Schule Denkende ein viel zu waches Gefühl für das Zeitgemäße, als daß er die reaktionären Tendenzen der Romantik nicht erkannt hätte. Bezeichnend ist Stahls Beurteilung Adam Müllers. Er sieht in Müller einen Verbündeten im Kampfe gegen Rationalismus, Naturrecht und Revolution und lobt an ihm die »lebendigen Züge«, die ihn vorteilhaft von Haller unterschieden: er erkenne die göttliche Ordnung hinter den menschlichen Rechten und Zuständen, er sei vom Grundgedanken der organischen Wechselbedingung der verschiedenen Lebenssphären und der Herrschenden und Gehorchenden erfüllt. Aber Müller gelinge es nicht, diese »wahren und anerkennenswerten Grundgedanken« auf die Gegenwart anzuwenden. Er sehe sie nur in der Vergangenheit des Mittelalters und wisse nicht, wie sie in einer anderen, der neuen Zeit angemessenen Gestalt wiedergeboren werden könnten. Müllers »Elemente der Staatskunst« seien darum eine »tief begründete Polemik gegen die neuere Lehre«, eine der »edelsten Apologien des Mittelalters«, doch sie seien nicht geeignet, »jetzt einen Staat einzurichten und zu regieren« [112].

Bei aller Kritik an Müller betonte Stahl immerhin das Gemeinsame, das ihn mit der Romantik verband. Die Lehre Hallers hingegen lehnte er anfangs uneingeschränkt ab. Er bezeichnete Haller als den Rationalisten unter den konterrevolutionären Schriftstellern [113] und meinte, seine Auffassung von dem privatrechtlichen

[109] So der treffende Ausdruck Masurs, Masur, a. a. O., S. 102.
[110] Vgl. dazu Arthur Kaufmann, Naturrecht und Geschichtlichkeit, Tübingen 1957.
[111] Masur, a. a. O., S. 179.
[112] Stahl, Phil. d. Rechts, 1. Aufl., II, S. 6/7.
[113] Stahl, a. a. O., S. 7.

Charakter der öffentlichen Gewalt sei eine »Karikatur des Mittelalters« [114]. Stahl sah bei Haller nicht nur das Ungenügen einer rein naturalistischen Begründung der Herrschaft; was ihn noch mehr abstieß, war die Auflösung des Staates in ein System privater Sonderrechte, die das von Stahl immer wieder unterstrichene ethische Element im Staate leugnete [115]. 1830, in der 1. Auflage der Philosophie des Rechts, fand Stahl bei Haller überhaupt nichts, was Anerkennung verdiente; erst in den späteren Auflagen (nach 1847) nannte er es Hallers Leistung, »die Naturseite von Recht und Staat zum deutlichen Bewußtsein gebracht und mit Erfolg gepflegt zu haben« [116]. Stahl sah nun in den natürlichen Machtverhältnissen eine Grundlage der politischen Verhältnisse; Haller habe nur übertrieben, wenn er sie als den ausschließlichen Grund der Herrschaft bezeichnete. Durch seine eigenen politischen Erfahrungen scheint Stahl inzwischen mehr Verständnis für den Machtcharakter des Staates gewonnen zu haben, als noch in seinen frühen Schriften zum Ausdruck kommt.

Stahls Abgrenzung von der Romantik und von Haller läßt seinen eigenen Standpunkt deutlich werden: er verschließt sich den Forderungen einer neuen Zeit nicht, er weiß, daß die Geschichte Bewegung ist, die nicht aufgehalten werden darf, weil sie »zu höheren Zuständen führt« [117]. So will er nicht nur erhalten, sondern auch fortbilden; nicht durch Revolution, sondern durch stetige Weiterentwicklung des Bestehenden. Er will nicht Reaktion oder Restauration, sondern konservative Reform [118].

f) Stahls Weg zur neulutherischen Orthodoxie

Wenn Stahl dem Gedanken der konservativen Reform gerecht werden wollte, mußte er die historische Dynamik an einer Norm messen, die das Unbedingte festhielt, zugleich jedoch eine kontinuierliche Fortbildung des Bedingten zuließ. Der außerordentlichen Schwierigkeiten einer solchen Aufgabe war sich Stahl nicht genügend bewußt. In der Philosophie seiner Zeit konnte er außerhalb der historischen Schule nur wenig Warnungen vor dem Einflusse von Zeit und Ort auf die menschliche Erkenntnis finden. So drohte ihm die Gefahr, seine Voraussetzungen unzureichend zu prüfen, Bedingtes als Unbedingtes zu setzen. Für den Erfolg seines Unternehmens kam alles darauf an, woher er seine Norm nehmen und an welchen Kriterien er sie prüfen würde.

Es wurde bereits erwähnt, daß Stahl in der »geschichtlichen Ansicht« die Betrachtungsweise der historischen Rechtsschule mit einer aus dem christlichen Glauben entnommenen Norm verbinden wollte. Nun läßt sich vom Christentum her in verschiedener Weise zu Recht und Staat Stellung nehmen. Welche der zahlreichen

[114] Stahl, a. a. O., S. 11.
[115] Vgl. Stahl, Phil. d. Rechts, 3. Auflage, I, S. 565.
[116] Stahl, Phil. d. Rechts, 2. Aufl., I, S. 560, 3. u. folg. Aufl. I, S. 568.
[117] Stahl, Phil. d. Rechts, 1. Aufl., II, S. 5/6.
[118] Den Terminus »konservative Reform« benutzt Stahl selbst, allerdings erst in seiner Schrift »Die lutherische Kirche und die Union«, 1859: »Dort (in der lutherischen Kirche) ist geschichtliche Stetigkeit, konservative Reform, hier (in der reformierten Kirche) Bruch mit der Geschichte, radikale Reform« (S. 52).

»christlichen« Interpretationen von Recht und Staat wählte Stahl zu seinem Vorbild? Eine Antwort auf diese zum Verständnis seiner politischen Theorie grundlegende Frage soll vorerst durch eine Darstellung der konfessionellen Entwicklung Stahls gesucht werden.

Stahl war zum Christentum übergetreten, weil er eine Religion suchte, die ihn »vollständig ergriff, die in die innersten Kreise seines Wesens eindrang«[119]. So konnte er aus eigener Erfahrung begreifen, was Paulus meinte, als er das Zeitalter des mosaischen Gesetzes vom Zeitalter des Evangeliums unterschied. Die äußeren Vorschriften des mosaischen Gesetzes seiner Väter hatten Stahl im Innersten nicht befriedigt; auch er verlangte nach dem geistigen Gesetz des Evangeliums, das er nach dem freien Zeugnis seines Gewissens als wahr erkennen konnte.

Diesem Streben entsprach der Spiritualismus und die religiöse Freiheitsbegeisterung der Burschenschaft. Auch in der Burschenschaft fand Stahl den paulinischen Gedanken der Geistgemeinschaft, und wie stark die politischen Wirkungen dieses Gedankens auf Stahl waren, zeigte sich noch 1829/30 in seinen »Aufzeichnungen zur Preßfreiheit«. In ihnen kennzeichnete er seine Zeit dadurch, daß nun die Herrschaft des Geistes angebrochen sei. An die Stelle des Papstes sei der überall gegenwärtige christliche Glaube, an die Stelle des Kaisers das Ethos der Völker getreten. Die höchste Macht auf Erden sei nun das allumfassende, von Gott erregte menschliche Bewußtsein; das Urteil der öffentlichen Meinung begleite jeden Schritt der Herrscher, und seine Wirkung könne durch keine physische Gewalt mehr abgewehrt werden. Zwar bleibe die Heiligkeit des Königtums, der Unterschied der Berufe und Ämter; es bleibe die Pflicht zu Gehorsam und Pietät vor der Obrigkeit. Doch jeder sei unmittelbar zu Gott; jeder könne sein Gebet selbst vor ihn bringen und bedürfe der Fürbitte anderer nicht; jeder nehme teil an dem Geiste, der die Welt regiere. Jedem gebühre daher die gleiche Ehre und Würde, jeder besitze die gleiche innerliche Bürgerberechtigung[120].

Hier wird deutlich, wie eng sich im Denken Stahls protestantische und liberale Freiheitsvorstellungen miteinander verbunden hatten. Daß Stahl diese freiheitliche Komponente nicht in ihrer ursprünglichen Stärke bewahrte, daß allmählich das konservative Element übermächtig wurde, lag vor allem an zwei Ursachen: erstens verstärkte die Julirevolution Stahls Abneigung gegen jeden doktrinären Liberalismus und bewog ihn, noch entschiedener als bisher für die Erhaltung des Bestehenden einzutreten[121]; zweitens begann er sich der neulutherischen Orthodoxie zu nähern, die das konservative Element im deutschen Protestantismus des 19. Jahrhunderts darstellte und in der von dem Spiritualismus der Burschenschaft wenig zu spüren war. Den Kern des Gedankens der Geistgemeinschaft, die Integration einer Gemeinschaft infolge göttlicher Führung durch das Gewissen der Einzelnen, gab Stahl jedoch nicht auf. Dieser Kern blieb im Begriffe des »sittlichen Reiches« erhalten, und Stahl betonte ihn auch noch 1853, auf dem Höhepunkte seiner politischen Laufbahn, als er sich in seinem politischen Handeln bedenklich der Reaktion näherte: »Die

[119] Masur, a. a. O., S. 36.
[120] Masur, a. a. O., S. 159/160.
[121] Vgl. Stahl, Vorrede zum 2. Bd. der Phil. d. Rechts, 1. Auflage, Juli 1833.

evangelische Freiheit bindet den Menschen an Gottes Gesetz als ein gegebenes; aber sie macht ihn dadurch frei, daß das Gesetz kraft der Gnade zu seinem eigenen Willen und Wesen wird.« [122] Auch die Anwendung dieses Prinzips auf den Staat wurde noch vollzogen: »Die Freiheit des Protestantismus besteht in dem freien Gehorsam des Volkes ... Dem allgemeinen Priestertum entspricht ein allgemeines Staatsbürgertum.« [123]

Stahls Annäherung an die neulutherische Orthodoxie wurde schon in seiner Studienzeit vorbereitet, als er 1822/23 in Erlangen unter den Einfluß Christian Ludwig Kraffts geriet. Krafft, Pfarrer der reformierten Gemeinde, trotzdem vom streng lutherischen Senat der Universität zum außerordentlichen Professor ernannt, lehnte den theologischen Rationalismus mit aller Entschiedenheit ab. Er vertrat einen radikalen Biblizismus und wurde dadurch zu einem der Anreger der späteren Erlanger Schule. Stahls unbeirrbares Vertrauen auf das Wort der Schrift und seine Überzeugung von der kreatürlichen Verderbtheit des Menschen mögen bei Krafft ihren Ursprung haben [124].

Fünf Jahre später war es neben Schelling vor allem Georg Friedrich Pfeiffer, der ihm half, die Krise zu überwinden, in die ihn Hegels Philosophie gestürzt hatte. Pfeiffer war ebenso wie Stahl von Schellings »positiver« Philosophie beeinflußt worden und neigte zu dem strengen Luthertum, das inzwischen von Erlangen ausstrahlte. Stahl selbst bekannte 1850 in einem Briefe an Pfeiffer, wieviel er ihm verdankte: »Du warst es, der mir von Gott entgegengesendet wurde in dem entscheidenden Zeitpunkt meines Lebens, da es in mir zum Durchbruch des Glaubens, zur Überwindung der flachen Denkart der Zeit und des Weltgeistes kam. Ich habe von Dir zuerst die christliche Wahrheit in ihrem einfachen Mittelpunkte kennengelernt.« [125]

Durch Krafft und Pfeiffer gewann Stahls Glaube eine Innerlichkeit, die der pietistischen Erweckung verwandt war, und ebenso wie in manchen Kreisen der Erweckung zeigte sich auch bei Stahl die Neigung, über die eigene, subjektive Glaubensgewißheit hinaus Halt an objektiven Institutionen zu finden – weniger, um die eigene Überzeugung äußerlich abzusichern, als in dem Bestreben, die Gemeinschaft der Gläubigen vor Irrtümern wirksamer zu schützen als bisher. Diesen Halt bot der Rückgriff auf die lutherische Tradition. Stahl geriet somit, wie die Gerlachs, in das »Gefälle der Erweckungsbewegung zur neulutherischen Orthodoxie« [126]. Auch bei ihm trat eine Verschiebung der Gewichte vom Subjektiven zum Objektiven, vom Vertrauen auf die Wirkung des göttlichen Wortes durch das Gewissen zum Vertrauen auf die Sicherung des Glaubens durch Gesetz und Institution ein.

Bei Stahl wurde diese Wandlung überdies dadurch gefördert, daß ihn die institutionelle Stärke der katholischen Kirche beeindruckte. Schon in München hatte er die geistige Erneuerung des Katholizismus durch Baader und Görres beobachten können. Am deutlichsten waren die katholischen Einflüsse 1833, als Stahl in Würz-

[122] Stahl, Der Protestantismus als politisches Prinzip, 1853, S. 31.
[123] Stahl, a. a. O., S. 32.
[124] Vgl. Masur, a. a. O., S. 68.
[125] Masur, a. a. O., S. 108.
[126] Fahlbusch, a. a. O., S. 9.

burg lehrte. Vor allem Johann Adam Möhlers berühmte »Symbolik«, 1832 in der 1. Auflage erschienen, beeindruckte ihn stark[127]. Möhler stellte die Glaubensgegensätze zwischen Lutheranern, Reformierten und Katholiken vom katholischen Standpunkt dar und unterzog Luthers Rechtfertigungslehre einer scharfen Kritik, der sich Stahl um so weniger verschließen konnte, als er selbst durch Schelling ein von Luther abweichendes Menschenbild aufgenommen hatte. So gelangte Stahl zur gleichen Zeit, als er den 2. Band seiner Philosophie des Rechts schrieb, zu der Überzeugung, daß die Wahrheit zwischen den Konfessionen verteilt sei. Der Gedanke einer Rekonziliation, einer einheitlichen Nationalkirche tauchte auf[128]. Während diese Utopie bald wieder verblaßte, strebte er weiterhin danach, der protestantischen Kirche eine feste institutionelle Ordnung zu geben, um die Grundlagen des Glaubens sicher zu bewahren. 1834 kam Stahl als Professor für Staats- und Kirchenrecht nach Erlangen. Dort war seit 1826 die »Erlanger Schule« der lutherischen Theologie entstanden. Ihre Führer, Karl von Raumer und Adolf Harleß, sahen in der Erneuerung des orthodoxen Luthertums die Rettung der Kirche in der Krise der Zeit. Sie wandten sich gegen den Rationalismus, gegen die subjektive Willkür, die den Menschen aus »gottgewollten« Bindungen und Ordnungen herausriß. Sie wollten der Schrift und dem ursprünglichen lutherischen Bekenntnis die Herrschaft über die Kirche zurückgeben, das Dogma durch eine wissenschaftliche Theologie sichern. Das bedeutete zugleich ein Streben nach Stärkung der Kirchengewalt gegenüber der Gemeinde: die Kirche wurde als gottgesetzte Anstalt über den Menschen aufgefaßt, die nicht nur ihrem Wesen nach, sondern auch in ihrer historischen Gestalt auf Gottes Fügung beruht. Gehorsame Einfügung in den überkommenen Rahmen von Gottesdienst, Sakrament und Kirchenzucht erschienen als die Vorbedingungen der Seligkeit. Der Theologe als Träger des geistlichen Amtes galt in erster Linie nicht als Bruder, sondern als geistlicher Vater der ihm Anvertrauten. Die Kirchengewalt durfte in dieser Sicht selbstverständlich nicht bei der Gemeinde, sondern sie mußte beim Lehrstand liegen; Harleß hielt es für eine »Monstrosität«, das allgemeine Priestertum zum Prinzip evangelischer Kirchenverfassung zu machen[129].

Stahl griff diese Gedanken um so bereitwilliger auf, als er in ihnen eine Parallele zu seinem eigenen politischen Konservatismus erkannte. Zudem entsprach der Amtsbegriff der Erlanger seinen Wünschen nach Festigung der Kirchengewalt. So kam es zwischen Stahl und den Erlanger Theologen zu einer engen Zusammenarbeit, in deren Verlauf Stahl im Luthertum eine endgültige konfessionelle Bindung fand[130]. Die Frucht dieser Zusammenarbeit bildete Stahls »Kirchenverfassung nach Lehre und Recht der Protestanten« (1839/40), in der er den autoritären Kirchenbegriff der Erlanger Theologie formulierte. Daß er sich nun fast ohne Vorbehalt das lutherische Bekenntnis zu eigen machte, zeigt eine Bemerkung aus der »Kirchenverfassung«. Die lutherische Kirche, erklärte er, ist die wahre Kirche; denn sie allein hat die reine Lehre bewahrt. Wohl aber, so fügte er einschränkend hinzu, ist sie nicht die aus-

[127] Masur, a. a. O., S. 307.
[128] Vgl. Masur, a. a. O., S. 309 f.
[129] Vgl. Hirsch, Geschichte der neueren evangel. Theologie, Bd. V, Gütersloh 1954, S. 201.
[130] Vgl. Masur, a. a. O., S. 264.

schließliche (katholische) Kirche; denn in anderer Hinsicht, so in Kirchenverfassung, Kirchenzucht und Eheordnung, entspricht sie nicht dem vollkommenen Wesen der Kirche [131].

Inzwischen war 1833 die erste Abteilung, 1837 die zweite Abteilung des zweiten Bandes der »Philosophie des Rechts nach geschichtlicher Ansicht« erschienen. Während Stahl nach seinem ursprünglichen Entwurf im zweiten Bande lediglich die Darlegung der »geschichtlichen Ansicht« des Rechts bringen wollte, hatte er nun das Werk zu einer systematischen »christlichen Rechts- und Staatslehre« erweitert. Darin lag kein Bruch mit der ursprünglichen Absicht. In Stahls Begriff der »geschichtlichen Ansicht« war von Anfang an der Keim zu einer christlichen Philosophie angelegt; es trat lediglich eine Verschiebung des Schwerpunktes von der Rechts- zur Staatslehre ein. Da die Ausarbeitung der eigentlichen Staatslehre (2. Band 2. Abteilung 1837) zeitlich mit der Annäherung an die neulutherische Theologie zusammenfiel, liegt schon aus biographischen Gründen die Annahme nahe, daß Stahl lutherische Gedanken oder Gedanken der neulutherischen Orthodoxie in seine Staatslehre aufnahm. Stahl beruft sich jedoch nur selten direkt auf Luther; lediglich in seiner Widerstandslehre stützt er sich auf ausführliche Lutherzitate [132]. In der Literatur besteht über Stahls Verhältnis zu Luther keine Einmütigkeit; die überwiegende Meinung [133] sieht in Stahls Staatslehre die Frucht lutherischen Geistes, wenn auch, so vor allem von Masur, die Vielschichtigkeit des Stahlschen Gedankengebäudes erkannt und das lutherische Element nur als bestimmend, nicht als alleinwirksam aufgefaßt wird. Volz hingegen hält den thomistischen Einfluß für vorherrschend [134], auch Fahlbusch ist der Meinung, die Substanz des Systems sei bei Stahl eher katholisch als protestantisch [135]. Eine biographische Darstellung der geistigen Entwicklung Stahls, wie sie bisher versucht wurde, erlaubt die Hypothese, daß Stahl die Grundlagen seines Systems in gleichem Maße von Schelling wie von Luther nahm und daß sich aus diesen antagonistischen Prämissen die Spannungen und Unklarheiten in Stahls Denken ergaben. Diese Hypothese wird im weiteren Verlauf der Untersuchung geprüft werden müssen. Zunächst ist es erforderlich, Stahls endgültiges wissenschaftliches Ziel eingehender zu betrachten.

3. Stahls wissenschaftliches Ziel

a) Wandlungen der »Rechts- und Staatslehre« bis zu ihrer endgültigen Fassung

Schon die »christliche Rechts- und Staatslehre« des 2. Bandes der 1. Auflage der »Philosophie des Rechts nach geschichtlicher Ansicht« hatte weit mehr enthalten, als

[131] Stahl, Kirchenverfassung . . ., S. 55.
[132] Vgl. Stahl, Phil. d. Rechts, 1. Auflage, II, S. 252 ff., 3. Auflage, II, 4, S. 541 ff.
[133] Troeltsch, Die Soziallehren der christlichen Kirchen, Ges. Schrift, Bd. I, 1912, S. 536, 545; Masur, a. a. O., S. 234; Reinhard Hübner, Fr. Jul. Stahl u. der Protestantismus, Rostocker Diss. 1928.
[134] Volz, Christentum und Positivismus. 1951.
[135] Fahlbusch, Die Lehre von der Revolution bei F. J. Stahl, Diss. Göttingen 1954.

Stahl aus Schelling und der historischen Rechtsschule entnehmen konnte. In der zweiten, wesentlich erweiterten Auflage (1845) zog Stahl daraus die Konsequenzen. Er ließ nun den Zusatz »nach geschichtlicher Ansicht« mit der Begründung fort, er sei jetzt überflüssig und zudem nicht erschöpfend[136]. Die Bezeichnung »christliche Rechts- und Staatslehre« ersetzte er nun durch »Rechts- und Staatslehre auf der Grundlage christlicher Weltanschauung«.

Zwar hatten sich die Prinzipien seiner Philosophie des Rechts nicht verändert; doch manches, was in der 1. Auflage erst im Keim vorhanden war, so das monarchische Prinzip und der Gedanke des sittlichen Reiches, erschien nun in systematischer Entfaltung. In der Rechtslehre betonte er weiterhin seine Verbundenheit mit der historischen Schule; seine eigenen Ausführungen lassen jedoch erkennen, daß er Savignys Ansicht in wesentlichen Fragen nicht mehr teilte. Während er 1833 noch dem Gewohnheitsrecht eindeutig den Vorrang eingeräumt hatte[137], nannte er nun die Gesetzgebung die »höhere Beurkundung des menschlichen Geistes«[138]. Auch in seiner Staatsauffassung ist eine Weiterentwicklung festzustellen. In der 1. Auflage sah Stahl im Staate das äußerliche Reich Gottes[139]. Damals meinte er, Gott herrsche im irdischen Staate zwar nicht persönlich und unmittelbar; wohl aber sei der Staat der »Leiter der göttlichen Einflüsse auf den äußeren Zustand der Menschen«[140]. Der Staat war ihm damals noch ganz Werkzeug in Gottes Hand, Mittel zum Schutze der Schöpfung vor der Willkür des gottentfremdeten Menschen. Noch fehlte die später immer wieder unterstrichene Selbständigkeit der menschlichen Ordnung, noch war nicht durchdacht, wie sich das sittliche Reich zum konkreten Staat verhielt, noch war die Verfassungslehre einseitig auf die Monarchie zugeschnitten[141]. Offenbar entwickelte Stahl 1833–1837 seine Anschauungen in enger Anlehnung an die lutherische Lehre von der Alleinwirksamkeit Gottes, während er bei der späteren Fassung erkannte, daß diese Lehre mit dem Personalitätsbegriff, wie er ihn von Schelling übernommen hatte, nicht vereinbar war.

Die dritte Auflage der »Philosophie des Rechts« (1854) brachte gegenüber der zweiten nur geringfügige Änderungen; sie berücksichtigte die nach 1848 veränderten Verhältnisse, die Stahl als Erfüllung seiner Forderungen und Bestätigung seiner Lehre erscheinen mußten. Auf diese Auflage und auf die übrigen nach 1848 veröffentlichten Schriften und Reden Stahls stützt sich die weitere Untersuchung.

b) Christliche Philosophie

Schon in Stahls Konflikt mit Hegel zeigte es sich, daß Stahls Denken und Handeln religiös motiviert waren. Es ging ihm vor allem um die Festigung des christlichen Glaubens; die politischen Kräfte seiner Zeit beurteilte er primär unter dem Gesichtspunkt, wie sie zu den überkommenen Formen des Christentums standen, und von

[136] Stahl, Phil. d. Rechts, 2. Auflage, II, 1, S. V.
[137] Stahl, Phil. d. Rechts, 1. Aufl., II, S. 140 f.
[138] Stahl, Phil. d. Rechts, 2. Auflage, II, 1, S. 195.
[139] Stahl, Phil. d. Rechts, 1. Aufl., II, 2, S. 2.
[140] Stahl, Phil. d. Rechts, 1. Aufl., II, 2, S. 3.
[141] Vgl. unten S. 122.

der christlichen Lehre erhoffte er Mittel zur Lösung der politischen Streitfragen [142]. Diese letztlich religiöse Begründung auch seiner politischen Haltung schloß eine Gefahr ein. Sie mußte ihn zu einer dualistischen Betrachtungsweise drängen, die das »Hier Christ – dort Antichrist« der Glaubenskämpfe auf die politischen Auseinandersetzungen übertrug. Ganz entsprechend sagte Stahl: »Zwischen den Prinzipien, die sich feindlich gegenüberstehen, gibt es keine Versöhnung und keine Mitte. Entweder alle Ordnung und Obrigkeit ist vom Menschen gesetzt und besteht zu des Menschen Zwecken, oder sie ist von Gott gesetzt und um Seinen Willen zu erfüllen. Es ist kein Bund zwischen Legitimität und Volkssouveränität, zwischen Glauben und Unglauben, zwischen Wahrheit und Irrtum.« [143] So konnte es für ihn höchstens ein Zusammengehen in Einzelfragen, niemals aber einen wirklichen Kompromiß mit dem Liberalismus geben. Er suchte seinen Standpunkt nicht zwischen, sondern über den streitenden Parteien. Er war überzeugt, aus der christlichen Offenbarung einen Maßstab für das menschliche Zusammenleben gewinnen zu können, in dem durch eine tiefere Sicht der Gegensatz von Freiheit und Beherrschung überwunden war. So schloß sich Stahl der Forderung nach »Umkehr der Wissenschaft« an, die zuerst Jacobi und dann Schelling erhoben hatte. Schon 1829, am Ende des 1. Bandes der Philosophie des Rechts, verlangte er eine »christliche Philosophie«. Damals machte Stahl für seine eigene Schrift die bezeichnende Einschränkung, sie sei nur nach Wunsch und Gesinnung des Verfassers christlich, nach der wirklichen Leistung dagegen vielleicht nur theistisch. Er habe versucht zu zeigen, daß die Probleme der Rechtsphilosophie sich ohne die Persönlichkeit Gottes nicht lösen lassen. Er hätte jedoch auch darstellen müssen, daß sie ohne Sündenfall, Versöhnung, Trinität nicht lösbar seien. So tief sei seine Forschung noch nicht gedrungen. Aber eines Tages werde die Wissenschaft alles annehmen müssen, was im Evangelium steht, weil die christliche Offenbarung allein den Schlüssel zur Wahrheit enthalte [144]. Von dieser Position aus mußte Stahl in der Versuchung stehen, Ewiges an Zeitbedingtes zu ketten. Daß er ihr nicht entging, zeigte die Ableitung der Gliederung des Rechts aus der Trinität Gottes, die er noch im zweiten Bande der 1. Auflage vornahm [145]. In der Vorrede zur 2. Auflage des 2. Bandes (1845) räumte er zwar ein, daß seine »oft zu unmittelbare Verbindung der zeitlichen menschlichen Verhältnisse mit den ewigen göttlichen Verhältnissen« unangemessen gewesen war [146], und er bemühte sich nunmehr, solche Spekulationen zu unterlassen. Eine befriedigende Lösung des Problems, wie von der christlichen Offenbarung her zu den Fragen der Rechts- und Staatslehre Stellung genommen werden kann, war damit jedoch noch nicht gegeben.

Von der 2. Auflage der »Philosophie des Rechts« an fehlt der Abschnitt über die »christliche Philosophie«; die in ihm enthaltenen Gedanken kehren, sorgfältiger abgewogen, in der Vorrede zum zweiten Bande wieder. Hier fordert er, die Welt dürfe nicht mehr nach abstrakten Denkgesetzen konstruiert, sondern sie müsse als freie Schöpfung des persönlichen Gottes erkannt werden. Das bedeutet für Stahl wie für

[142] Vgl. Stahl, Phil. d. Rechts, Vorrede zum 2. Bd. der 1. Auflage, S. IX, S. XI.
[143] Stahl, a. a. O., S. VI.
[144] Stahl, Phil. d. Rechts, I, 1. Aufl., S. 326.
[145] Stahl, Phil. d. Rechts, 1. Aufl., II, 1, S. 109–111.
[146] Stahl, Phil. d. Rechts, 2. Aufl., II, 1, S. VIII.

Schelling die Befreiung der Wissenschaft zur empirischen Forschung: die Wissenschaft müsse einsehen, daß sie ihre Erkenntnis nicht aus logischen Gesetzen, sondern nur aus der Erfahrung am Gegenstande gewinnen könne[147]. Von Gott selbst aber könne die Wissenschaft aus sich heraus nur »schwache und unsichere Merkmale, nur die hohlen Formen seiner Existenz« haben; sie werde daher die »strahlende Erkenntnis der christlichen Offenbarung begierig empfangen[148]. Zwischen empirischer Forschung und Offenbarungsglauben sieht Stahl keinen Widerspruch. Für ihn erweist sich die Wahrheit der Offenbarung durch die Erprobung an dem Gegenstand«: die christliche Offenbarung ist ihm »das Wort des Rätsels«; sie allein erkläre die Probleme, vor denen die Philosophie versage, sie löse den Widerspruch von Vernunft und Willen, Geist und Fleisch, sie zeige den Sinn der Geschichte, sie erfasse den Menschen in der Freiheit seiner Persönlichkeit und in der Bindung an die objektiven Ordnungen zugleich.

Damit stellt Stahl die Frage nach dem Verhältnis von Theologie und Philosophie. Er möchte die Philosophie ähnlich wie Thomas von Aquin als Vorstufe der Theologie verstanden wissen. Theologie und Philosophie haben für Stahl ein gemeinsames letztes Ziel in der Erkenntnis Gottes und der göttlichen Ordnung. Auch die Philosophie ist »Einkehr der Erkenntnis in den lebendigen persönlichen Gott«[149]. Aber während die Theologie um die Auslegung des göttlichen Wortes selbst bemüht ist, soll die Philosophie die Offenbarung in der Schöpfung, in Natur, Geschichte und im Menschen erkennen. Dadurch liefert die Philosophie zugleich die Grundlagen des »christlichen Handelns« in den Sphären, für die unmittelbare göttliche Anweisungen nicht bestehen. Hier hat die begrenzte menschliche Vernunft ihren Platz, hier kann sie der ewigen Wahrheit als Organ dienen. Über aller philosophischer Forschung aber muß das Wort Gottes stehen. Die Theologie richtet die Begriffe der Philosophie von ihrem Verständnis der Offenbarung her und bleibt somit der Maßstab aller menschlichen Wissenschaft[150].

Wenn Stahl philosophiert, steht er somit innerhalb des »theologischen Zirkels«. Er geht von Prämissen aus, die ein außerhalb dieses Zirkels Stehender nicht anerkennen wird. Für seine »christliche Rechts- und Staatslehre« konnte es in der Tat keine andere Basis als die der Offenbarung geben. Stahl selbst rechtfertigt seine Prämissen mit dem Argument, daß jedes philosophische System letzten Endes auf einer rational nicht ableitbaren Grundlage beruhe. Da der Mensch von den höchsten Prinzipien keine unmittelbare Anschauung habe, gebe es für sie keine von persönlicher Entscheidung unabhängige, rein gegenständliche Erkenntnis[151]. Dieses Argument trifft sicher zu. In jedem Philosophen, der eine Sinndeutung des Daseins versucht, ist ein Theologe verborgen, während umgekehrt jeder Theologe, der sich mit den Strukturen des Daseins beschäftigt, in den philosophischen Bereich vorstößt[152]. Die wissenschaftliche Berechtigung, seine Rechts- und Staatslehre auf der Grundlage

[147] Stahl, Phil. d. Rechts, 3. Aufl., Vorrede zum 2. Bd., S. XIX.
[148] Stahl, Phil. d. Rechts, 3. Aufl., II, 1, S. XX.
[149] Stahl, a. a. O., S. XXVI.
[150] Vgl. Stahl, a. a. O., S. XXIX, XXX.
[151] Stahl, Phil. d. Rechts, 3. Aufl., II, 1, S. 5.
[152] Vgl. Paul Tillich, Systematische Theologie, I, S. 33/34.

christlichen Glaubens zu entwickeln, kann Stahl daher nicht abgestritten werden. Wohl aber müssen Bedenken gegen die allgemeine und grundsätzliche Unterordnung der Philosophie unter die Theologie erhoben werden, die Stahl forderte.

Als Schelling den persönlichen Gott des Christentums der Philosophie voranstellte, hatte er keineswegs die Philosophie wieder zur Magd der Theologie herabsetzen wollen. Schelling ging von der Hoffnung aus, durch die Philosophie selbst die Wahrheit der Offenbarung nachweisen zu können: Stahl dagegen beurteilte die Möglichkeiten der Philosophie weit nüchterner und wollte sich nicht anmaßen, mit der menschlichen Vernunft in göttliche Dinge einzudringen [153]. Wenn Stahl nun das theologische Verständnis der Offenbarung zum Maßstab aller Wissenschaft machen wollte, so mußte er in die Gefahr geraten, eine lutherische Version thomistischer Wissenschaftslehre zu entwickeln. Zumindest verkannte er den Charakter der Philosophie als radikales, nur an den universalen logos gebundenes Fragen [154]. Er wollte Einheit von Theologie und Philosophie auf einer Ebene, auf der es keine Einheit geben kann: er band beide an die christliche Offenbarung als letzter Erkenntnisquelle und letzten Maßstab. Das war verständlich als Abwehr der Übergriffe, die sich die rationalistische Philosophie in den Bereich der Theologie hinein angemaßt hatte. Aber in der Abwehr ging Stahl zu weit. Er überschritt die Grenzlinie von der anderen Seite her und übersah, daß das Christentum eine Unterwerfung der Philosophie unter die Theologie nicht braucht. Die Einheit von Theologie und Philosophie besteht auf einer höheren Ebene, als Stahl sie mit seiner Unterordnung der Philosophie unter die Theologie erreichte. Wenn in Christus der universelle logos konkrete Person geworden ist, dann kann es keinen echten Konflikt zwischen Theologie und Philosophie geben; denn »keine Philosophie, die dem universalen logos gehorsam ist, kann im Widerspruch zu dem konkreten logos stehen, dem logos, der »Fleisch geworden« ist [155].

c) Der wissenschaftliche Ort der Rechts- und Staatslehre Stahls

Die christlichen Prämissen seiner Staatslehre hatte Stahl somit gerechtfertigt. Notwendig war es außerdem, das wissenschaftliche Ziel der »Rechts- und Staatslehre auf der Grundlage christlicher Weltanschauung« zu bezeichnen und ihr Verhältnis zur Rechtswissenschaft, zur Staatslehre und zur Rechtsphilosophie zu klären.

Eine allgemein anerkannte Systematik der wissenschaftlichen Disziplinen, die sich mit Fragen des Rechts und des Staates beschäftigen, gab es zu Stahls Zeiten ebensowenig wie in der Gegenwart. Stahl stand daher vor ähnlichen Abgrenzungsproblemen, wie sie der modernen politischen Wissenschaft gestellt werden.

Zwar war die naturrechtlich-rationalistische Auffassung, daß der Staat lediglich Rechtsanstalt und daher ausschließlich mit den juristischen Kategorien des Staatsrechts zu erfassen sei, schon bei Schlözer durchbrochen und unter dem Einfluß der organischen Staatsauffassung der Romantik vorläufig preisgegeben worden. Seit Schlözers »Allgemeinem Staatsrecht« (1793) wurde zwischen der Staatslehre und

[153] Vgl. Stahl, Phil. d. Rechts, 1. Auflage, I, S. X.
[154] Paul Tillich, a. a. O., S. 57.
[155] Paul Tillich, a. a. O., S. 37.

dem Staatsrecht unterschieden. Doch es bestand weder Einmütigkeit über den Inhalt der Staatslehre noch über ihr Verhältnis zum Staatsrecht[156]. Schlözer selbst hatte die »Staatslehre« in »Metapolitik«, »Staatsrecht«, »Staatsverfassungslehre« und »Politik im engeren Sinne« unterteilt und dabei unter »Metapolitik« eine Art Soziallehre des Staates, unter »Politik im engeren Sinne« »Staatskunst« verstanden. Rotteck unterschied eine »theoretische Staatslehre oder Metapolitik«, die »Staatsmetaphysik«, »Staatsphysik« und »allgemeines Staatsrecht« enthielt, und eine »praktische Staatslehre«, die er mit »Politik in engeren oder eigentlichen Sinne« gleichsetzte[157]. Dahlmann wiederum nannte die gesamte Staatslehre »Politik«[158]. Karl Salomo Zachariae und Heinrich Leo hingegen suchten im Anschluß an die organische Betrachtungsweise eine »Naturlehre« des Staates zu geben, in der die »Naturgesetze« dargestellt werden sollten, nach denen die Staatsorganismen leben[159]. Robert v. Mohl stellte im System der »Staatswissenschaften« die Staatslehre neben das »öffentliche Recht«, die »Staatssittenlehre« und die »Staatskunst« oder »Politik«. Er bemühte sich, die »Gesellschaft« scharf vom Staate zu unterscheiden und entwarf ein System der »Gesellschaftswissenschaft«, die gleichberechtigt neben die Staatswissenschaft treten sollte[160]. Auch Stahl trennt Staatslehre und Staatsrecht; hingegen scheidet er nicht die Staatslehre von der Politik. In seiner Sicht hat die Rechtswissenschaft die Aufgabe, Recht und Staat zu untersuchen, wie sie in einer bestimmten Zeit und in einem bestimmten Volke bestehen. Dementsprechend muß sich die Staatsrechtslehre mit der positiv-rechtlichen Seite eines konkreten Staates beschäftigen. Da die Normen des Rechts und die Institutionen des Staates in jedem Staate und zu jeder Zeit verschieden und als Menschenwerk stets unvollkommen sind, muß es nach Stahl einen Maßstab geben, der das »unabänderliche Wesen von Recht und Staat« enthält und an dem daher die konkreten Rechtsbildungen und staatlichen Institutionen gemessen werden können. In diesem unabänderlichen Wesen von Recht und Staat sieht Stahl den Gegenstand der Rechts- und Staatslehre, die damit eine »höhere Wissenschaft« als die Jurisprudenz ist, sie jedoch nicht als Unterbegriff enthält[161].

Die Rechts- und Staatslehre hat nach Stahl eine theoretische und eine praktische Aufgabe. Zunächst muß sie das Wesen von Recht und Staat wissenschaftlich erkennen; darüber hinaus dient sie zu »geläuterter Rechtsanwendung«, zur »Würdigung bestehender Rechtsbildungen«, zur »Richtschnur für deren Fortbildung«[162]. Die

[156] Vgl. Jellinek, Allgemeine Staatslehre, 3. Aufl., 7. Neudruck 1960, S. 61 f.

[157] Carl v. Rotteck, Lehrbuch des Vernunftrechts und der Staatswissenschaften, Bd. II, 1830, bei Jellinek, a. a. O., S. 62.

[158] F. C. Dahlmann, Die Politik auf den Grund und das Maß der gegebenen Zustände zurückgeführt, 1847.

[159] Karl Salomo Zachariae, Vierzig Bücher über den Staat, 1820–1872, Umarbeitung 1839; Bd. I, S. 183 f.; Heinrich Leo, Studien und Skizzen zu einer Naturlehre des Staates, 1833, Neuauflage mit Einleitung von Kurt Mautz 1948 in der Reihe »Civitas Gentium, Quellenschriften zur Soziologie und Kulturphilosophie«, herausgegeben von Max Graf zu Solms, S. 41.

[160] Robert von Mohl, Geschichte und Literatur der Staatswissenschaften, Bd. I, 1855, S. 40 ff., S. 94 ff.

[161] Vgl. Stahl, Phil. d. Rechts, 3. Aufl., II, 1, S. 1.

[162] Stahl, a. a. O., S. 2.

Rechts- und Staatslehre kann von der positiven Rechtswissenschaft nicht getrennt werden; denn die Rechtswissenschaft muß die allgemeine Natur der Rechtsinstitute kennen, und die Rechts- und Staatslehre kann diese allgemeine Natur der Rechtsinstitute nicht erfassen, wenn sie nicht von konkreten Rechtsbildungen ausgeht[163].

Für Stahl beruhen Recht und Staat einerseits auf den »äußeren Bedingungen des menschlichen Daseins«, die in einer »Naturlehre« des Staates dargestellt werden können. Stahl übernimmt damit lediglich den Terminus Zachariaes und Leos; er denkt nicht an »Naturgesetze«, die einen »Staatsorganismus« bestimmen, sondern meint faktisch das gleiche wie später Jellinek mit seiner »Soziallehre« des Staates[164]. Andererseits aber gründet Stahl Recht und Staat auf sittliche Anforderungen. Für ihn ist daher die Rechts- und Staatslehre ein Teil der Ethik; sie geht nicht allein von dem Gegebenen aus, sondern zeigt »Recht und Staat, wie die Menschen sie gestalten sollen, die Geschichte sie gestalten werde«[165]. Die Erkenntnisquelle für diese ethische Seite der Staatslehre bildet neben den wirklichen Rechtsbildungen und staatlichen Institutionen der »sittliche Maßstab in uns«[166]. So hat es die Rechts- und Staatslehre in Stahls Sicht nicht lediglich mit dem Sein, sondern zugleich auch mit dem Sollen zu tun; sie ist zum Teil Entscheidungslehre.

Eine solche Rechts- und Staatslehre kann unphilosophisch sein, auf eine ontologische Begründung von Recht und Staat verzichten und ihre Ethik aus fremden philosophischen Systemen stillschweigend übernehmen. Beispiele einer unphilosophischen Rechts- und Staatslehre findet Stahl bei Burke, Gentz und Dahlmann. Für Stahl wird die Rechts- und Staatslehre zur Rechtsphilosophie, wenn sie »Recht und Staat mit der obersten Ursache und dem letzten Ziel alles Daseins in Verbindung setzt[167]. Als Beispiel dafür hat er Hegels »Philosophie des Rechts« vor Augen. Auch Stahl selbst will Rechtsphilosophie treiben; im Gegensatz zu Hegel kann das für ihn aber nicht bedeuten, daß der gesamte Inhalt der Rechts- und Staatslehre aus den obersten philosophischen Prinzipien abgeleitet wird; denn gerade darin sieht er den Hauptfehler der rationalistischen Philosophie. Was Stahl anstrebt, ist vielmehr eine Rechts- und Staatslehre »auf philosophischer Grundlage«. Seine Rechts- und Staatslehre soll Teil einer philosophischen Gesamtschau der Welt sein; sie soll aber nicht jede Einzelheit philosophisch zu begründen suchen, sondern Raum für menschliche Freiheit, irdische Zufälligkeit und göttliche Positivität lassen[168]. Die Philosophie aber, auf die sie sich stützt, soll in der christlichen Offenbarung die absolute Norm erkennen.

Mit diesen Ansichten stand Stahl im Gegensatz zu übermächtigen Entwicklungstendenzen in der Wissenschaft seiner Zeit. Er wußte selbst, daß seine »Rechts- und Staatslehre auf der Grundlage christlicher Weltanschauung« dem allgemeinen Bestreben nach Lösung der Wissenschaft von allen transzendentalen Bindungen widersprach. Schon Mohls Untersuchung der Geschichte der Staatslehre ergab, daß in der

[163] Stahl, a. a. O., S. 3.
[164] Vgl. Jellinek, a. a. O., S. 11.
[165] Stahl, Phil. d. Rechts, 3. Aufl., II, 1, S. 2.
[166] ibidem.
[167] Stahl, a. a. O., S. 3.
[168] Stahl, a. a. O., S. 4.

ersten Hälfte des 19. Jahrhunderts die »auf bloße Verstandesbegriffe und namentlich auf die Forderung möglichst großer individueller Freiheit gebaute neuzeitliche Lehre vom Rechtsstaat« dominierte[169]. Am Ende des Jahrhunderts konnte Jellinek die Frage nach dem objektiven Zweck des Staates, die einer christlichen Staatslehre am nächsten liegt, als unwissenschaftlich zurückweisen, da sie mit den Mitteln empirischer Forschung nicht zu beantworten sei[170]. Die Wahrheit in Stahls Behauptung, daß der Unglaube auch ein Glaube sei[171], wurde nicht erkannt, und erst recht nicht kam es dem positivistischen Empirismus in den Sinn, die eigenen erkenntnistheoretischen Voraussetzungen darauf zu untersuchen, ob nicht auch ihnen letztlich eine unbeweisbare Prämisse zugrunde lag.

Ein ähnlicher Gegensatz zur vorherrschenden Entwicklungstendenz ergab sich durch Stahls Auffassung vom Inhalt und von den Aufgaben der Staatslehre. Mohls Trennung der Staatslehre von der »Staatskunst« bezeichnete den Anfang einer wissenschaftsgeschichtlichen Entwicklung, die schließlich in Jellineks scharfer Scheidung der allgemeinen Staatslehre als der theoretischen Wissenschaft vom Seienden und der Politik als der praktischen Wissenschaft vom Seinsollenden gipfelte[172]. Auch Jellinek verlangte eine Disziplin, die einen kritischen Maßstab für die Beurteilung der staatlichen Verhältnisse liefert. Diese Disziplin gehörte für ihn nicht zur Staatslehre, sondern zur Politik[173]. Demgemäß suchte er Werturteile aus dem Bereich der Staatslehre zu verbannen und der Politik zuzuweisen. So mußte für Jellinek und die von ihm beeinflußte Richtung in der deutschen Staatslehre Stahls »Rechts- und Staatslehre« als ein Gemisch von heterogenen Elementen erscheinen, die zum Teil in die „Allgemeine Soziallehre des Staates«, zum Teil in eine besondere Wissenschaft der Politik gehörten. Eine auf das statisch-Seiende beschränkte Staatslehre verfehlt jedoch ihren Zweck, weil sie ihr Objekt nur einseitig erfassen kann. „Das Sein des Staates ist eben sein Werden in immer erneuerten politischen Entscheidungsakten«[174]. Die politische Wissenschaft der Gegenwart wird daher in Stahls Rechts- und Staatslehre einen fruchtbaren Ansatz zu einer Betrachtung des Gemeinwesens sehen, die nicht bei der bloßen Erkenntnis des Bestehenden verharrt, sondern auf Gestaltung zielt und dem Charakter des Staates eher gerecht wird als die »Allgemeine Staatslehre« der Jahrhundertwende.

[169] Robert v. Mohl, a. a. O., S. 42.
[170] Jellinek, a. a. O., S. 231.
[171] Stahl, Phil. d. Rechts, 3. Aufl., II, 1, S. 5.
[172] Vgl. Jellinek, a. a. O., S. 13 f.
[173] ibidem.
[174] Hermann Heller, Staatslehre, 1934, S. 54.

II. DIE HAUPTQUELLEN DER PHILOSOPHIE STAHLS

Die biographische Untersuchung gab Anlaß zu vermuten, daß Stahls philosophisches Denken vor allem von Schelling und seine Theologie von Luther beeinflußt worden ist. Träfe diese Vermutung zu, so wären die Spannungen in Stahls »Philosophie des Rechts« zum großen Teil geklärt. Ehe sie geprüft werden kann, ist es notwendig, die Vorstellungen zu untersuchen, die Schelling und Luther von der Freiheit des Menschen und von seinem Verhältnis zu Gott hatten.

1. Schelling

a) Schellings Kritik am Rationalismus

Die folgende Darstellung der Philosophie Schellings stützt sich vor allem auf die Schriften und Vorlesungen, die Stahl mit Sicherheit von ihm kannte: auf die Münchner Vorlesungen »Zur Geschichte der neueren Philosophie« (1827) und auf die »Philosophischen Untersuchungen über das Wesen der menschlichen Freiheit« (1809)[175]. Dabei wird von den Vorlesungen »Zur Geschichte der neueren Philosophie« ausgegangen, weil Schelling in ihnen Vorgeschichte und Entwicklung seiner eigenen Philosophie darstellte und Stahl gerade in ihnen den Zugang zu Schelling fand.

Die Vorlesungen beginnen mit einer Untersuchung der cartesischen Philosophie. In dem ontologischen Gottesbeweis des Descartes sieht Schelling einen bestimmenden Faktor für die ganze rationalistische Philosophie, den entscheidenden Fehler, über den diese Philosophie nie hinausgelangte[176]. Descartes versuche, Gott aus dem Begriff des vollkommensten Wesens abzuleiten, den jeder denkende Mensch gewiß habe[177]. Zum Begriff der Vollkommenheit gehöre, daß das vollkommenste Wesen nicht nur zufällig, sondern notwendig existiere. Gott sei das vollkommenste Wesen, also schließe Descartes, Gott existiere notwendig[178]. Das notwendig Seiende, so kritisiert Schelling Descartes, sei aber das blind Seiende, das »nicht nicht sein Könnende«[179]. »Das blind Seiende ist das, dem keine Möglichkeit seiner selbst vorausgegangen ist«. »Dasjenige nun aber, dem es unmöglich ist, nicht zu sein, diesem ist es auch nie möglich zu sein – denn jede Möglichkeit zu sein schließt auch die Möglich-

[175] Vgl. Masur, a. a. O., S. 104.
[176] Schellings Werke, Münchner Ausg. 1927, 5. Hauptbd., S. 84.
[177] Schelling, a. a. O., S. 84.
[178] Schelling, a. a. O., S. 85.
[179] Schelling, a. a. O., S. 89.

keit nicht zu sein in sich – also ist das, dem es unmöglich ist, nicht zu sein, auch nie in der Möglichkeit zu sein, und das Sein, die Wirklichkeit, kommt der Möglichkeit zuvor.«[180] Gegen diesen Begriff des notwendig seienden Wesens verliere das Denken alle seine Freiheit.

Dem Wesen Gottes entspräche aber nicht dieses blinde, notwendige Sein, das gegen sich selbst keine Freiheit habe. »Wäre also Gott das notwendig existierende Wesen, so könnte er nur zugleich als das starre, unbewegliche, schlechthin unfreie, keines freien Tuns, Fortschreitens oder von sich selbst Ausgehens Fähige bestimmt werden.«[181] Schelling sieht hier eine Antinomie: »Gott kann nur als das notwendig existierende Wesen gedacht werden, und zwar in einem Sinn, in welchem diese notwendige Existenz alles freie Tun aufhebt. Aber das, was unabhängig von der Philosophie Gott genannt wird, ... kann nicht in diesem Sinne das notwendig Existierende sein – es muß als frei gedacht werden – gegen sein eigenes Sein, denn sonst könnte es sich nicht bewegen, nicht von sich, d. h. von seinem Sein ausgehen, um ein anderes Sein zu setzen.«[182]

Am Beispiel des cartesischen Gottesbegriffs entzündet sich Schellings Kritik am Rationalismus überhaupt. Rationalistische Philosophie sei Notwendigkeitsphilosophie; aus apriorischen Prinzipien könne sie auf logischem Wege immer nur das ableiten, was notwendig gedacht werden muß, was nicht anders sein kann. Sie versage vor der realen Existenz der Dinge, vor Freiheit und schöpferischer Tat, sie sei »bloß logische«, »negative« Philosophie; denn das Logische sei das bloß Negative der Existenz, das, »ohne welches nichts existieren könnte, woraus aber noch lange nicht folgt, das alles auch nur durch dieses existiert«[183].

Diese von Cartesius begründete »negative« Philosophie entfaltet sich nach Schelling in den Systemen Spinozas, Leibnizens und Wolfs. Zu ihr rechnet Schelling auch noch die Philosophie Kants, Fichtes, Hegels und seine eigene frühe Philosophie, den transzendentalen Idealismus, die Naturphilosophie und die Identitätslehre[184]. Die eigentlichen Notwendigkeitssysteme seien mit Wolf zum Abschluß gebracht. Kant habe die Voraussetzungen für die Überwindung des Rationalismus geschaffen. »Während er durch seine Kritik aller Erkenntnis des Übersinnlichen für immer ein Ende gemacht zu haben glaubte, hat er eigentlich nur bewirkt, daß Negatives und Positives in der Philosophie sich scheiden mußten, aber eben damit das Positive, nun in seiner ganzen Selbständigkeit hervortretend, sich der bloß negativen Philosophie als die zweite Seite der Philosophie überhaupt, als positive, entgegensetzen konnte.«[185]

In Fichte sieht Schelling nur den Fortbildner der Kantischen Philosophie zu einem extremen Subjektivismus. Das Ding an sich sei zu unbestimmt gewesen; alles, was das Objekt zum Ding, zum Wirklichen mache, sei vom Subjekte gekommen[186]. So

[180] ibidem.
[181] Schelling, a. a. O., S. 90, 91.
[182] Schelling, a. a. O., S. 93.
[183] Schelling, a. a. O., S. 213.
[184] Vgl. Kuno Fischer, Geschichte der neueren Philosophie, Bd. 7, S. 200.
[185] Schelling, a. a. O., S. 145.
[186] Schelling, a. a. O., S. 160.

habe Fichte das Subjekt, das Ich, zur einzigen Substanz erklären können. Dagegen habe er nicht zeigen können, wie die unleugbare Abhängigkeit unserer Vorstellungen – wenn nicht von einer äußeren Ursache, so doch wenigstens von einer inneren Notwendigkeit – zustandekomme. Fichte negiere die Natur [187].

Hier habe Schelling selbst die Philosophie aufgenommen. In seinem »transzendentalen Idealismus« habe er den Prozeß beschrieben, durch den das Ich zu sich komme, und somit eine Geschichte des Selbstbewußtsein gegeben, die ersten Schritte zu einer geschichtlichen Philosophie getan [188].

In seiner Naturphilosophie sei er dann den umgekehrten Weg gegangen, um zu erklären, wie die Erkennbarkeit der Natur möglich sei. Er habe versucht, die Realität (Natur) und die Idealität (Geist) als zwei Seiten desselben unendlichen Subjekts zu erfassen. Die Natur sollte der sichtbare Geist, der Geist die unsichtbare Natur sein. Durch die Annahme einer absoluten Identität des Geistes im Menschen und der Natur außerhalb des Menschen habe er das Problem, wie eine Natur außerhalb des Menschen möglich ist, lösen wollen [189].

Das unendliche Subjekt verendliche, objektiviere sich stufenweise: in der ersten Potenz als Materie, in der zweiten Potenz als Licht, in der dritten und höchsten Potenz als organisches Leben. Im Organischen ende der Naturprozeß [190]; die nächste Potenz erhebe sich über die Natur hinaus, sie habe zu ihr »nur noch einen idealen Bezug, ... sie kann nur noch Wissen sein« [191].

Dieses Wissen umfasse die gesamte Natur, es sei insofern »reines Wissen«, »als solches unendlich« [192]; aber es sei zugleich an etwas Endliches gebunden, menschliches Wissen, dadurch in Notwendigkeit und Begrenzung umfangen [193]. Aus diesem Gegensatz entstehe eine neue Steigerung; das unendliche Subjekt überwinde die Begrenzung und Notwendigkeit und erscheine auf der nächsten Stufe als Freiheit des menschlichen Handelns. Freiheit des menschlichen Handelns aber begründe Geschichte.

So ist aus der Naturphilosophie Schellings Geschichtsphilosophie geworden. Auch in der Geschichte erkennt Schelling den Gegensatz von Freiheit und Notwendigkeit. Er behauptet zugleich mit der Freiheit der menschlichen Tat eine »höhere Gesetzmäßigkeit«, die aber nicht »blinde Notwendigkeit« sei, sondern Vorsehung – Wirkung des absoluten, unendlichen Subjekts, in dem der Prozeß der Potenzen sein Ende finde [194]. Daher werde das absolute Subjekt, Gott, nicht mehr objektiv und entziehe sich dem direkten menschlichen Erkennen; aber es manifestiere sich in der Kunst, der Religion und der Philosophie [195].

[187] Schelling, a. a. O., S. 163.
[188] Schelling, a. a. O., S. 164; dabei unterschätzt Schelling seine Abhängigkeit von Fichte, vgl. Kuno Fischer, Geschichte der neueren Philosophie, Bd. 7, S. 206.
[189] Schelling, a. a. O., S. 177.
[190] Schelling, a. a. O., S. 182.
[191] Schelling, a. a. O., S. 182.
[192] Schelling, a. a. O., S. 184.
[193] Schelling, a. a. O., S. 185.
[194] Schelling, a. a. O., S. 187.
[195] Schelling, a. a. O., S. 189.

Schelling löste somit das Problem der Erkennbarkeit der objektiven Welt durch die Annahme der Identität von Geist und Natur; er gab mit seiner Naturphilosophie zugleich die Anschauung der organischen Einheit des gesamten Lebens- und Weltprozesses und konnte von hier aus auf die Romantiker wirken.

Schelling selbst aber erklärte in seinen Münchner Vorlesungen, daß dieses System nicht das endgültige wäre. Es sei unbefriedigend vor allem durch die Stellung Gottes in ihm. Gott sei in der Naturphilosophie als Resultat eines objektiven Prozesses erschienen. Da aber Gott nicht etwas anderes zur Voraussetzung haben könne als sich selbst, so müsse gefolgert werden, daß der Gott am Ende des Prozesses der gleiche ist, der er schon am Anfang war, »daß also jenes Subjekt, das durch den ganzen Prozeß hindurchgeht, im Anfang und Fortgang schon Gott ist, eh' es im Resultat auch als Gott gesetzt wird«[196]. Ein solches Werden Gottes könne aber nur als ewiges Geschehen aufgefaßt werden, denn sonst müßte man eine Zeit annehmen, in der »Gott nicht als solcher war«. Ein ewiges Geschehen aber sei gar kein Geschehen. Die ganze Bewegung durch die Potenzen hindurch sei eine bloße Bewegung des Denkens gewesen, ohne Anspruch auf Objektivität erheben zu können. Die Naturphilosophie habe daher über die Existenz, über das was wirklich ist, nichts sagen können, und da Existenz überall das Positive sei, müsse sie sich als rein negative Philosophie bekennen[197].

Schelling sieht sich also als der Vollender der »negativen« und zugleich als Verkünder der »positiven« Philosophie. Fortentwicklung zur positiven Philosophie sei die Aufgabe der Zeit gewesen. Diese Fortentwicklung sei durch eine »Episode« aufgehalten worden[198]: durch Hegels Philosophie. Schelling wirft Hegel vor, er habe die in Schellings eigener Naturphilosophie »im Realen verhüllten logischen Verhältnisse als solche« hervorgehoben und die Realität dieser bloß logischen Verhältnisse behauptet. Dadurch sei Hegels Philosophie »monstroser« geworden, als es die Naturphilosophie je war[199]. In der Auseinandersetzung mit Hegel gipfelt Schellings Kritik am Rationalismus. In der Welt sei »noch etwas anderes und etwas mehr als bloße Vernunft«, daher könne der logische Begriff die Realität nicht fassen[200]. Die Selbstbewegung des Begriffs, durch die Hegel die Wirklichkeit entstehen lasse, sei Illusion; in der Idee liege überhaupt keine Notwendigkeit zur Bewegung, die Logik enthalte nichts Weltveränderndes[201]. Werde diese notwendige Bewegung aber angenommen, so habe Hegels Gott keine Freiheit, sondern der absolute Geist gebe sich einem Prozeß hin, von dem er nicht mehr loskommen kann. Der Gott sei nicht frei von der Welt, sondern mit ihr belastet[202].

[196] Schellings Werke, a. a. O., 5. Hauptband, S. 194.
[197] Schelling, a. a. O., S. 195.
[198] Schelling, a. a. O., S. 195.
[199] Schelling, a. a. O., S. 198.
[200] Schelling, a. a. O., S. 213 f.
[201] Schelling, a. a. O., S. 222 f.
[202] Schelling, a. a. O., S. 229.

b) Schellings Ansätze zu einer »positiven« Philosophie

Wie schon in Schellings Darstellung der cartesischen Philosophie zeigt sich auch in seiner Hegelkritik, daß sein Denken primär um das Problem von Notwendigkeit und Freiheit kreist. Hier liegt der tiefere Sinn seiner Unterscheidung von negativer und positiver Philosophie: die negative Philosophie erfaßt die logische Struktur der Welt, das, was logisch gefordert, d. h. zugleich, was notwendig ist. Als solche hat sie Sinn und begrenzte Aufgabe[203]. Logische Philosophie, so meint Schelling, scheitert aber vor dem Nichtnotwendigen, vor Freiheit. Sie ignoriert nicht nur die Freiheit, sie muß Freiheit sogar leugnen. Sie kann weder Gott noch den Menschen die Freiheit schöpferischer Tat zubilligen, denn wenn die Welt logisch notwendige Entwicklung einer Idee ist, dann ist alles göttliche und menschliche Handeln determiniert. Positive Philosophie hingegen zielt nicht auf die logische Struktur, sondern auf die zufällige Existenz, auf das nicht-Ableitbare, Mannigfaltige, das sie als Ausdruck freier Tat, freier Schöpfung erklärt. Damit aber – und diese Folgerungen sind in Schellings Vorlesungen »Zur Geschichte der neueren Philosophie« erst im Keime enthalten, Stahl konnte sie dort aus einer verwandten Haltung heraus mehr spüren als deutlich vernehmen – gewinnt die positive Philosophie ein höheres Verständnis der Geschichte und der in ihr handelnden Persönlichkeit. »Der Gott einer wahrhaft geschichtlichen und positiven Philosophie bewegt sich nicht, er handelt«[204] sagt Schelling in der Philosophie der Offenbarung. Nicht eine unpersönliche dialektische Entwicklung bestimmt das Handeln der Person, sondern freier Entschluß, freie Tat. Die Würde der Person offenbart sich gerade darin, daß sie sich selbst bestimmen und zur Ursache des Zufälligen, Nichtnotwendigen werden kann[205]. Das freie Handeln der Person bestimmt die Geschichte. Geschichte ist nicht vorbestimmte Bewegung, sie ist das Reich der freien, schöpferischen Tat, zu ihr gehört damit auch das Zufällige, Individuelle, im Gegensatz zum bloß Notwendigen, Allgemeinen. Als Ergebnis freier Tat, d. h. letztlich göttlicher Schöpfungskraft, an der der Mensch teilhat, erhält das in der Geschichte gewordene Eigentümliche seinen Wert.

c) Schellings »Philosophische Untersuchungen über das Wesen der menschlichen Freiheit«

Die Vollendung seiner positiven Philosophie gab Schelling erst in seinen religionsphilosophischen Vorlesungen in Berlin; der spekulative Theismus des Schellingschen Spätwerks konnte sich somit auf Stahls Rechtsphilosophie nicht mehr auswirken. Dennoch sind die Beziehungen von Schellings Gottesbegriff zu Stahls Vorstellung von der Persönlichkeit als Prinzip der Welt unverkennbar. Die bedeutendste Quelle, aus der Stahl Anregungen für seine eigene Lehre über das Verhältnis Gottes zur Welt entnehmen konnte, bildete Schellings Schrift »Philosophische Untersuchungen über das Wesen der menschlichen Freiheit«, die bereits 1809 erschien und den ersten Ansatz zu einer »positiven« Philosophie, d. h. zu dem Begriff eines persönlichen, freien Schöpfergottes darstellt.

[203] Schelling, a. a. O., S. 189/190.
[204] Schellings Werke, 6. Ergänzungsband, S. 125.
[205] Vgl. Fuhrmans, Schellings letzte Philosophie, 1940, S. 183.

Schellings Abhandlung zeigt den Einfluß der Mystik Jacob Böhmes, zu der er durch Franz Baader geführt worden war. Schelling versucht, Notwendigkeit und Freiheit in Gott zu erklären und damit das Problem der Theodizee zu lösen. Er knüpft an dem Punkte seiner Naturphilosophie an, an dem die Grenze von negativer zu positiver Philosophie erreicht wird, bis zu der er sie geführt hatte, die er jedoch bisher nicht überschreiten konnte.

Wie bereits dargestellt wurde, erreicht die von der Naturphilosophie angenommene stufenweise Objektivierung des absoluten Subjekts schließlich den Bereich des Ideellen, des Geistes und überwindet hier die Notwendigkeit durch die Freiheit des Handelns. Freiheit des Handelns aber hängt von einem freien Willen ab. So verkläre sich die Natur in Empfindung, in Intelligenz, endlich in Willen[206]. Schelling kommt zu dem Ergebnis: »Es gibt in der letzten und höchsten Instanz gar kein anderes Sein als Wollen. Wollen ist Ursein, und auf dieses allein passen alle Prädikate desselben: Grundlosigkeit, Ewigkeit, Unabhängigkeit von der Zeit, Selbstbejahung. Die ganze Philosophie strebt nur dahin, diesen höchsten Ausdruck zu finden.«[207]

Freier Wille, Tat muß also als das Prinzip Gottes und der Welt aufgefaßt werden. »Nur wer Freiheit gekostet hat, kann das Verlangen empfinden, ihr alles analog zu machen, sie über das ganze Universum zu verbreiten.«[208]

Freiheit ist für Schelling das Vermögen des Guten und des Bösen[209]. Zugleich aber wurzelt Freiheit in Gott, sie ist spezifisch göttliche Qualität, an der der Mensch als Geistnatur, als Persönlichkeit, Anteil hat. Wurzelt damit auch das Böse in Gott? Die Frage nach dem Ursprung des Bösen ist für Schelling von der Freiheitsfrage untrennbar[210]. Schelling verwirft alle Lösungen, die einen von Gott unabhängigen Ursprung des Bösen annehmen, weil ein solcher Dualismus mit der Allmacht Gottes unvereinbar sei; er wendet sich aber auch dagegen, dem Bösen die Realität abzusprechen, weil dann eben auch die Freiheit geleugnet werden müsse. Die einzig mögliche Lösung sieht Schelling in der auf Jacob Böhme zurückgehenden Annahme, daß es in Gott etwas gibt, das nicht »Er selbst ist«[211], d. h. er unterscheidet zwischen dem »Wesen, sofern es existiert« und dem »Wesen, sofern es bloß Grund von Existenz ist«[212]. Der Grund der Existenz Gottes ist die Natur in Gott, »ein von ihm zwar unabtrennliches, aber doch unterschiedenes Wesen«[213]. Zwischen dem Grund der Existenz und dem Existierenden selbst herrscht ein Verhältnis wechselseitiger Voraussetzung: »Gott hat in sich einen inneren Grund seiner Existenz, der insofern ihm als Existierendem vorangeht; aber ebenso ist Gott wieder das Prius des Grundes, indem der Grund, auch als solcher, nicht sein könnte, wenn Gott nicht actu existierte.«[214]

Diese Unterscheidung ist grundlegend für Schellings Persönlichkeits- und Schöpfungsbegriff. Gott ist »lebendige Einheit von Kräften«[215], von Basis und Existie-

[206] Schellings Werke, a. a. O., 4. Hauptbd., S. 242.
[207] ibidem.
[208] Schelling, a. a. O., S. 243.
[209] Schelling, a. a. O., S. 244.
[210] Vgl. Schelling, a. a. O., S. 245.
[211] Schelling, a. a. O., S. 251.
[212] Schelling, a. a. O., S. 249.
[213] Schelling, a. a. O., S. 250.
[214] Schelling, a. a. O., S. 250.
[215] Schelling, a. a. O., S. 286.

rendem, von Natur und Geist. Diese Verbindung »einer Selbständigen mit einer von ihm unabhängigen Basis«[216] ist für Schelling Persönlichkeit. Nur durch das Band Gottes mit der Natur ist die Personalität Gottes begründet[217]. Aus der Natur in Gott kommt der Drang, sich zu entfalten; hier, in der Basis, sind die Kräfte noch chaotisch; hier ist noch kein bewußter freier Wille, sondern unbestimmte Sehnsucht. Schöpfung ist die Ordnung und Verklärung der chaotischen Kräfte im Grunde. Sie ist die Folge eines bewußten und freien Willens, des Willens der Liebe; sie ist Handlung, Tat[218]. »Die Schöpfung ist keine Begebenheit, sondern eine Tat ... alles, was geschieht, geschieht vermöge der Persönlichkeit Gottes; nicht nach einer abstrakten Notwendigkeit, die wir im Handeln nicht ertragen würden, geschweige Gott.«[219] Dieser ordnenden Kraft des freien göttlichen Willens widerstreben die ungeordneten Kräfte der Basis; ihr Widerstand wird stufenweise überwunden, die Schöpfung ist ein Prozeß, ein Werden[220]. In diesem Werden, »in der Folge der Dinge«[221] offenbart sich Gott selbst. Sich offenbar werden kann er aber nur »in dem, was ihm ähnlich ist, in freien, aus sich selbst handelnden Wesen«[222]: in Personen, in Menschen.

Die Erhebung der Natur zum Menschen, zum Persönlichen, damit Gott in ihm offenbar werden kann, ist also das Ziel der Schöpfung. Auf den Menschen zielen daher alle Vorbilder in der Natur[223], durch die Ausrichtung auf ihn gewinnt die ganze Entwicklung Einheit.

Der Mensch als freies, selbständig handelndes Wesen ist ebenso Persönlichkeit wie Gott, d. h. auch er ist Einheit zweier Prinzipien: in ihm ist eine Kraft, die aus dem Grunde der Existenz stammt, ein dunkles Prinzip, das ihn von Gott trennt und das sich als Partikularwille, als Eigenwille der Kreatur zeigt; zugleich aber ist im Menschen das Prinzip des Lichts, der göttliche Universalwille, der ihn an Gott bindet. Im Menschen ist die ganze Macht des finsteren Prinzips und zugleich die ganze Kraft des Lichts, der tiefste Abgrund und der höchste Himmel[224]. Während in der bloßen Natur der Eigenwille dem Universalwillen untergeordnet ist und vom Universalwillen als Werkzeug benutzt wird[225], hat der Mensch als bewußte selbständige Persönlichkeit die Kraft, sich vom Universalwillen zu lösen. Obgleich der Mensch das Licht des Bewußtseins dazu erhalten hat, seinen kreatürlichen Partikularwillen aus freiem Entschluß dem göttlichen Universalwillen unterzuordnen, erliegt er der Versuchung, allein dem Partikularwillen zu folgen, und verschließt sich damit dem göttlichen Willen. Diese Flucht aus dem Zentrum, in dem Einheit des kreatürlichen mit dem göttlichen Willen besteht, in die Peripherie des bloß Partikularen, ist ein Versuch, Ruhe in der Selbstheit zu finden; denn das Wesen des göttlichen Universalwillens »ist für jeden besonderen Willen ein verzehrendes Feuer; um in ihm leben zu

216 ibidem.
217 Schelling, a. a. O., S. 287.
218 ibidem.
219 Schelling, a. a. O., S. 288.
220 Schelling, a. a. O., S. 254.
221 Schelling, a. a. O., S. 239.
222 ibidem.
223 Schelling, a. a. O., S. 303.
224 Schelling, a. a. O., S. 255.
225 ibidem.

können, muß der Mensch aller Eigenheit absterben«[226]. Durch die Flucht aus dem Zentrum erhebt sich der Eigenwille über den Universalwillen; der Mensch mißbraucht nun den »Geist, den er nur für das Zentrum erhalten, außer demselben und gegen die Kreatur ... woraus Zerrüttung in ihm selbst und außer ihm folgt«[227]: diese Erhebung des Eigenwillens ist also das Böse; es entsteht durch den Austritt des Menschen aus seiner Einheit mit dem Willen Gottes, durch den er alle Kreatur, die gesamte Schöpfung, mit den Folgen des Bösen belastet.

Das Böse wird also von Schelling nicht aus einer Schwäche des Guten[228], sondern aus einer in der freien Persönlichkeit des Menschen enthaltenen Potenz erklärt. Der Grund des Bösen liegt im höchsten Positivum, das die Natur enthält, im freien selbstbewußten Menschen, es ist an Persönlichkeit gebunden[229]. Im Menschen und durch den Menschen erfolgt die Auseinandersetzung zwischen dem Guten und dem Bösen; das Reich der Geschichte ist der Schauplatz dieses Kampfes. Schelling gelangt so von seiner Theodizee her zur Geschichtsphilosophie[230]. Wendepunkt der Geschichte ist Christus, in dem Gott zum Menschen wird, damit der Mensch wieder zu Gott komme; »denn nur Persönliches kann Persönliches heilen«[231]. Mit Christus ist die Beziehung des Grundes zu Gott wiederhergestellt[232], mit ihm beginnt die Rückkehr der Welt zu Gott, die vollendet wird durch eine »zweite Schöpfung«, »ein neues Reich« – das Reich Gottes, in dem der Mensch die Einheit von Partikular- und Universalwillen durch die Liebe Gottes wiedergefunden hat und nun Mittler sein kann zwischen Gott und der Natur. Durch ihn nimmt Gott auch die Natur an und erhebt sie zu sich[233].

2. Luther

a) Luthers Bild des Menschen

Luthers Menschenbild ist eng mit seiner Rechtfertigungslehre verbunden. In der römischen Kirche seiner Zeit beunruhigte ihn vor allem eine Tendenz zur Veräußerlichung der Religion. Zwar forderte auch die römische Kirche das innerste Streben nach Gehorsam im Glauben; in der seelsorgerischen Praxis erschienen jedoch häufig die äußere Einfügung in die Ordnungen der Kirche und die »Werkgerechtigkeit« als die wesentlichen Vorbedingungen der Erlösung. Als tiefste Ursache dieser Tendenz galt Luther der Gedanke, daß der Mensch von sich aus die Kraft besitze, zu seiner Erlösung beizutragen. Sein Bestreben wurde es nun, dem Christentum die ursprüngliche Tiefe wiederzugewinnen. Er wollte den Gegensatz zwischen Gott und Mensch in äußerster Schärfe aufzeigen und von hier aus zu einem neuen Verständnis von Gnade und Erlösung gelangen.

[226] Schelling, a. a. O., S. 273.
[227] Schelling, a. a. O., S. 257.
[228] Schelling, a. a. O., S. 260.
[229] Schelling, a. a. O., S. 261.
[230] Vgl. Schelling, a. a. O., S. 271 f.
[231] Schelling, a. a. O., S. 272.
[232] ibidem.
[233] Schelling ,a. a. O., S. 303.

Nach Luther wird durch den Sündenfall die geistliche, auf Gott ausgerichtete Seite der Natur des Menschen gänzlich zerstört[234]. Den von Gott abgewandten Menschen bestimmt allein die Selbstsucht. Der Mensch, der Gottes Geist nicht hat, »tut das Böse von sich aus und will es mit verlangender Lust«[235]. Wenn er das Böse unterläßt, so nur, weil er von außen dazu gezwungen wird, aber nicht, weil er seiner innersten Neigung folgt[236]. Er haßt die Macht, die ihn zwingt, seine Selbstsucht zu zügeln; er haßt vor allem Gottes Gesetz, weil er es nicht erfüllen kann, aber dennoch wegen der Nichterfüllung mit Strafe bedroht wird[237]. Aus eigener Kraft kann er sich nicht ändern. Sein Wille ist nicht frei, zwischen Gut und Böse zu wählen, sondern er folgt dem bösen Streben seines Herzens[238].

Erst wenn der Glaube im Menschen erwacht, kann er seiner Selbstsucht Widerstand leisten. Der Glaube bedeutet das Einströmen göttlicher Kräfte; er ist nicht das Verdienst des Menschen, sondern allein Geschenk aus göttlicher Gnade. »Unser Heil liegt in gar keiner Weise an unserem Vermögen und Planen, sondern allein an Gottes Werk.«[239] Der Glaube wandelt den Menschen und leitet seine Neuschöpfung ein. Die vollständige Überwindung des Bösen ist jedoch im irdischen Leben nicht möglich. »Es ist und bleibt auf der Erde nur ein Anfangen und Zunehmen, das in jener Welt vollendet wird.«[240] Lediglich die absolute Herrschaft der Sünde hört auf, nicht aber die Sünde selbst. Sein ganzes Leben hindurch tobt in der Seele des Christen der Kampf zwischen Gott und Satan. Immer wieder gelingt es dem Satan, den Christen zu verführen. Der menschliche Wille ist in diesem eschatologischen Kampfe zwischen Gott und Satan wie ein »Reittier«; »setzt sich Gott darauf, so will und geht es dorthin, wo Gott will; ... setzt sich der Satan darauf, so will und geht es dorthin, wo Satan will«[241]. So kann auch der Christ nicht zwischen Gut und Böse wählen; vielmehr ringen Gott und Satan in seiner Seele miteinander, und der Sieger bestimmt den Willen des Menschen. Der Christ ist daher nicht frei von der Sünde; doch im Gegensatz zum Nichtchristen leidet er unter ihr und darf daher auf Vergebung hoffen. So ist er simul peccator et justus. Nur solange der Wille Gottes in ihm herrscht, lebt der Christ in »königlicher Freiheit«[242]: Menschlicher Wille und göttlicher Wille sind dann eins, der Mensch tut mit Lust das, was Gott von ihm verlangt. Sobald er aber der Versuchung des Bösen erliegt, verliert er seine Freiheit und empfindet das göttliche Gesetz als äußeren Zwang.

Ebenso wie bei der Erlösung der Mensch nichts, Gott aber alles vermag, ist für Luther alles Geschehen das Werk Gottes. Es ist für den Christen heilsnotwendig zu wissen, »daß Gott nichts bloß zufällig voraussieht, sondern daß er alle Dinge nach seinem unwandelbaren, ewigen und unfehlbaren Willen voraussieht und beschließt

[234] Joh. Heckel, Lex charitatis, 1953, S. 32.
[235] Luther, De servo arbitrio, Weimarer Ausgabe (WA) Bd. 18, S. 634, Übersetzung wie bei H. Frhr. v. Campenhausen, Luther, Die Hauptschriften, Berlin o. Jahr.
[236] ibidem.
[237] Vgl. Althaus, Paulus und Luther über den Menschen, 1938, S. 53.
[238] Luther, De servo arbitrio, WA, Bd. 18, S. 634.
[239] De servo arbitrio, WA, Bd. 18, S. 634.
[240] Luther, Von der Freiheit eines Christenmenschen, WA, Bd. 7, S. 30.
[241] Luther, De servo arbitrio, WA, Bd. 18, S. 635.
[242] Vgl. De servo arbitrio, WA, Bd. 18, S. 635.

und vollbringt«[243]. Der Mensch ist nicht Mitschöpfer, sondern bloßes Werkzeug in Gottes Hand; selbst wenn er unter dem Einfluß des Teufels Böses tut, geschieht das mit Gottes Zulassung. Auch das Böse dient Gottes Zwecken; gerade dort, wo Gott am fernsten scheint, wird er sich offenbaren. »Gott führet sein Regiment in der Welt so wunderlich, daß er dort, wo man meint, es sei der Teufel und Tod, am nächsten ist.«[244] Das ist der Sinn der »Theologie des Kreuzes«, die Luther der »Theologie der Herrlichkeit« entgegenhält. Ein weiteres spekulatives Eindringen in das Problem der Theodizee lehnt Luther ab. Es erscheint ihm vermessen, nach den Gründen für Gottes Handeln zu fragen. Der Mensch hat sich der unerforschlichen Allmacht demütig zu beugen und auf ihr Wort zu vertrauen, das ihm Erlösung durch den Glauben verheißt[245].

b) Luthers Zwei-Reiche-Lehre

In seiner Zwei-Reiche-Lehre zieht Luther die Folgerungen, die sich aus seinem Menschenbild für das Leben des Christen in der Gemeinschaft ergeben. Luther unterscheidet das Reich Christi vom Reich der Welt. Das Reich Christi (regnum Christi) ist das Reich der Gnade. In ihm herrscht Christus als das Haupt der »rechten Christen«, die seinen mystischen Leib bilden. Das Reich Christi deckt sich hier also mit dem Leib Christi (corpus mysticum). Zu diesem Begriff des Reiches gehören nach Heckel[246] drei Elemente:

1. die Königswürde des Hauptes;
2. die Herrschaft des Hauptes als »lebenspendendes Einwirken auf die Glieder des mystischen Leibes«[247];
3. die Gläubigen, die ihrem Haupte Christus freiwillig folgen[248].

Das Reich der Welt (regnum mundi) ist das Reich der gottentfremdeten Menschheit. Es bildet ebenfalls einen mystischen Leib, das corpus Babylonicum. Sein Haupt ist der Teufel, der seine Herrschaft über die von Gott abgewandten Menschen, das Teufelsvolk, ausübt.

Zwischen beiden Reichen herrscht eschatologischer Kampf. Er spielt sich im einzelnen Menschen ab, wenn in ihm das Gute mit dem Bösen streitet; er findet aber auch zwischen verschiedenen Personen oder zwischen Personen und den Ordnungen des Gemeinlebens statt.

Vom Begriff des Reiches muß der des Regiments unterschieden werden. Heckel übersetzt regnum mit Regiment, wenn Luther es im Sinne von dominatio gebraucht, d. h. wenn es Machtstellung über Unterworfene bedeutet, ohne daß damit etwas über deren Anerkennung der Herrschaft gesagt wird[249]. So gibt es nicht nur ein Regiment Christi über sein Reich, seine Jünger, sondern ebenso ein Regiment Christi

[243] De servo arbitrio, WA, Bd. 18, S. 615.
[244] Luther, WA, Bd. 24, S. 632.
[245] De servo arbitrio, WA, Bd. 18, S. 784.
[246] Johannes Heckel, Im Irrgarten der Zwei-Reiche-Lehre, 1957, S. 6/7.
[247] Vgl. Luther, WA, Bd. 6, S. 288, S. 207.
[248] Vgl. Luther, WA, Bd. 3, S. 299.
[249] Heckel, a. a. O., S. 8.

über das Reich der Welt, die gottentfremdete Menschheit; denn Christus bleibt der Herr der Schöpfung, auch wenn sich die Schöpfung von ihm abwendet. Das Regiment Christi über seine Jünger ist durch deren freiwillige Zustimmung gekennzeichnet. Es wird ausgeübt durch das Wort Gottes, das aber nicht von außen auf die Gläubigen trifft, sondern sich an ihr Herz richtet; es ist verbum dei in nos, nicht ad nos[250]. So wird der Wille Gottes identisch mit dem eigenen Willen der Gläubigen.

Das für das Leben des sündlosen Menschen maßgebende Recht ist ein geistliches Recht, das seinen Ursprung in Gottes Willen hat. Luther teilt es in das »göttliche Naturgesetz« und das »positive göttliche Recht«. Das göttliche Naturgesetz ist »geistgeborenes, geistgebundenes, geistwirkendes Recht«[251], ein schöpferisches Wort Gottes an den Menschen[252]. Es ist die Ordnung göttlicher Liebe, sein Wesen ist charitas, wie es der Natur des sündlosen Menschen entspricht[253]. Im »positiven göttlichen Recht« sind die Institutionen des Gemeinlebens im status naturae incorruptae begründet. Für Luther gibt es im Gottesreiche nur zwei Institutionen des menschlichen Gemeinlebens: Kirche und Ehe. Das menschliche Gemeinleben im status naturae incorruptae hat danach die Gestalt einer »in inniger Liebe zu Gott und zu einander geführten Familiengemeinschaft«[254].

Das Regiment Christi über das Reich der Welt, über die gottentfremdete Menschheit wird dagegen durch äußeren Zwang gekennzeichnet. Die von Gott abgewandten Menschen verschließen sich dem göttlichen Wort, Christus kann sie von innen her nicht erreichen. Damit durch ihre Bosheit und Willkür die Welt nicht im Chaos vergehe, hat Gott sie »unter das Schwert geworfen« – die weltliche Obrigkeit zwingt sie notfalls mit Gewalt zur Ordnung.

Maßstab der Gerechtigkeit im Reich der Welt kann nicht das göttliche Naturgesetz sein; denn es erreicht den geistlich blinden sündigen Menschen nicht. Doch auch im status naturae corruptae besitzt der Mensch ein anerschaffenes Rechts- und Sittlichkeitsbewußtsein, das auf das göttliche Naturgesetz ausgerichtet ist, ohne es jedoch erreichen zu können. Den Zusammenhang zwischen dem göttlichen Naturgesetz und seinem eigenen Rechts- und Sittlichkeitsbewußtsein erkennt der sündige Mensch nicht; er glaubt, den Maßstab der Gerechtigkeit allein aus sich selbst finden zu können und entwickelt so ein weltliches Naturrecht. Inhaltlich ist dieses weltliche Naturrecht für Luther der zweiten Tafel des Dekalogs gleich[255].

Wie es ein Regiment Christi über seine Feinde gibt, so gibt es umgekehrt ein Regiment des Satans über die Christen. Für Luther sind alle Menschen in des Teufels Reich[256]; aber »mit Unterschied«: die Christen wehren sich gegen die Versuchung, die Anhänger des Satans empfinden die Sünde als Lust. Auch ein Christ kann jedoch der Versuchung unterliegen und sündigen. Soweit er das tut, untersteht er der weltlichen Obrigkeit mit ihrer Zwangsgewalt; bereut er aufrichtig, kann er aber ins

[250] Heckel, a. a. O., S. 8, nach WA, Bd. 4, S. 9.
[251] Heckel, Lex charitatis, S. 58.
[252] Heckel, a. a. O., S. 59.
[253] Heckel, a. a. O., S. 61.
[254] Heckel, a. a. O., S. 69.
[255] Vgl. Heckel, a. a. O., S. 78.
[256] Heckel, S. 8, nach WA, Bd. 2, S. 96, 97.

Reich Christi zurückfinden. Nur der verstockte Sünder verfällt dem corpus Babylonicum.

Über den rechten Christen hat die weltliche Obrigkeit an sich keine Gewalt, denn wer sich von Gottes Wort regieren läßt, braucht keine menschliche Regierung[257]. Das bedeutet aber nicht, daß den rechten Christen die weltliche Obrigkeit nichts angehe. Im Gegenteil ist er zum Dienst am Nächsten verpflichtet, und er muß deshalb auch bereit sein, an den Aufgaben der Obrigkeit verantwortlich teilzunehmen. Dazu muß er sich der Obrigkeit unterstellen. »Der Nichtchrist gehorcht dem weltlichen Regiment vermöge des von Gott über ihn verhängten Zwanges, der Christ aus der ihm von Gott geschenkten Freiheit.«[258]

Für die Ausübung beider Arten des Regiments hat Gott Ämter gestiftet, in denen Menschen in seinem Auftrage handeln. Dem geistlichen Regiment Christi über seine Jünger und der Verkündung des Wortes dient die Kirche mit dem Predigtamt. Dabei ist für Luther die sichtbare Kirche nur ein Wahrzeichen der eigentlichen Kirche. Nur der wahrhaft Gläubige gehört nach göttlichem Recht zur geistlichen und leiblichen, zur unsichtbaren und zur sichtbaren Kirche. Da es aber für Menschen nicht möglich ist, die wirklich Gläubigen von den Ungläubigen zu trennen, verlangt die christliche Bruderliebe, daß jeder Getaufte als zur sichtbaren Kirche gehörig betrachtet wird, falls er sich nicht selbst ausschließt. Sichtbare Kirche ist daher etwas Äußerliches, Unvollkommenes, stets Irrtümern unterworfen, nur nach menschlichem Maße imstande, Gottes Auftrag zu erfüllen; sie ist nicht identisch mit dem Reich Christi.

Dem Regiment Christi über die von Gott abgefallene Menschheit dient die weltliche Obrigkeit. Sie ist in Wirkungskreis und Wirkungsweise streng vom geistlichen Regiment und der Kirche getrennt; ihre Aufgabe ist der Schutz der äußerlichen Rechtsordnung, ihr Mittel die äußerliche Gewalt, ihr untertan sind von Rechts wegen die Anhänger des Teufels. Auch das Amt der weltlichen Obrigkeit wird von Menschen ausgeübt, und es gibt keine Gewähr, daß diese Menschen Christen sind, den Willen Gottes tun. Der Staat ist notwendig infolge der Sünde, und seine konkrete Gestalt ist den Folgen der Sünde unterworfen. Dennoch vollzieht auch er eine Aufgabe, die ihm im göttlichen Heilsplan zugewiesen ist: die äußere Ordnung des menschlichen Gemeinwesens. So sind beide Amtsbereiche, Kirche und Staat, zwar in ihren Funktionen getrennt, haben aber korrespondierende Ziele: der Staat erhält die menschliche Gemeinschaft trotz ihres Abfalls von Gott und schafft damit die Voraussetzung für die Verkündigung des Wortes durch die Kirche[259].

In der Schöpfung selbst findet Luther lediglich die Familie begründet, nicht den Staat. So dehnt Luther die Gehorsamsforderung des 4. Gebotes auf das Verhältnis der Untertanen zur Obrigkeit aus. Er sieht die Staatsgewalt patriarchalisch; der Fürst gleicht dem Hausvater, dem die Untertanen wie die Kinder gehorsam sein sollen, dem sie Ehrfurcht und Pietät schulden. Umgekehrt trägt der Fürst vor Gott die Verantwortung für die rechte Erfüllung der Aufgabe, die ihm nach dem göttlichen Heilsplan übertragen ist. Luther weiß, »daß von Anbeginn der Welt gar

[257] Heckel, S. 15, nach WA, Bd. 12, S. 330, u. WA Briefe, Bd. 3. S. 305.
[258] Heckel, a. a. O., S. 17.
[259] Vgl. Heckel, a. a. O., S. 18.

ein seltsamer Vogel ist um einen klugen Fürsten, noch viel seltsamer um einen frommen Fürsten. Sie sind gemeiniglich die größten Narren oder die ärgsten Buben auf Erden[260]. Aber der Christ soll deswegen nicht klagen. »Die Welt ist zu böse und nicht wert, daß sie viel kluge und fromme Fürsten haben sollte. Frösche müssen Störche haben[261]. Luthers tiefverwurzelte Überzeugung von der Verderbtheit des gefallenen Menschen läßt ihn eher Tyrannei erdulden als gewaltsamen Widerstand gegen einen ungerechten Fürsten erwägen: »Es ist eine verzweifelte, verfluchte Sache mit einem tollen Pöbel, den niemand so gut regieren kann wie die Tyrannen. Die sind der Knüttel, der dem Hunde an den Hals gebunden ist. Wären sie auf bessere Weise zu regieren, Gott würde auch eine andere Ordnung über sie gesetzt haben als das Schwert und die Tyrannen«[262].

Doch zieht Luther der Staatsgewalt Grenzen am institutionellen und materiellen Naturrecht[263]. Gemäß ihrem Auftrage, für die äußere Ordnung des menschlichen Zusammenlebens zu sorgen, erstreckt sie sich über »Leib und was äußerlich ist im Leben«. »Wo die weltliche Gewalt sich vermißt, der Seele Gesetze zu geben, da greift sie Gott in sein Regiment und verführet und verderbet nur die Seelen«[264]. Überschreitet der Staat so seine Grenzen, so ist passiver Widerstand zulässig. Das gleiche gilt bei einem Verstoß gegen materielles Naturrecht. Verlangt die Staatsgewalt von einem untergeordneten Amtsträger, er solle Gottes Gebot verletzen, so darf er diesen Befehl nicht ausführen. »Frevel soll man nicht widerstehen sondern leiden; man soll ihn aber nicht billigen, noch dazu dienen oder folgen oder gehorchen ...«[265]. Die Pflicht zum Gehorsam wird vollends aufgehoben, wenn die Obrigkeit sich gegen das Evangelium oder gegen die Christen wendet: »In diesem Falle ist auch kein Untertan seiner Obrigkeit ein Haar breit verpflichtet oder unterworfen, ja es ist dann schon keine Obrigkeit mehr, wenn so etwas geschieht ...«[266].

c) Folgen der Zwei-Reiche-Lehre

Mit seiner Zwei-Reiche-Lehre riß Luther die respublica christiana des Mittelalters auseinander. Aus dem einen Gemeinwesen, das geistlich und weltlich zugleich gewesen war, wurden nun zwei verschiedene, Kirche und Staat, die beide einen selbständigen Platz im göttlichen Heilsplan hatten. Der Staat konnte nun »als Gemeinwesen mit eigener weltlicher Legitimität theologisch begriffen werden.«[267]

Zugleich wurde erklärt, wie die Zwangs- und Vergeltungsgebote der menschlichen Obrigkeit neben den Liebesgeboten der Bergpredigt bestehen können. Luther betonte, daß die Ethik der Bergpredigt in ihrer ganzen Radikalität für den Christen verbindlich ist, obwohl sie der gottentfremdeten Welt nicht entspricht und hier

[260] Luther, Von weltlicher Obrigkeit ..., WA, Bd. 11, S. 267/268.
[261] Luther, Von weltlicher Obrigkeit ..., WA, Bd. 11, S. 267 f.
[262] Luther, Ob Kriegsleute auch in seligem Stande sein können, WA, Bd. 19, S. 639 f.
[263] Heckel, Lex Charitatis, S. 150.
[264] Luther, Von weltlicher Obrigkeit ..., WA, Bd. 11, S. 262.
[265] Luther, a. a. O., S. 267.
[266] Luther, Eine Heerpredigt wider den Türken, WA, Bd. 30, II, S. 160 ff.
[267] Heckel, Im Irrgarten der Zwei-Reiche-Lehre, S. 19.

durch eine Ordnung äußeren Zwanges ersetzt werden muß. Er zeigte dem Christen einen Weg, im Dienst am Nächsten in der Welt zu wirken, sich dabei der Zwangsordnung zu unterstellen und sich ihrer auch zu bedienen, ohne gegen das für ihn verbindliche Liebesgebot zu verstoßen. Der Dienst in der Welt, mit allen Gefährdungen und Verstrickungen, die er mit sich bringt, konnte nun dem Christen als eine ihm von Gott auferlegte Verpflichtung erscheinen [268]. Die gottentfremdete Welt blieb für den Christen jedoch vorläufig und zweitrangig im Vergleich zur Herrlichkeit des Gottesreiches. Was ihn im Innersten anging, war das Evangelium, die Botschaft vom neuen Leben in Christus; diese Botschaft richtete sich an den einzelnen Christen; die gottentfremdete Welt konnte von ihr ex definitione nicht erreicht werden, sie mußte im Unheil bleiben bis an ihr Ende. Aus dem Evangelium konnte daher auch kein Programm zur Verbesserung der Verhältnisse in der Welt abgeleitet werden; jede schwärmerische Bewegung lehnte Luther ab.

Einen »christlichen Staat« gab es in dieser Sicht nicht. Zwar sind die Christen für Luther die besten Regenten; denn sie allein kennen die wahre Aufgabe des irdischen Gemeinwesens. Zwar konnte Luther sagen, das obrigkeitliche Amt gehöre der christlichen Gemeinde [269]. Doch durch die Mitarbeit des Christen im Staate wird der Staat selbst nicht christlich. Er legt seinen weltlichen Charakter nicht ab. Er bleibt äußere Zwangsordnung, die in ihrer Gewaltstruktur der Sündhaftigkeit der Welt angemessen ist. Sein Maßstab ist nicht das göttliche Naturgesetz, sondern das weltliche Naturrecht [270]. Erst das landesherrliche Kirchenregiment in den lutherischen Territorien Deutschlands führte dazu, daß das Luthertum den Gedanken des christlichen Staates aufgriff und die Äußerungen Luthers umdeutete [271].

Hingegen ist bei Luther selbst der Keim zu der politischen Passivität und Autoritätsgläubigkeit des Luthertums vorhanden, die schon Troeltsch tadelte [272] und deren Ergebnis Fritz Fischer in der Formel zusammenfaßte: für die vom Kalvinismus bestimmte westliche Welt liege die sündhafte Möglichkeit des Menschen im Mißbrauch der Macht, für die deutsche, soweit sie vom Luthertum bestimmt ist, in der Auflehnung gegen die Macht [273].

Schon aus Luthers pessimistischem Menschenbild läßt sich die Forderung nach einer starken Staatsgewalt ableiten. Zwar spricht Luther dem gefallenen Menschen lediglich das Vermögen ab, aus eigener Kraft das Seelenheil zu gewinnen; die Fähigkeit, sein irdisches Wohl vernunftgemäß zu verfolgen, gesteht er ihm hingegen zu. Luther sieht jedoch das Streben nach irdischem Wohl als Folge einer tiefverwurzelten Selbstsucht an, der sich der sündige Mensch nie entziehen, die er nie überwinden kann. Der Ruf nach einer starken Staatsgewalt, die den drohenden Krieg aller gegen alle verhüten soll, muß in dieser Sicht als folgerichtig erscheinen.

[268] Vgl. Helmut Gollwitzer, Die christliche Gemeinde in der politischen Welt, 1954, S. 10.
[269] Luther, An den christlichen Adel, WA, Bd. 6, S. 408, vgl. Heckel, Lex charitatis, S. 164.
[270] Vgl. Heckel, Lex charitatis, S. 180.
[271] Vgl. Heckel, a. a. O., S. 182/183.
[272] Ernst Troeltsch, Gesammelte Schriften, 4. Bd., Aufsätze zur Geistesgeschichte und Religionssoziologie, Tübingen 1925, S. 254 ff.
[273] F. Fischer, Der deutsche Protestantismus und die Politik im 19. Jahrhundert, Historische Zeitschrift, Bd. 171 (1951), S. 475.

Die Formeln der Zwei-Reiche-Lehre erhöhen nun die Autorität der Staatsgewalt ins Übermenschliche. Die »Obrigkeit« wird als Werkzeug Gottes gesehen, mit dem Gott sein Regiment über das Reich der Welt ausübt. Nach der These von der Alleinwirksamkeit Gottes dient selbst die ungerechte »Obrigkeit« dem Willen Gottes, der sie als Mittel benutzt, die sündige Menschheit zu strafen. Aktiver Widerstand gegen die »Obrigkeit« ist daher als Auflehnung gegen göttliche Fügung verwerflich, lediglich passiver Widerstand ist in den Fällen geboten, in denen Gehorsam gegenüber der weltlichen Gewalt einen Verstoß gegen göttliches Gebot bedeuten würde. Luthers patriarchalische Auffassung der Staatsgewalt setzt überdies den Gehorsam gegenüber der »Obrigkeit« dem Gehorsam gegenüber den Eltern gleich und läßt ihn damit als ein Gebot der Pietät erscheinen. Diese Bedenken gegen Luthers Staatsauffassung wären weniger schwerwiegend, wenn es Luther in seiner Zwei-Reiche-Lehre wirklich gelungen wäre, die Verantwortung des Christen für die gottentfremdete Welt eindeutig festzulegen. Wohl bilden für Luther Gottesreich und Reich der Welt eine höhere Einheit, weil Gottes Regiment in beiden Reichen wirkt; wohl fordert Luther den Christen zum Dienste am Nächsten im Reich der Welt und sogar zur Mitarbeit im Staate auf. Zugleich aber betont er den Unterschied zwischen dem Reiche Gottes und dem Reich der Welt mit äußerster Schroffheit. Für Luther klafft zwischen dem erlösten und dem sündhaften Menschen eine vom Menschen aus unüberbrückbare Kluft; ebenso wird das Gesetz des Gottesreiches vom Gesetze der Welt streng geschieden. Mit dieser Trennung konnte er zwar den Irrtum der Schwärmer bloßstellen; doch die Gefahr bestand, daß er den entgegengesetzten Irrtum einer reaktionären Politik nicht mit gleicher Kraft abwehrte. Vor allem reichte Luthers Aufruf an den Christen zu politischer Verantwortung nicht aus, um ein Durchdringen des weltlichen Gemeinwesens mit christlicher Ethik zu gewährleisten; denn bei ihm erschien der Dienst des Christen in der Welt als ein »Mitwirken am Erhalten der sündigen Welt«, nicht aber als ein »Besorgen der Welt im Lichte der Aufhebung von Sünde und Tod durch die Auferstehung Jesu Christi.«[274] Weil Luther davon ausging, daß die Welt nicht zu verbessern ist, daß es in ihr wegen ihrer Sündhaftigkeit notwendig grausam und gewalttätig zugehen muß, lenkte er die Liebestätigkeit des Christen vorwiegend auf den einzelnen Nächsten, überließ jedoch die Ordnungsformen der Welt sich selbst, d. h. dem Eigennutz der Mächtigen. Die Folge war, daß das Luthertum sich mit bestehenden Ungerechtigkeiten zu leicht abfand und der politischen Sphäre schließlich eine Eigengesetzlichkeit zubilligte, die sie der christlichen Ethik entzog.

3. Spannungen zwischen dem Menschenbild bei Schelling und Luther

Unüberbrückbare Gegensätze trennen das Menschenbild Luthers und Schellings. Luther spricht aus einem religiösen Erleben von äußerster Tiefe und wagt nicht, mit menschlicher Vernunft in göttliche Geheimnisse vorzudringen. Schelling ist zwar ebenfalls vom Evangelium ergriffen, gibt jedoch den Anspruch der Philosophie, die

[274] Helmut Gollwitzer, Die christliche Gemeinde in der politischen Welt, 1954, S. 20.

letzten Dinge erfassen zu können, nicht auf und versucht, durch philosophische Spekulation das Wesen Gottes und des Menschen zu ergründen. So bleibt Schellings Gott doch ein »Gott der Philosophen«, ein Gott, von dem Luther sagen würde, daß er nach menschlicher Vorstellung geformt ist.

In der Tat ist die Kluft zwischen Gott und Mensch und zwischen dem sündlosen und sündhaften Menschen bei Schelling nicht so abgrundtief wie bei Luther. Für Luther besteht das Wesen des Menschen in seiner geistlichen Ebenbildlichkeit zu Gott, und diese ist durch den Fall gänzlich zerstört. Aus eigener Kraft kann der geistlich blinde Mensch seinen ursprünglichen status nicht zurückgewinnen, er ist restlos auf Gottes Gnade angewiesen, unfähig zu eigener Wahl zwischen gut und böse. Schelling hingegen sieht das Wesen des Menschen im Personhaften, in der Einheit von Natur und Geist. Als Person ist der Mensch Ebenbild Gottes. Durch den Fall wird in Schellings Sicht zwar die Ausrichtung des Menschen auf Gott, damit die Harmonie von Natur und Geist im Menschen und zugleich die Harmonie in der Schöpfung zerstört. Nach wie vor aber bleibt der Mensch Person und als Person Ebenbild Gottes, wenn auch in sittlicher, geistiger und leiblicher Unvollkommenheit. In der Personalität des Menschen liegt gerade seine Möglichkeit, in Abwendung von Gott selbständig zu existieren, frei zwischen gut und böse zu wählen und dadurch zur aktuellen Ursache des Bösen zu werden. Gott läßt ihm diese Selbständigkeit und Freiheit, weil es sich nur in ihm gleichen Wesen offenbaren kann.

Für Luther gibt es keine Willensfreiheit; der Mensch ist Werkzeug in den Händen einer höheren Macht. Für Schelling ist der Mensch freier Mitschöpfer der Welt, dessen Handeln Gott zwar vorhersieht, aber nicht gänzlich bestimmt. Für Luther ist die gefallene Welt unverbesserlich, sie wird erst durch ihre Aufhebung im Reiche Gottes geändert. Schelling hingegen sieht im gefallenen Menschen ein sittliches Streben wirken, das zwar nicht ausreicht, um die verlorene Einheit mit Gott aus eigener Kraft wiederherzustellen, das sich aber an Christus orientieren und der Aufwärtsentwicklung der irdischen Verhältnisse als Vorbereitung des kommenden Gottesreiches dienen kann. Auch Schelling ist kein Schwärmer, der das Gottesreich auf Erden verwirklichen will. Aber Schelling kennt im Gegensatz zu Luther einen echten historischen Fortschritt in der Welt, der durch die Freiheit bewirkt wird, die Gott dem Menschen gelassen hat. Diese Unterschiede sind sicherlich nicht zuletzt darin begründet, daß Schelling bei aller Kritik an der Aufklärung doch in mancher Hinsicht ihr Erbe war und daher einen ganz anderen Freiheits- und Geschichtsbegriff haben mußte als Luther. Eine tiefere Ursache mag religiöser Art sein. Luther sieht das Verhältnis von Gott und Mensch einseitig von Gott her: der Mensch ist nichts, Gott ist alles. Schelling dagegen nimmt den Gedanken der Mystik auf, daß Gott den Menschen brauche, um sich in ihm zu verwirklichen. So kommt er zu einer Wechselbeziehung zwischen Gott und dem Menschen, die den Menschen nicht gleichberechtigt neben Gott stellt, die ihm jedoch einen von Gott überlassenen Bereich der Selbständigkeit, Freiheit und Eigenwirksamkeit zubilligt. Luthers Denken mag eine noch größere religiöse Tiefe erreichen; doch es schwebte in der Gefahr, angesichts der Allmacht Gottes das Handeln des Menschen in der sündigen Welt abzuwerten. Schelling hingegen kann von seinem Gottes- und Menschenbild her Verständnis für die Gestaltung einer vorläufigen Welt aus menschlicher Freiheit gewinnen.

III. STAHLS THEOLOGISCHE UND PHILOSOPHISCHE GRUNDBEGRIFFE

1. Das Prinzip der Persönlichkeit

a) Die Welt als freie Schöpfung des persönlichen Gottes

Rationalistische Philosophie ist Identitätsphilosophie. Sie erklärt entweder alles Seiende als Materie oder alles Seiende als Geist. Stahl sah zutreffend, daß die rationalistischen Systeme an der Vielheit der konkreten Dinge und an der Nichtidentität von Geist und Materie scheitern mußten. Die philosophische Begründung des Individuellen, Konkreten, Persönlichen und damit der menschlichen Freiheit hatte die historische Rechtsschule offengelassen; Stahl mußte hier mit seiner eigenen Arbeit einsetzen.

Er verfiel nicht in das Gegenteil der Identitätsphilosophie, in eine dualistische oder pluralistische Auffassung, die eine Mehrheit heterogener Seinstypen annimmt. Damit hätte er wohl die Mannigfaltigkeit im Dasein, nicht aber die Einheit in dieser Vielheit erklären können, und er wäre vor dem erkenntnistheoretischen Problem, wie der Geist die Materie erkennen kann, gescheitert [275]. Stahl schlug vielmehr einen Weg ein, auf den ihn Schelling, Jacobi und die Romantiker verwiesen hatten; doch ging er ihn im Wesentlichen selbständig, ohne mehr als Anregungen zu übernehmen. In bewußter Antithese vor allem gegen Hegel entwickelte er ein System der bedingten Identität, das die Einheit in der unendlichen Vielheit durch die Tat der schöpferischen Persönlichkeit herstellt. Dabei gelangte er zu einer theistischen Weltbetrachtung, wie sie Schelling [276] begründet hatte und wie sie in der Gegenwart von Tillich und Niebuhr, aber auch von katholischen Theologen wie Dempf wieder aufgenommen wurde.

Bereits in Stahls Auseinandersetzung mit dem Rationalismus zeigte sich das Gewicht, das Stahl dem Begriffe der Persönlichkeit zumaß. Daß er die freie Persönlichkeit einem unpersönlichen logischen Gesetze opfere, war Stahls entscheidender Vorwurf gegen Hegel, und in der Anerkennung der freien menschlichen Persönlichkeit sah er das Positive im Naturrecht. Den Begriff der Persönlichkeit Gottes und des Menschen wählte Stahl zum obersten Prinzip seiner eigenen Rechts- und Staatslehre [277].

Hinter diesem Begriff verbirgt sich die Vorstellung, daß das Absolute in der vollkommenen Einheit von Universalem und Partikularem bestehen muß und daß diese Einheit nur in einer Persönlichkeit, in der Persönlichkeit Gottes als dem Christus, als konkret gewordenem logos, manifestiert wird [278]. Schellings Begriff der Persön-

[275] Vgl. Stahl, Phil. d. Rechts, 3. Aufl., I, S. 491 f.
[276] Vgl. oben S. 34 f.
[277] Stahl, Phil. d. Rechts, II, 1, S. 7.
[278] Vgl. Tillich, System. Theologie, I, 1956, S. 24.

lichkeit als Verbindung eines Selbständigen mit einer von ihm unabhängigen Basis, als Einheit von Natur und Geist ist die philosophische Umschreibung dieses Gedankens. Entsprechend sagt Stahl: »Persönlichkeit allein ist wahres Sein, ist konkret und geistig zugleich.« Das Absolute hat die Form der Persönlichkeit, Persönlichkeit ist daher »Ursein« und »Urbegriff«[279].

Der Begriff eines persönlichen Gottes ist immer wieder mit der Begründung abgelehnt worden, Persönlichkeit setze ein Sichunterscheiden von Anderem voraus; ein persönlicher Gott bedürfe daher der Welt und sei somit bedingt und endlich[280]. Stahl sucht dieser Schwierigkeit mit dem Gedanken zu begegnen, daß die geschaffene Welt sich zwar von Gott unterscheide, nicht Gott selbst sei, wohl aber durch und in Gott bestehe. Die Geschöpfe haben teil an der Macht des Seins, Gott umgreift und erhält sie. So begrenzt Gott sich selbst durch seine Schöpfung und bleibt dennoch das Absolute, weil diese Schöpfung nur durch seine Macht erhalten wird[281].

Wie Schelling sieht auch Stahl im Wollen ein notwendiges Attribut der Persönlichkeit[282]. Aus dem Wollen ergibt sich die Tat. Schöpfung ist die freie Tat Gottes[283]. Die creatio ex nihilo der christlichen Theologie wird bei Stahl zur »Urwahl«: Gott wählt seine Geschöpfe nicht aus einem vorgegebenen Stoffe aus, sondern seine Schöpfung ist das Ergebnis »unendlicher«, »pur aktiver« Wahl[284]. Dabei ist er an nichts gebunden als an sein eigenes Wesen. Gott äußert in der Schöpfung sein eigenes Wesen; Gerechtigkeit, Liebe, Barmherzigkeit und der dem göttlichen Geiste entsprechende universale Logos durchziehen daher als Gesetz die Schöpfung[285]. Da zur Tat der Persönlichkeit »Absicht und Fürsehung« gehören, ist die Schöpfung darüber hinaus auf ein telos gerichtet. So findet Stahl in der Schöpfung eine Polarität von Freiheit und Notwendigkeit: Freiheit durch unendliche Wahl, Notwendigkeit durch Bindung an das Wesen und die Providenz Gottes.

Die Notwendigkeit in der Schöpfung bedeutet aber nicht Einschränkung des Individuellen. Jedes göttliche Werk ist eine Offenbarung des göttlichen Wesens und fügt sich in den göttlichen Weltplan ein; aber es folgt nicht in seiner individuellen Besonderheit aus diesem Wesen oder aus diesem Plan[286]. Mit aller Schärfe arbeitet Stahl seinen Gegensatz zum objektiven Rationalismus heraus. Mannigfaltigkeit und Individualität ist nicht ein Mangel an der Schöpfung, beruht nicht darauf, daß das Objekt der Idee nicht entspricht. Das Geschöpf soll sich nicht mit der Idee decken – das bedeutete einen Zwang zur Gleichförmigkeit; das Geschöpf soll in seiner Besonderheit selbständig sein, »das ewige Thema der göttlichen Idee soll seine unendliche

[279] Stahl, Phil. d. Rechts, II, 1, S. 14.

[280] Stahl, a. a. O., S. 9; mit dem gleichen Argument wendet sich heute *Jaspers* gegen Schellings Vorstellung der Persönlichkeit Gottes; vgl. Jaspers, Schelling, Größe und Verhängnis, 1955, S. 184.

[281] Stahl, Phil. d. Rechts, II, 1, S. 10; ähnlich heute Paul Tillich, System. Theologie, II, 1958, S. 14.

[282] Phil. d. Rechts, II, 1, S. 16.

[283] a. a. O., II, 1, S. 27.

[284] a. a. O., II, 1, S. 28.

[285] a. a. O., II, 1, S. 29/30.

[286] a. a. O., II, 1, S. 33.

Variation in der Schöpfung haben«[287]. Schöpferische Freiheit ist für Stahl die »Kraft unendlicher Individualisierung«[288].

Die Einheit in dieser unendlichen Vielheit ist dadurch gegeben, daß jedes Geschöpf von dem gleichen Schöpfer geschaffen ist und erhalten wird, daß alles Konkrete an der gleichen universalen Ordnung partizipiert. Das Universum besteht aus den Prädikaten des einen absoluten Subjekts, des persönlichen Gottes; seine Persönlichkeit, aus der Tat und Providenz entspringen, ist »der Zauber der Einheit«[289] in der Schöpfung. »Nicht daß das Mannigfache in dem Einen enthalten sei, die logische Einheit; sondern daß es von dem Einen geschaffen und durch dasselbe beherrscht werde, die reelle Einheit, die Einheit der Tat, ist das wahre System.«[290]

b) Die Persönlichkeit des Menschen

Als Ebenbild Gottes ist auch der Mensch Persönlichkeit; er ist jedoch nicht Persönlichkeit im höchsten Sinne, wie Gott, sondern er ist Geschöpf und damit an die Bestimmungen gebunden, die Gott ihm gegeben hat. »Auf Gott bezogen sind wir nur Prädikate, die er nach seinem Willen annimmt, und denen er nur nach seinem Willen Freiheit gegen ihre eigenen Beschaffenheiten wie gegen ihn selbst erteilt.«[291] Seine Personalität erhebt den einzelnen Menschen, das Individuum – nicht den Menschen als Gattung oder als Begriff, wie Stahl betont, – zum absoluten Zweck der Schöpfung und des göttlichen Weltplanes[292]. Als Person hat er Freiheit zur bewußten Tat, die „generisch von Schöpfung nicht verschieden« ist[293]. Der Mensch wirkt an der Entfaltung der Schöpfung mit; nicht im Sinne der unendlichen Wahl, der creatio ex nihilo – diese ist Gott vorbehalten; sondern in der Umformung und Fortbildung des vorhandenen Stoffes, in der Aktualisierung der durch den göttlichen Schöpfungsakt gegebenen Potenzen. Dabei ist er selbständig. »Das eben ist Schöpfungsanschauung, daß die Geschöpfe selbständig in sich und dennoch auf Gott bezogen sind.«[294]

Ziel der Schöpfung ist es, daß die »göttliche Persönlichkeit in jeder menschlichen voll gegenwärtig sei, sie erfülle«[295]; der Mensch soll seinen Willen dem Willen Gottes aus freiem Entschluß unterordnen und damit zugleich das innerste, wahre Gesetz seines eigenen Lebens erfüllen. Wäre der Mensch so »ohne Sünde in Gott, so würde der unendliche Born der schöpferischen Kräfte Gottes in ihn und in die Natur strömen, und er würde als ein Zentrum der Schöpfung die Natur beherrschen«[296]. Nun sind aber im Menschen »das sittliche Wesen und das Zentrum der Persönlichkeit nicht absolut eins, wie bei Gott, sondern trennbar«, weil das sittliche Wesen die stete Wirkung göttlicher Kräfte, das Zentrum der Persönlichkeit aber selbständig, das

[287] Stahl, a. a. O., II, 1, S. 35.
[288] a. a. O., II, 1, S. 34.
[289] Phil. d. Rechts, I, S. 493.
[290] Phil. d. Rechts, I, S. 504.
[291] Phil. d. Rechts, I, S. 497.
[292] Phil. d. Rechts, II, 1, S. 312.
[293] a. a. O., II, 1, S. 16.
[294] a. a. O., II, 1, S. 70.
[295] a. a. O., II, 1, S. 23.
[296] Stahl, Die gegenw. Parteien in Staat u. Kirche, 1863, S. 353.

eigenste Sein des Menschen ist[297]. »Dieses Zentrum der Persönlichkeit, das innerste menschliche Ich, kann deshalb möglicherweise sich selbst als solches setzen, statt zugleich mit und in dem göttlichen aus dem es ist.«[298] Als Person hat der Mensch in seinem innersten Zentrum eine »Macht absoluten Anfangs« und einen »Grund und Inhalt an dem Streben nach Befriedigung«, das von der Person untrennbar ist. Durch diese »Macht des absoluten Anfangs« kann der Mensch seine Befriedigung nicht nur in Übereinstimmung mit dem göttlichen Willen, sondern auch gelöst von Gott in sich selber suchen. In dieser Möglichkeit liegt der Grund des Bösen, es gehört nicht zur ursprünglichen Schöpfung, sondern entspringt aus der »absoluten Kausalität des Menschen selbst«[299]. Gott achtet die Selbständigkeit seines Geschöpfes so, daß er es nicht hindert, sich gegen seinen Schöpfer zu wenden.

Der von Gott gelöste Mensch erfüllt seine Aufgabe im Schöpfungsplan nicht. Mit seinem Fall reißt er die Natur mit sich, zerstört die ursprüngliche Schöpfungsordnung. Der paulinische Gedanke von der Schöpfung, die sehnsüchtig auf die Offenbarung der Kinder Gottes wartet, klingt bei Stahl wie bei Schelling an: erst der erlöste Mensch, dessen Gemeinschaft mit Gott wieder hergestellt ist, wird seine wahre Aufgabe in der Schöpfung erfüllen, die Natur beherrschen und dabei zur »Freiheit und Herrlichkeit der Gotteskinder« erheben können.

Aus der Selbständigkeit, die er als Person besitzt, folgt für Stahl die Willensfreiheit des Menschen. Wille und Entschluß sind wesentliche Attribute der menschlichen ebenso wie der göttlichen Persönlichkeit[300]. Im Willen äußert sich die Person in ihrer Totalität, in ihrem Bewußtsein, ihrem bestimmten sittlichen Wesen, ihrem innersten Zentrum[301]. Stahl erkennt eine Wechselwirkung zwischen dem sittlichen Wesen der Person und ihren Willensakten: das sittliche Wesen der Person ergibt sich aus der Gesamtreihe ihrer Entschlüsse; doch diese Gesamtreihe in ihrer Kontinuität und Identität mit sich selber wirkt wiederum auf den einzelnen Willensakt. Darin sieht er die Selbstbestimmung der Person[302]. Freiheit ist für Stahl vom Willen untrennbar. Die Freiheit des Willens findet er in der „unauflöslichen Einheit« der absoluten Kausalität des Entschlusses, der unendlichen Möglichkeit des Anderen, der Bewußtheit der Selbstbestimmung, der fortwährenden Rückbeziehung des Entschlusses auf die Person, damit sie in ihm ihre Befriedigung findet[303]. Das wahre Wesen der Person ist das Gute. Wahre und vollkommene Freiheit des Willens ist daher sittliche Freiheit, sie ist »der unwandelbare und seiner selbst sichere Wille des Guten«[304]. Nur im lauteren sittlichen Willen besteht Harmonie zwischen dem wahren Wesen der Person und dem Willensakt, »nur hier ist deshalb die Person in der Totalität ihres Seins kausal, sohin frei, jede Bestimmung in ihr bestimmend als bestimmt, also nur hier wahre durchgängige Selbstbestimmung«[305]. Je sittlicher der Mensch ist,

[297] Stahl, Phil. d. Rechts, II, 1, S. 130.
[298] ibidem.
[299] a. a. O., II, 1, S. 131/132.
[300] a. a. O., II, 1, S. 114.
[301] a. a. O., II, 1, S. 115.
[302] ibidem.
[303] a. a. O., II, 1, S. 116.
[304] a. a. O., II, 1, S. 117.
[305] a. a. O., II, 1, S. 118.

desto freier ist er. Völlige Freiheit ist völlige Übereinstimmung mit dem eigenen Wesen[306].

Im wirklichen Zustande des gefallenen Menschen, in dem das Zentrum der Person von ihrem wahren göttlichen Wesen getrennt ist, wird der Wille nicht durch dieses wahre Wesen bestimmt. Er hat nun das »Doppelvermögen des Guten und Bösen«[307], es besteht nicht mehr sittliche Freiheit, sondern sittliche Willkür. Der Mensch ist nicht mehr in seiner ganzen Persönlichkeit kausal, sondern es ist eine »Spaltung in seinem Willenszustande«, ein Konflikt zwischen Gewissen und Neigung. Sittliche Willkür ist das Gegenteil der Übereinstimmung mit dem eigenen Wesen und daher Unfreiheit[308].

Der menschliche Wille kann nun das Böse wählen, aber er kann auch, allen entgegengesetzten Antrieben zum Trotz, sich für das Gute entscheiden. Diese Entscheidung ist zwar nie grundlos, aber auch nie mit Notwendigkeit bestimmt. Jedem Entschlusse gehen Motive voraus, aber der Wille ist nicht genötigt, ihnen zu folgen. Der menschliche Wille ist frei, der Entschluß ist aus dem Zentrum der Person entspringende absolute Kausalität[309]. Die Freiheit des Willens ist jedoch nicht unbegrenzt. Sie besteht innerhalb der Schranken des »sittlich intellektuellen Wesens« des Menschen. Der Mensch entscheidet sich völlig frei innerhalb dieser Schranken, aber er kann über sie nicht hinaus. So ist er im gefallenen Zustande zwar unfähig, das wahre Gute vollständig zu ergreifen, wohl aber kann er sich für das Gute entscheiden, soweit es für ihn noch erkennbar ist[310].

An der Selbständigkeit und Willensfreiheit des Menschen hält Stahl auch angesichts der lutherischen Auffassung von Rechtfertigung und Wiedergeburt fest. Die Wiedergeburt ist für ihn eine »neue Schöpfung«, eine Umwandlung der Natur des Menschen, ein »Einströmen göttlicher Kräfte«. An ihr hat der Mensch keinen Anteil, sie ist reine göttliche Gnade. Das Festhalten an der umgewandelten Natur, das Leben in ständiger Bejahung der empfangenen göttlichen Kräfte ist jedoch der eigene Entschluß des Menschen, durch den er die Wiedergeburt vollendet[311]. »Der Mensch hat das Doppelvermögen, die heiligen Triebe, die er wieder erhalten, in sich gewähren zu lassen, oder sie von sich zu stoßen, und hieraus, nicht aus einer göttlichen Vorherbestimmung und Nötigung, kommt es daß die Einen sich bekehren, die Anderen nicht.«[312] Stahl lehnt also die Prädestinationslehre ab. Die Bekehrung ist das Werk Gottes und des Menschen zugleich[313], sie ist jedoch nicht Verdienst des Menschen; denn in der Bekehrung läßt er nur die göttliche Kraft, die sein eigenes wahres Wesen ist, in sich gewähren. Dagegen ist die Abwendung von der Gnade alleinige menschliche Schuld; denn damit wählt der Mensch das, was nicht sein wahres Wesen ist, durch seine eigene Kraft der absoluten Kausalität[314].

[306] Stahl, a. a. O., II, 1, S. 120.
[307] a. a. O., II, 1, S. 119.
[308] a. a. O., II, 1, S. 120.
[309] a. a. O., II, 1, S. 115, 122.
[310] a. a. O., II, 1, S. 125 f., 133.
[311] a. a. O., II, 1; S. 134.
[312] ibidem.
[313] ibidem.
[314] Stahl, Phil. d. Rechts, II, 1, S. 135.

Stahl wußte, daß seine Auffassung der Rechtfertigung nur schwer mit der Lehre Luthers zu vereinbaren war. Er deutete selber an, daß er die synergistische Theorie, nach der eine menschliche Willenstat bei der Bekehrung notwendig ist, für berechtigt hielt[315]. Sein von der Freiheitslehre Schellings bestimmtes Menschenbild zwang ihn, einen Weg zu suchen, der die extreme Position Luthers in »De servo arbitrio« vermied; andererseits aber konnte und wollte er sich auch nicht in einen offenen Gegensatz zur herrschenden lutherischen Lehre setzen. In welche Schwierigkeiten er dadurch geriet, zeigte sich noch deutlicher in seiner Auseinandersetzung mit dem reformierten Bekenntnis in »Die lutherische Kirche und die Union«, 1859. Hier gab er zu, daß Luther zumindest in »De servo arbitrio« Unfreiheit des Willens und Prädestination lehrte, suchte aber nachzuweisen, daß Prädestination mit Luthers eigentlicher Rechtfertigungslehre nicht zu vereinbaren sei[316]. Dabei interpretierte er Luther sicherlich sehr großzügig, um den Widerspruch zwischen Luther und seinen eigenen Anschauungen zu verdecken. Es geht jedoch zu weit, wenn Volz in Stahls Auffassung der Rechtfertigung einen Beweis dafür sieht, daß Stahls metaphysische Grundlagen eher katholischen als protestantischen Ursprungs seien[317]. Stahl betonte lediglich die subjektive Seite der Rechtfertigung stärker als Luther und entsprach damit einer Tendenz, die auch im Protestantismus der Gegenwart zu beobachten ist[318]. Was Volz bei Stahl »katholisch« nennt, nämlich vor allem Stahls Lehre von der Mitwirkung des menschlichen Willens bei der Rechtfertigung, ist im wesentlichen gemeinchristliche Überlieferung, die sich im deutschen Protestantismus besonders bei den Mystikern gegen Luther gehalten hat und die Stahl über Jacobi, Baader und Schelling erreichte. Dazu traten dann die Anregungen, die Stahl aus der Beschäftigung mit Möhler gewann[319]. Diese Einflüsse führten Stahl jedoch nicht zur Annahme, sondern lediglich zu einem vertieften Verständnis katholischer Prinzipien. Bezeichnend ist Stahls Stellung zur thomistischen Rechtsphilosophie. Während er in der 1. Auflage seiner »Philosophie des Rechts« auf die Darstellung der mittelalterlichen Rechtsphilosophie gänzlich verzichtet hatte, ging er in den späteren Auflagen auf Thomas und Dante, Marsilius von Padua und Occam ein[320]. Seine Kritik an der mittelalterlichen Rechtslehre konzentrierte sich auf zwei Punkte: auf den – von Stahl etwas einseitig gesehenen – »theokratischen« Charakter der scholastischen Rechts- und Staatsauffassung und auf den Gottesbegriff des Thomas. In Übereinstimmung mit der lutherischen Zwei-Reiche-Lehre vertritt er gegen die Scholastik die Selbständigkeit des Staates im göttlichen Heilsplan[321]. Von der thomistischen Gotteslehre befürchtet er, daß in ihr Gott determiniert erscheinen könnte[322]. An diesem Argument wird der Einfluß Schellings besonders deutlich.

[315] Vgl. Stahl, a. a. O., S. 135 (Anm.).
[316] Stahl, Die Lutherische Kirche und die Union, 1859, S. 211, S. 215.
[317] Volz, Christentum und Positivismus, 1951, S. 58 f., S. 62.
[318] Vgl. Tillich, Systematische Theologie, Bd. II 1958, S. 192.
[319] Vgl. oben S. 21.
[320] Vgl. Stahl, Phil. d. Rechts, I, S. 56 ff.
[321] Stahl, Phil. d. Rechts, I, S. 65 f., vgl. auch unten S. 65 f.
[322] Stahl, Phil. d. Rechts, I, S. 57.

c) Der »Zug der Schöpfung nach Persönlichkeit«

Schellings Philosophie ist Entwicklungsphilosophie; die Geschichte ist »eine allmählich sich enthüllende Offenbarung des Absoluten[323], und diese Offenbarung faßt der frühe Schelling als gesetzmäßigen Prozeß, der zum freien Willen führt, der späte Schelling als freie Tat Gottes (vgl. oben S. 32, S. 36). Der Gedanke einer durchgehenden Entwicklung in der Schöpfung ist bei Stahl ebenso ausgeprägt. Da er eine persönliche Ursache der Welt erkennt, sieht er in der Persönlichkeit auch den »Urtypus«, zu dem die Welt hindrängt. Der »Zug der Schöpfung nach Persönlichkeit« ist nicht rein zeitlich zu verstehen; Stahl erkennt ihn in der gegebenen ontologischen Struktur der Welt ebenso wie in dem zeitlichen Prozeß der natürlichen und historischen Entwicklung. »Was wir in der Natur oder in dem Gedankenreiche hochhalten, Organismus, System usw., ist nur Nachbild nach dem Typus der Persönlichkeit ... Die Naturschöpfung geht aufwärts bis zum persönlichen Dasein des Menschen ...«[324] Als Geist ist die Persönlichkeit Ebenbild Gottes. Der »Zug der Schöpfung nach Persönlichkeit« bedeutet daher für Stahl, daß die Schöpfung »in die Stufe des Göttlichen« strebt[325]. Das ist zugleich Streben nach Einheit. Stahl unterscheidet mehrere Stufen des Geschaffenen, je nachdem, wie weit in ihnen Einheit verwirklicht ist.

Einheit besteht noch nicht in der bloßen Vielheit nebengeordneter einzelner Dinge: sie bilden ein Aggregat. Einheit besteht erst durch System: das Übergeordnete muß in jedem Einzelnen enthalten sein[326]. Auf der untersten Stufe der Einheit steht die äußerliche Einheit. Sie besteht nicht von selber, sondern ist abgeleitet, setzt eine Persönlichkeit außer dem Geeinten voraus, dessen Gedanken es verbinden[327]. Äußerliche Einheit ist häufig formale Einheit. Sie entsteht durch Abstraktion, sie erfaßt nur einen Teil des Einzelnen und bildet daher auch nur partielle Einheit. So ist der Begriff des Tiers in jedem Tier, aber jedes Tier hat darüber hinaus ein Dasein, auf das sich der allgemeine Begriff nicht erstreckt[328].

Ein höherer Grad an Einheit wird im Organismus erreicht. Hier ist nicht nur gedachte äußere, sondern wirkliche innere, nicht nur formale, sondern lebendige Einheit. Das Leben des Ganzen ist in jedem Teile, und das Leben jedes Teiles wirkt auf das Ganze[329]. Die verschiedenen Stufen des Organismus unterscheiden sich nach dem Grade der Beherrschung. Als niederen Organismus bezeichnet Stahl ein Ganzes, in dem die Teile zwar vom Ganzen getragen, aber nicht mit Sicherheit beherrschbar sind. Das natürliche Vorbild sieht er in der Pflanze[330]. Der höhere Organismus hat dagegen Bewußtsein, er ist Leib. Dadurch kann er seine Glieder sicher beherrschen und einem Geist, einer Persönlichkeit zum Träger dienen[331]. Das Organische ist das Nachbild des Persönlichen im Unpersönlichen[332].

[323] Schellings Werke, a. a. O., 3. Hauptbd., S. 603.
[324] Stahl, Phil. d. Rechts, II, 1, S. 23.
[325] a. a. O., II, 1, S. 26.
[326] Phil. d. Rechts, I, S. 498.
[327] Phil. d. Rechts, I, S. 499.
[328] ibidem.
[329] Phil. d. Rechts, II, 1, S. 23.
[330] Phil. d. Rechts, II, 2, S. 40.
[331] ibidem.
[332] Phil. d. Rechts, II, 1, S. 25.

Einen ähnlich hohen Grad der Einheit wie der Leib erreicht der Mechanismus. Aber er unterscheidet sich vom Organismus dadurch, »daß er alles eigene Leben der Teile vernichtet, sie zu bloßen Instrumenten herabsetzt«[333], während der Organismus die Selbständigkeit der Teile in ihrer eigenen Sphäre achtet. Vollkommene innere und lebendige Einheit ist die Person. Sie ist als Ganzes in jedem ihrer Teile, Zustände, Handlungen; nicht bloß gedacht, sondern wirklich, nicht bloß in einer Beziehung, sondern das ganze Dasein des Teils erfüllend[334]. Sie ist das vollendete System. »Jedes System in der Wissenschaft, jede Einheit in der Kunst sind nur das äußerlich durch den Gedanken eines anderen, was die Person innerlich durch sich selbst ist. Wir streben nur darum alles systematisch zu machen, weil Gott persönlich ist.«[335]

So unterliegen für Stahl auch die rechtlichen Institutionen »dem allgemeinen Zuge nach dem Persönlichen«[336]. »Sie sollen zunächst einen organischen Charakter tragen, weil das Organische das Nachbild, der Typus der Persönlichkeit im Unpersönlichen ist. Dann sollen sie gesteigert werden zum Charakter des Persönlichen, jegliche nach ihrer Beziehung, teils die Persönlichkeit des Menschen zur vollen Offenbarung zu bringen, teils die menschliche Gemeinschaft zur Weise der Person, d. i. zur Totalität, die von Einem Willen und nach Einem Gesetze (Bestimmtheit des Willens) beherrscht wird, zu erheben.«[337]

Die Aufgabe des Menschen ist es, seine Persönlichkeit in ihrer sittlichen Bestimmung, ihrem innersten wahren Wesen in seinem ganzen Dasein zu offenbaren, d. h. wahrhaft und vollendet Person zu sein. Diese Aufgabe kann er im Zustande der Entfremdung von Gott nicht vollständig erfüllen; denn sie verlangt, daß die »göttliche Persönlichkeit in jeder menschlichen voll gegenwärtig ist«[338]. Hierin liegt das höchste Gut, das Ziel der Schöpfung; es wird erst im Reiche Gottes verwirklicht. Dann sind die Menschen mit Gott vereint, in völliger Übereinstimmung mit ihrem eigensten Wesen und zugleich von seinem Willen, der ihr Wille ist, beherrscht. In dieser Einheit mit Gott bilden sie wieder »Eine Persönlichkeit auf unser jetziges Vorstellen übersteigende Weise«[339].

Mit dem erlösten Menschen erreicht die Natur die Stufe des Göttlichen. Der »Zug der Schöpfung nach Persönlichkeit« endet in der Wiedervereinigung des Menschen und der Natur mit dem göttlichen Willen, in der alles umgreifenden Einheit mit Gott, in der Harmonie von Freiheit und göttlicher Ordnung.

Die Quellen dieses Gedankenganges liegen unverkennbar in dem mystischen Verlangen nach Einheit mit Gott. Stahl steht hier in der Tradition, die von Jacob Böhme über Baader zu Schelling und zur Romantik reicht, und er konnte sie um so leichter übernehmen, als ihm die organische Betrachtungsweise der Romantik vertraut war. Deutlicher bewußt war er sich wahrscheinlich des paulinischen Gedankens, daß die Gemeinde der Gläubigen »ein Leib und ein Geist« ist (Eph. 4): die unsicht-

[333] Phil d. Rechts, II, 2, S. 41.
[334] Phil. d. Rechts, I, S. 499, 500.
[335] Phil. d. Rechts, I, S. 500.
[336] Phil. d. Rechts, II, 1, S. 25.
[337] Stahl, Phil. d. Rechts, II, 1, S. 25.
[338] Stahl, a. a. O., S. 23.
[339] ibidem.

bare Kirche der wahrhaft Gläubigen ist der Leib Christi. Paulus sah in der Christengemeinde eine Persönlichkeit, die »einig ist unter dem einen Gott und Vater, ein Geist und Leib in der Mannigfaltigkeit der Geistesgaben und der Dienste, und die ein gemeinsames Wachstum beginnt, hin zum Haupte Christi, unter dem alle zusammengefaßt werden«[340].

2. Das sittliche Reich

a) Der Begriff des sittlichen Reiches

Die zur Persönlichkeit erhobene menschliche Gemeinschaft ist nun für Stahl ein »sittliches Reich«, »bewußte, in sich einige Herrschaft nach sittlich-intellektuellen Motiven über bewußte frei gehorchende Wesen, damit auch diese geistig einigend... Herrschaft von persönlichem Charakter nach jeder Beziehung, ein Reich der Persönlichkeit«[341].

Der Gedanke des sittlichen Reiches ist der »oberste ethische Begriff«[342]. Er ist die »allgemeine und absolute Bestimmung« der menschlichen Gemeinschaft. Das Reich Gottes ist seine vollendete Verwirklichung. »Hier ist es die oberste Persönlichkeit, Gott, der die Menschen nach seiner vollkommenen Heiligkeit und Weisheit beherrscht und in vollkommener Freiheit, d. i. wie äußerlich sie erhaltend und ordnend, eben so auch innerlich sie erfüllend, daß sie Eines Geistes und Eines Willens mit Ihm sind und dadurch untereinander.«[343] Ein sittliches Reich erkennt Stahl auch in der »moralischen Welt«, in der Gemeinsamkeit der sittlichen Überzeugungen, die dem Leben und Handeln der Menschen zugrundeliegen. Die reale Macht Gottes ist die Quelle des Sittengesetzes, sie bewirkt, daß es geachtet und erfüllt wird und vereinigt dadurch die Menschen zu einem Reich[344]. Ein sittliches Reich ist schließlich auch die »bürgerliche Ordnung«, Recht und Staat[345]. Auch hier sieht Stahl »eine über den Menschen erhabene Herrschaft aufgerichtet in persönlichem Charakter, d. i. ihrer selbst bewußt und ihres Handelns mächtig und mit einer realen Macht über sie«. Die Herrschaft einer »wirklichen natürlichen Persönlichkeit« wird hier durch den »Staatsorganismus« ersetzt, dessen »vollkommene« oder doch »regelmäßig natürliche Beschaffenheit« es ist, »daß sie auch in einer natürlichen Persönlichkeit (dem Königtum) ihr innerstes Zentrum habe«[346]. Auch in der bürgerlichen Ordnung dient die Herrschaft »sittlich verständigen Zwecken«; die Menschen sollen »frei gehorchen, indem die sittlich verständige Ordnung, die über ihnen steht,

[340] Dempf, Sacrum Imperium, S. 80.
[341] Stahl, Phil. d. Rechts, II, 2, S. 1.
[342] ibidem.
[343] Phil. d. Rechts, II, 2, S. 2.
[344] ibidem.
[345] Stahl faßt mit dem Begriff der »bürgerlichen Ordnung« Recht und Staat zusammen, vgl. a. a. O., II, 1, S. 147. Doch diese Unterscheidung von Staat und bürgerlicher Ordnung wird nicht immer vorgenommen. Häufig nennt Stahl den Staat selbst ein sittliches Reich, wobei dann das Element des Rechts in den Staatsbegriff einbezogen wird, z. B. a. a. O., II, 2, S. 131, 136.
[346] Phil. d. Rechts, II, 2, S. 2.

auch zugleich ihr eigenes wahres Wesen und Wollen ist und sich nur durch sie und in ihnen verwirklicht«. Durch die »Hingebung an diese Ordnung und ihren Geist« sollen sie untereinander geeinigt sein [347].

Zum Begriff des sittlichen Reiches gehören demnach drei Elemente:

1. eine über die Willkür der Beherrschten erhabene Autorität von persönlichem Charakter;
2. Herrschaft aus sittlichen Motiven zu sittlichen Zwecken;
3. Achtung vor der Personalität der Beherrschten, die selbständig sind und frei gehorchen, weil sie im Willen des Herrschers ihr eigenes Wollen erkennen.

Die enge formale und inhaltliche Beziehung dieses Begriffes zu dem lutherischen Begriff des Reiches Christi, wie ihn Heckel herausgearbeitet hat, ist unverkennbar (vgl. oben S. 39). Ähnlichkeit bedeutet jedoch nicht Identität; Luthers Begriff vom Reich Christi kennzeichnet ausschließlich das Verhältnis der erlösten Menschen zu ihrem Haupte Christus; er ist, ebenso wie der korrespondierende paulinische Begriff vom »Leib« Christi, rein eschatologisch und nicht als Modell für irgendeine menschliche Gemeinschaft unter irdischen Bedingungen gedacht. Die lutherische Scheidung des Reiches Christi vom Reich der Welt ist radikal, eine Verbindung besteht nur in der freiwilligen Teilnahme der dem weltlichen Regiment an sich nicht unterworfenen Gläubigen an der weltlichen Ordnung. Stahls sittliches Reich kennzeichnet dagegen die Struktur, die sowohl dem Reiche Gottes als auch jeder irdischen Gemeinschaft essentiell zugrunde liegt. So sagt Stahl: »Der Begriff des sittlichen Reiches und ... seine allgemeinen Merkmale sind dieselben hier wie dort« – unter den irdischen Bedingungen wie im Reiche Gottes. »Sein Begriff ist unsere allgemeinste und innerste Anschauung, weil er überall das von Gott der sittlichen Welt gesetzte Ziel ist.« [348]

Diese von Luther abweichende Auffassung hängt mit dem unterschiedlichen Menschenbild bei Luther und Stahl zusammen. Aus Stahls Willenslehre ergab sich, daß er die Fähigkeit des Menschen, aus eigener Kraft am Guten festzuhalten, nicht leugnet, weil er sonst die Selbständigkeit des Menschen als Person aufgeben müßte. In seiner Auffassung des Reichsbegriffs zeigt sich eine Parallele: ebenso wie im gefallenen Menschen die Persönlichkeit und damit die ebenbildliche Struktur erhalten bleibt, wenn sich auch ihr Inhalt, ihr sittliches Wollen, verändert, so bleibt in der durch den Fall des Menschen getrübten Welt die ursprüngliche Schöpfungsstruktur erhalten, wenn auch ihre Harmonie zerstört wird.

Aus dieser Auffassung ergeben sich für Stahls Rechts- und Staatenauffassung bedeutsame Konsequenzen. Stahl wendet sich gegen Augustins Ansicht, nach der der Staat schlechthin eine Folge der Sünde, eine bloße Notanstalt sei, um die der Christ keine Sorge hätte [349]. Nach Stahl können Staat und Recht nur in der Unvollkommenheit ihres zeitlichen Zustandes, nicht aber ihrer Idee nach aus der ursprünglichen Schuld des Menschen abgeleitet werden. Wie Luther gibt er dem Staat eine selbständige Aufgabe in Gottes Heilsplan, doch er geht noch über Luther hinaus: durch den

[347] Phil. d. Rechts, II, 2, S. 3.
[348] Phil. d. Rechts, II, 2, S. 3.
[349] Phil. d. Rechts, I, S. 52.

Gedanken des sittlichen Reiches verbindet er ihn mit den ewigen Strukturen der Schöpfungsordnung.

b) Das sittliche Reich im System der Ethik

Als oberster ethischer Begriff nimmt der Gedanke des sittlichen Reiches eine zentrale Stelle in Stahls System der Ethik ein. Im vollendeten Zustande des sittlichen Reiches durchdringt der Wille Gottes alle Einzelnen. Religion und Moral und zugleich das Ethos des Einzelnen und das Ethos der Gemeinschaft sind zwar unterscheidbar, stehen aber in engster Wechselbeziehung und bilden gemeinsam eine unauflösbare Einheit. Die Religion dient der Bindung des Menschen an Gott; die Sittlichkeit oder Moral der »Vollendung des Menschen in ihm selbst«[350]. Daß Stahl im Gottesreich von einer »Vollendung des Menschen in sich selbst« sprechen kann, ergibt sich aus seiner von Schelling beeinflußten Anthropologie: Gott gewährt seinem Geschöpfe echte Selbständigkeit und damit auch die Möglichkeit sich aus eigener Kraft zu vollenden. Im Gottesreiche bleibt jedoch trotzdem die Bindung an Gott erhalten. Die Vollendung des Menschen in sich selbst ist zugleich die Offenbarung Gottes im Menschen[351]; Religion und Moral sind verschiedene Aspekte des gleichen ethischen Bereiches. Ein ähnliches Verhältnis wie zwischen Religion und Moral besteht im vollendeten Zustande zwischen der Gottesgemeinde und der »sittlichen Welt«. Die Gottesgemeinde ist die menschliche Gemeinschaft in ihrer Bindung an Gott; die »sittliche Welt« ist die Vollendung der menschlichen Gemeinschaft in sich selbst, und auch sie dient zugleich der Verwirklichung des göttlichen Planes für die Menschheit[352].

Im vollendeten Zustande des sittlichen Reiches ergibt sich die »Gestalt der sittlichen Welt«, das »objektive Ethos«, aus dem lauteren Handeln der Einzelnen, und umgekehrt ist die Moral, das »subjektive Ethos«, die freie Erfüllung und Individualisierung des objektiven Ethos. Die Gottesgemeinde besteht wirklich aus gotterfüllten Menschen, die »sittliche Welt« ist in Übereinstimmung mit der reinen Sittlichkeit des Individuums[353]. So befinden sich alle Sphären der Ethik in völliger Harmonie, weil sie das gleiche Zentrum haben: den Willen Gottes, der zugleich der Wille der einzelnen Menschen ist.

In der von Gott abgewandten Welt hingegen kann der Wille Gottes den Menschen innerlich nicht erreichen. Der Mensch ist aus der Einheit mit Gott gewichen. Nun kommt es zu einer »Zersplitterung der Momente, die im Ewigen zwar unterschieden, aber in unauflösbarer Durchdringung sind«[354]. Diesem Gedanken Stahls liegt seine Vorstellung von der Theodizee zugrunde: Durch den Sündenfall zerbricht nicht nur die Einheit des Menschen mit Gott, sondern der Mensch zerstört in seinem Fall zugleich die Harmonie der ursprünglichen Schöpfung. Wie Gott und Mensch, so fallen nun Religion und Vernunft, Religion und Moral, subjektives und objektives

[350] Stahl, Phil. d. Rechts, 3. Aufl., II, 1, S. 71.
[351] ibidem.
[352] a. a. O., II, 1, S. 79.
[353] vgl. a. a. O., II, 1, S. 143.
[354] a. a. O., II, 1, S. 55.

Ethos auseinander. Der Mensch will nun seine Vollendung außer Gott erreichen; Religion und Moral, Gottesgemeinde und sittliche Welt trennen sich daher, obwohl dadurch die Moral und die sittliche Welt ihr wahres Ziel verfehlen[355].

Quelle des Ethos bleibt auch in der von Gott abgewandten Welt der Wille Gottes; alle Ethik ist für Stahl ein Aufnehmen des göttlichen Willens durch den menschlichen Willen[356]. Doch der Mensch erkennt nun die göttliche Quelle des Ethos nicht immer und glaubt, nach einem autonomen Sittengesetz zu leben, während er in Wirklichkeit durch sein natürliches Rechtsempfinden den göttlichen Willen unbewußt erfüllt oder ihn aber in seiner Hybris ganz oder teilweise verfehlt.

Es gibt unter den irdischen Verhältnissen keine Gewähr, daß die Einzelnen in sittlicher Lauterkeit denken und handeln. Aus der nur von wahrhaft gotterfüllten Christen gebildeten Gottesgemeinde wird die Kirche mit ihren äußerlichen und menschlich-fehlerhaften Zügen[357]; die Gestalt der sittlichen Welt, das »objektive Ethos«, löst sich vom »subjektiven Ethos«, weil die Erfüllung des »subjektiven Ethos« durch den einzelnen Menschen nicht mehr sicher ist und daher das »objektive Ethos« eine selbständige Macht werden muß, die sich auch gegen den irrenden Willen Einzelner behaupten kann[358]. Dadurch nimmt das »objektive Ethos« den Charakter äußeren Zwanges an; es kann nicht mehr die vollen Anforderungen wahrer Sittlichkeit enthalten, da zu vollkommener Sittlichkeit freie innere Erfüllung gehört. Zudem ist der Gesamtwille der Gemeinschaft nun ebensowenig lauter wie der Wille der Einzelnen. Das Individuum braucht daher »eine Sphäre völliger Unabhängigkeit und Trennung« vom Gesamtwillen. Das objektive Ethos darf im empirischen Zustande »die sittlichen Ideen nur in ihrer äußersten und dürftigsten Grenze enthalten«[359], es besteht nur in den Institutionen des Staates und des Rechts. Durch diese Trennung vom inneren Willen der Einzelnen erhält das Recht einen äußerlichen Charakter. Es löst sich vom Gemeinbewußtsein und dauert als selbständige Macht fort, auch wenn sich das Gemeinbewußtsein längst geändert hat. Es beherrscht die sittliche Welt »nicht als stete aktuelle Würdigung der Gemeinschaft, sondern als in sich bestehende abstrakte Regel, die vielfach der inneren Gerechtigkeit des individuellen Falles widerspricht«[360]. Die Moral trennt sich vom Recht. Ihre Erfüllung ist zufällig, das Recht hingegen ist äußerlich und kann die sittlichen Gebote nur beschränkt erfassen.

Auch die tatsächlichen Lebensverhältnisse, die das Recht zu ordnen hat, entsprechen im »empirischen Zustand« nicht dem Gedanken des vollkommenen sittlichen Reiches. Sie sind vom Bösen und seinen Folgen durchdrungen. Dazu gehört »der Fluch der Arbeit und ... der grelle Abstand der verschiedenen Stände und vor allem die weit verbreitete Armut«[362]. Das Böse selbst erscheint im Verbrechen, in ungerechter Macht, Krieg, Tyrannei und Empörung.

[355] Phil. d. Rechts, 3. Aufl., II, 1, S. 73.
[356] a. a. O., II, 1, S. 84.
[357] a. a. O., II, 1, S. 82.
[358] a. a. O., II, 1, S. 143.
[359] a. a. O., II, 1, S. 144.
[360] ibidem.
[362] a. a. O., II, 1, S. 146.

Schließlich entspricht auch die das menschliche Gemeinwesen beherrschende Macht nicht ihrer wahren Idee. Im vollkommenen sittlichen Reiche herrscht die »absolute sittliche Macht, die zugleich die Substanz des Menschen ist, der persönliche Gott[364]. Es besteht Theokratie. Unter den irdischen Verhältnissen aber herrschen unvollkommene Menschen selbständig, ohne göttlichen Einfluß. Theokratie ist nicht möglich. Der Staat ist eine rein menschliche Herrschaft mit allen ihren Unzulänglichkeiten[365]. Faßt man die Aussagen Stahls über die Gliederung der Ethik im vollendeten Zustand des sittlichen Reiches und im empirischen Zustand zusammen, so ergibt sich folgendes System:

	Person	Sittliches Reich
Bindung an Gott	Religion	Gottesgemeinde bzw. Kirche
Vollendung des Menschen in sich selbst	Subjektives Ethos oder Moral	Objektives Ethos oder sittliche Welt, bzw. Staat und Recht

Die Zersplitterung der Sphären des Ethos im gottentfremdeten Zustande und die damit verbundene Trübung der menschlichen Lebensverhältnisse führt dazu, daß das sittliche Reich, das von Recht und Staat gebildet werden soll, auf einer weit niedrigeren Stufe steht als das Gottesreich[366]. Die »bürgerliche Ordnung« kann nie vollkommen, sondern nur ein Streben nach Vollkommenheit sein[367]. Sie ist eine »Mittelstufe zwischen dem Reich der Natur« – dem »regel- und ordnungslosen Zusammenleben« – und dem Reiche Gottes. Sie hat am materiellen Charakter des Naturstandes ebenso teil wie am sittlich-persönlichen Charakter des Gottesreiches. Sie ist »ein sittliches Reich, insofern sie in Handlungen persönlicher Wesen sich realisiert, aber doch ein Reich des äußerlichen Gesetzes, zuletzt getragen und erhalten durch physische Macht und vollendet in äußerlichen Handlungen und Zuständen«.

[364] Stahl, a. a. O., II, 1, S. 146/147.

[365] Bluntschli irrt, wenn er meint, die Theokratie sei Stahls Ideal (Bluntschli, Geschichte des Allgemeinen Staatsrechts und der Politik, München 1864, S. 634); ganz im Gegenteil lehnt Stahl die Theokratie auf das schärfste ab, weil sie im gottentfremdeten Zustande der Welt ex definitione unmöglich ist und jeder Versuch, Theokratie zu errichten, zu einer menschlichen Tyrannei führen muß, die sich zu Unrecht auf göttliche Führung beruft, vgl. Stahl, Phil. d. Rechts, 3. Aufl., II, 1, S. 147.

[366] Vgl. Phil. d. Rechts, 3. Aufl., II, 2, S. 3.

[367] a. a. O., II, 1, S. 150.

Sie ist stets vom Bösen bedroht; ungerechte Herrscher und ungerechte Gesetze lassen sie ihr Ziel verfehlen[368].

Daher sieht Stahl im Gottesreiche nicht die unbedingte Norm für die Gestaltung von Recht und Staat. Eine unbedingte Norm des Handelns enthält nach seiner Auffassung die Offenbarung nur für das Individuum, nicht für die menschliche Gemeinschaft. Der reine Zustand des Einzelnen ist durch Erlösung und Heiligung gegeben. Der Einzelne muß aufgefordert werden, das Gute, das er erkennt, anzustreben und zu verwirklichen. An die Gemeinschaft kann eine solche Anforderung nicht gestellt werden. Sie besteht aus gut- und böswilligen Menschen, und es wäre töricht, sie so einzurichten, als hätten alle ihre Glieder den Willen, in sittlicher Lauterkeit nach dem Höchsten zu streben. »Der Gemeinzustand ... und seine Ordnung bleibt unter der Trübung bis ans Ende der irdischen Dinge.«[369] Da das Reich Gottes unter den irdischen Gegebenheiten niemals auch nur annähernd zu erreichen ist, kann es nicht als Modell für die äußere Einrichtung des Staates dienen. »Wir nehmen die Normen der bürgerlichen Ordnung nicht von dem Vorbilde des dereinstigen Gottesreiches her, und nicht von der moralischen Welt, wie sie im Diesseits besteht, sondern aus dem Wesen des sittlichen Reiches, das als ein allgemeines diesen und ihr selbst in gleicher Weise zukommt.«[370].

Stahls System der Ethik führt somit zu einer sehr nüchternen und realistischen Beurteilung menschlicher Ordnungen. Stahl will nicht von der Gestalt des Gottesreiches auf die Gestalt des irdischen Staates schließen. Die Annahme, daß er die Monarchie als Analogie zur Herrschaft des persönlichen Gottes im vollendeten sittlichen Reiche forderte, läßt sich schon im Hinblick auf sein System der Ethik kaum aufrechterhalten[371]. Als essentielle Struktur des menschlichen Gemeinwesens enthält das sittliche Reich lediglich die drei Elemente der Autorität, der an Sittlichkeit und Recht gebundenen Herrschaft und des Gehorsams aus freiwilliger Anerkennung der Autorität. Es läßt sich kaum leugnen, daß diese Elemente in jedem stabilen Gemeinwesen, das nicht von bloßer Zwangsgewalt zusammengehalten wird, vorhanden sein müssen. Während die Harmonie dieser drei Elemente im vollendeten Zustande des sittlichen Reiches dadurch gegeben ist, daß der Wille Gottes als sittliche Urmacht zugleich der Wille der sündlosen Menschen ist, muß es im irdischen Gemeinwesen die ständige Aufgabe der Politik sein, ihre Harmonie anzustreben. Stahl selbst weiß und betont immer wieder, daß unter den irdischen Verhältnissen diese Aufgabe nicht vollkommen gelöst werden kann. Eine annähernde Lösung wird nur dann möglich sein, wenn eine Häufung politischer Macht vermieden und somit die Voraussetzung einer echten Wechselbeziehung und gegenseitigen Kontrolle der drei Elemente geschaffen wird. Auch das weiß Stahl. Er sagt, die Erkenntnis der Unvollkommenheit jeder irdischen Ordnung werde »der unumschränkten Gewalt des Fürsten nicht min-

[368] a. a. O., II, 1, S. 148.

[369] Phil. d. Rechts, 3. Aufl., II, 1, S. 142.

[370] Phil. d. Rechts, II, 2, S. 3.

[371] Vgl. dagegen Peter Drucker, Friedrich Julius Stahl, Konservative Staatslehre und geschichtliche Entwicklung, 1933, S. 23: »Der Schluß aus dem vollkommenen sittlichen Reich unter Gottes Autorität auf das unvollkommene Reich des Staates ist ... überaus bestechend, aber ... falsch. Denn Gottes Macht über die Menschen leitet sich doch daher, daß sie seine Geschöpfe sind und deshalb sein Wille über ihnen steht.«

der als der unumschränkten Gewalt des Volkes widerstreben, sondern dem Zustande geneigt machen, in welchem die mannigfachen menschlichen Stellungen gesichert sind und mannigfachen Organen Macht und Einfluß auf das Öffentliche geöffnet ist, damit jede von Gott in die Gemeinschaft gelegte Kraft ihre freie Entfaltung und die jeder menschlichen Stellung anhaftende Versuchung an der Stärke der anderen Stellungen ihre Ermäßigung finde«[372]. Aus dem Gedanken des sittlichen Reiches hätte Stahl somit Verständnis für die dynamische Seite der Politik gewinnen können; er hätte begreifen können, daß die Nation in gewisser Hinsicht ein »plébiscite de tous les jours« (Renan) ist und daß daher institutionelle Ordnungen relativ sind gegenüber dem Gemeinbewußtsein, aus dem sie erwachsen sind und mit dem sie sich ändern.

Ansätze zu dieser Erkenntnis sind bei Stahl vorhanden. So fordert er, daß der Staat als sittliches Reich die freie Tat des Volkes sein soll[373] und meint, daß der Staat als »sittlich-intellektuelles Reich« auf dem »sittlich-intellektuellen Bewußtsein der Nation« ruhe[374]. Andererseits aber betont er, daß die Autorität vom Willen der Beherrschten unabhängig sein muß[375], und er kennzeichnet alle Herrschaft als das »Aufnehmen des Denkens und Wollens des Herrschers in das Sein der Beherrschten«[376]. Schon hieran zeigt sich, daß er dem Element der Autorität den unbedingten Vorrang vor dem der Freiheit zubilligt[377]. Der Widerspruch liegt offen: Stahl lehnt es zwar ausdrücklich ab, aus dem vollendeten Zustand des sittlichen Reiches auf irdische Ordnungen zu schließen, räumt aber zugleich der irdischen Autorität eine ähnlich erhabene Stellung über den Beherrschten ein, wie sie im Reiche Gottes dem Schöpfer selbst zukommt. Stahls strenge Unterscheidung der vollkommenen und der irdischen Verhältnisse verbietet die Annahme, daß er bei dieser Betonung der irdischen Autorität von einer analogia entis ausging. Die Ursache des Widerspruchs dürfte darin liegen, daß Stahl an Luthers Obrigkeitsbegriff festhält. Es ist bezeichnend, daß er im Protestantismus zwei politische Prinzipien erkennt: die Rechtfertigung aus dem Glauben führe zu einem höheren Grade innerer Freiheit und dränge damit auch zu einem höheren Grade äußerer politischer Freiheit[378]; zugleich aber fordere der Protestantismus zum Gehorsam gegen die Obrigkeit auf[379]. »Gehorsam gegen die Obrigkeit von Gottes Gnaden« – dieser Gedanke bricht immer wieder in Stahls Staatslehre ein und hindert ihn daran, die Konsequenzen aus seinem Begriff des sittlichen Reiches zu ziehen und den autoritären Staatsbegriff zu überwinden.

c) Sittliches Reich und Organismus

Stahl unterscheidet den Begriff des sittlichen Reiches vom Organismusbegriff der Romantik. Im Organismus sieht er eine Einheit verschiedenartiger, nach Anzahl und

[372] Stahl, Phil. d. Rechts, II, 1, S. 150/151.
[373] Stahl, a. a. O., II, 2, S. 488.
[374] Stahl, a. a. O., II, 2, S. 487.
[375] Vgl. Stahl, a. a. O., II, 2, S. 3 f.
[376] Phil. d. Rechts, II, 2, S. 9.
[377] Vgl. auch Phil. d. Rechts, II, 2, S. 12: die »gegebene reale Autorität« ist das »erste Moment« des sittlichen Reiches.
[378] Stahl, Der Protestantismus als politisches Prinzip, 1853, S. 31.
[379] a. a. O., S. 30.

Art begrenzter Glieder, die sich gegenseitig ergänzen, von denen jedes zum Bestand des Ganzen notwendig, keines aber für sich selbständig ist[380]. Das Reich dagegen kennzeichnet er als eine unbegrenzte Anzahl gleichartiger selbständiger Existenzen, die sich weder gegenseitig voraussetzen noch als einzelne in ihrer Besonderheit für das Ganze notwendig sind.

Stahl nahm somit die Kritik Hellers an der organischen Staatsauffassung vorweg. Auch Stahls »sittliches Reich« kann als eine »Gestalt« im Sinne der Psychologie von Ehrenfels aufgefaßt werden, als eine nur im dialektischen Denkverfahren zu begreifende Einheit von selbständigen, aber aufeinander bezogenen Momenten, wie sie Heller zur Beschreibung von Sozialgebilden benutzt[381].

Doch Stahl blieb hier auf halbem Wege stehen. Der Gedanke des sittlichen Reiches hätte ihn dazu führen können, die Einheit des Gemeinwesens in der ständig erneuerten freiwilligen Anerkennung der Autorität durch die Beherrschten zu sehen. Sein lutherischer Obrigkeitsbegriff aber verbaute ihm den Weg zu einer solchen Auffassung, mit der er ein Vorläufer der Integrationslehre Smends geworden wäre. Um jede Konzession an die Volkssouveränitätslehre zu vermeiden, wollte er die Einheit des sittlichen Reiches in der gemeinsamen »höheren Beherrschung« gesichert wissen[382]. Er erkannte nicht, wie fragwürdig die Selbständigkeit und Freiheit der Einzelnen wird, wenn allein eine »höhere Beherrschung« die Einheit des Gemeinwesens gewährleistet.

So konnte Erich Kaufmann diese Stelle zum Anlaß nehmen, Stahls Begriff des sittlichen Reiches als einen Rückgriff auf die Leibnizsche Organismusvorstellung zu deuten, nach der eine Zentralmonade die Glieder umschließt und sie so zur Einheit fügt. Dabei sind die Glieder nicht selbständig, die Zentralmonade hat unbedingtes Primat. Die politische Anwendung dieses Organismusbegriffs sieht Kaufmann im aufgeklärten Absolutismus. Kants Organismusbegriff hingegen betrachte die Glieder nicht nur als Mittel, sondern als Zweck und stelle die Einheit durch wechselseitige Ergänzung der Glieder, nicht durch eine äußere Macht her. Stahl stütze sich vor allem auf den alten Organismusbegriff von Leibnitz und berücksichtige den neueren Kants nur durch seine Forderung nach Repräsentation; der Obrigkeitsstaat sei daher die notwendige Folge des Begriffs des sittlichen Reiches[383].

Träfe Kaufmanns Deutung des sittlichen Reiches zu, so wäre es schwer verständlich, wie Stahl seinen Begriff des sittlichen Reiches so deutlich von jeder organischen Vorstellung abgrenzen konnte. Kaufmanns Interpretation weist jedoch auf Widersprüche bei Stahl selbst hin. Stahl verwechselt Autorität und Herrschaft, weil ihm so viel an der Autorität in der Herrschaft liegt. Daher betont er die Unabhängigkeit des Herrschers stärker, als es dessen Bindung an Recht und Sittlichkeit, wie sie vom Gedanken des sittlichen Reiches gefordert wird, entspricht.

Während Stahl für den Staat selbst, »für die Masse der Menschen in ihrer geordneten Beherrschung«, den Organismusbegriff ablehnt, wendet er ihn an, wenn es

[380] Stahl, Phil. d. Rechts, II, 2, S. 9.
[381] Vgl. Hermann Heller, Staatslehre, 1934, S. 63 f., S. 99.
[382] Stahl, Phil. d. Rechts, II, 2, S. 9.
[383] Erich Kaufmann, Über den Begriff des Organismus in der Staatslehre des 19. Jahrhunderts, 1908.

sich um die »Herrschaft des Staates«, um die institutionelle und funktionelle Gliederung der Staatsgewalt handelt. »Auch die Herrschaft des Staates, wenn sie nicht, wie in den Despotien, eine bloße Persönlichkeit ist, ist ein sittlicher Organismus, da die Persönlichkeit ja überall nur durch einen solchen ersetzt werden kann. Fürst, Standschaft, Gerichte, Ämterfolge ergänzen sich, die Staatsherrschaft ist nicht völlig, wenn das oder jenes fehlt, und ist, wo sie gegeben sind, in sich geschlossen.« [384]

Sofern dieser »sittliche Organismus« »Subjekt des Herrschens und Handelns« ist, bildet er eine »politische Person« [385]. Den Begriff der »politischen Person« setzt Stahl dem der »juristischen Person« entgegen. Der Begriff der »juristischen Person« ist privatrechtlich und bezeichnet lediglich die Fähigkeit, Vermögenssubjekt zu sein. Stahl wendet ihn in Übereinstimmung mit der herrschenden Lehre seiner Zeit nur auf den Fiskus, nicht auf den Staat an. Der Begriff der »politischen Person« wird dagegen von Stahl rein öffentlich-rechtlich gefaßt. Mit ihm bezeichnet Stahl den Staat, aber auch Gemeinde, Korporation und Kirche, soweit sie Träger eines einheitlichen politischen Willens und zur politischen Gestaltung befähigt sind.

Als politische Person besteht der Staat aus mehreren Organen, zu denen in der Monarchie auch der Fürst gehört. Die politische Person »Staat« ist daher mit dem Fürsten nicht identisch, wohl aber von ihm nicht zu lösen: er ist ihr Zentrum [386]. Die politische Person »Staat« kennzeichnet den Staat nur als »Subjekt des Herrschens und Handelns«, umfaßt also nur einen Aspekt des Staates, ist nicht identisch mit der Gemeinschaft als Ganzes.

Der Abgrenzung von Organismus und sittlichem Reich steht die Auffassung nicht entgegen, daß das sittliche Reich persönlichen Charakter hat. Persönlichkeit ist nicht mit Organismus gleichzusetzen. Der höhere Organismus, der »Leib«, ist für Stahl lediglich der Träger, die physische Grundlage einer Persönlichkeit oder eines sittlichen Reiches, nicht diese Persönlichkeit oder dieses sittliche Reich selbst [387]. Da Stahl das Kennzeichen der Persönlichkeit in der Einheit durch Selbstbewußtsein und freien Willen sieht, kann er das sittliche Reich, in dem die Menschen durch einen Willen, der zugleich ihr eigener ist, vereint sind, als Gesamtpersönlichkeit betrachten. Als sittliches Reich wird daher der Staat zur »Personifizierung der menschlichen Gemeinschaft« [388].

3. Gott in der Geschichte

a) Geschichte als Vorbereitung des Gottesreiches

Die Interpretation des »sittlichen Reiches« als in der Schöpfungsordnung begründeter essentieller Struktur des Gemeinwesens wird durch Stahls Geschichtsverständnis bestätigt. Für Stahl ist die Geschichte »ihrer Idee nach« nicht die Folge der Sünde. Wie die Kirche selbst annehme, habe der primitive Zustand des Menschen im Para-

[384] Stahl, Phil. d. Rechts, II, 2, S. 9 f.
[385] Stahl, a. a. O., S. 18.
[386] Phil. d. Rechts, II, 2, S. 19.
[387] Vgl. a. a. O., S. 9 f.
[388] Phil. d. Rechts, II, 2, S. 13.

diese nach ewigem göttlichem Ratschluß erst noch einer Entfaltung zum vollendeten Gottesreiche bedurft. Stahl sieht die Folge des Falls lediglich darin, daß diese Entfaltung nun »außer Gott« vor sich geht. Die »Stufe des irdischen Zustandes« fällt jedoch nicht aus dem »Ganzen des göttlichen Weltplanes« heraus. Die »sittliche Welt« hat ihre »absoluten Charaktere«, die in allen Stufen und unter allen Bedingungen die gleichen sind. Die »ewigen Verhältnisse« sind, wenn auch getrübt, noch vorhanden, und der vollendete Zustand des Gottesreiches ist als »Keim und Macht« auch in den irdischen Verhältnissen »gegenwärtig und wirksam«. Aufgabe der Religion und der philosophischen Spekulation ist es, die »Nähe und Gegenwart des höheren Reiches« in den irdischen Verhältnissen zu erkennen[389]. Dieser Aufgabe will Stahl mit seinem Begriff des sittlichen Reiches entsprechen.

Für Stahl ist die irdische Geschichte demnach eine »Entfaltung« der Menschheit, die zwar ohne direkte göttliche Lenkung, doch im Einklang mit dem göttlichen Weltplan geschieht. Gott bleibt der Herr der Geschichte, auch wenn sich die Menschheit seinem unmittelbaren Wort verschließt. »Gott legt den Menschen, je nach einem jeglichen Zeitalter und jeglichem Volk ins Herz, welche Ordnung sie herstellen, welche Ziele sie anstreben sollen.«[390] Gott erhebt die Menschheit von Stufe zu Stufe; es tritt eine „stete Steigerung der Selbstbewußtheit« und der „Herrschaft über die eigenen geistigen Kräfte« ein. Damit wachsen die Fähigkeiten zur Naturbeherrschung und zur politischen Gestaltung des Gemeinwesens[391].

Auch Stahl sieht somit in der Geschichte einen »Fortschritt zur Freiheit«[392]; er lehnt lediglich einen unbegrenzten Fortschrittsoptimismus ab. Infolge der Entfremdung des Menschen von Gott gibt es für Stahl zwar eine Entfaltung der menschlichen Fähigkeiten, aber keine wirkliche »Erhöhung des innersten Wesens und Vermögens« des Menschen. Die Welt bleibt in der Trübung; zusammen mit der Entfaltung der positiven Kräfte entfaltet sich auch das Böse, und der Mensch erliegt weiterhin der Versuchung[393].

Während Stahl an der Verwirklichung eines göttlichen Weltplanes festhält, behauptet er andererseits die Freiheit des menschlichen Willens. Er sieht selbst die Schwierigkeit, die sich hier ergibt: aus der Einheit des göttlichen Weltplanes folgt die Determination des menschlichen Willens[394]; logisch erscheinen also beide Positionen unvereinbar. Stahls Lösungsversuch knüpft an eine These des jungen Schelling an, der in der Geschichte ein göttliches Kunstwerk sah[395]. Stahl meint, der

[389] Phil. d. Rechts, II, 1, S. 55.
[390] Phil. d. Rechts, II, 2, S. 181.
[391] Phil. d. Rechts, II, 1, S. 52.
[392] Vgl. Stahl, Die gegenwärtigen Parteien . . ., S. 9.
[393] Phil. d. Rechts, II, 1, S. 51/52.
[394] Vgl. a. a. O., II, 1, S. 126.
[395] Schelling schreibt in seiner Naturphilosophie, Werke, Münchner Jubiläumsausg. 1927, 3. Hauptband, S. 602: »Wenn wir uns die Geschichte als ein Schauspiel denken, in welchem jeder, der daran teilhat, ganz frei und nach Gutdünken seine Rolle spielt, so läßt sich eine vernünftige Entwicklung dieses verworrenen Spiels nur dadurch denken, daß es ein Geist ist, der in allen dichtet, und daß der Dichter, dessen bloße Bruchstücke die einzelnen Schauspieler sind, den objektiven Erfolg des Ganzen mit dem freien Spiel aller einzelnen schon im voraus so in Harmonie gesetzt hat, daß am Ende wirklich etwas Vernünftiges herauskommen muß. Wäre nun aber der Dichter unabhängig von seinem Dra-

menschliche Wille sei durch die göttliche Fügung, die ihm Gaben, Einsicht und »augenblickliche Einwirkung« zuteile, »bis auf einen innersten Punkt der Entscheidung« bestimmt. Nur dieses letzte Ja oder Nein liege in der wirklich selbständigen Entscheidung des Menschen. Diese Entscheidung wirke aber wieder auf den göttlichen Weltplan, auf die »künstlerische Anlage im göttlichen Geist« zurück. Gott habe sie in seiner Allwissenheit im voraus berücksichtigt, so daß sie sich in die Einheit des Weltplanes einfügen könne[396].

Auch für Stahl ist also die Weltgeschichte eine Art göttliche Dichtung, ein Kunstwerk, durch das Vor- und Allwissen des göttlichen Dichters so ausgelegt, daß trotz der Freiheit des Einzelnen die Harmonie des Ganzen erhalten bleibt. Nur wird bei Stahl der pantheistische Gottesbegriff des frühen Schelling durch den theistischen ersetzt: das Wechselspiel zwischen göttlicher Fügung und menschlicher Entscheidung, aus dem sich die Harmonie in Freiheit ergibt, ist für ihn nur möglich als das Werk selbständiger Persönlichkeiten. So wird in der Sicht Stahls der Mensch zum wirklichen Mitarbeiter Gottes an der Geschichte. Die lutherische Annahme der Alleinwirksamkeit Gottes ist aufgegeben; menschliche Freiheit erscheint mit göttlicher Providenz vereinbar. Von göttlicher Voraussicht umfangen, kann die Weltgeschichte nun trotz der Abwendung des Menschen von Gott und trotz der Freiheit des Menschen die Vorbereitung für das Kommen des jenseits der Geschichte liegenden Gottesreiches sein[397]. Die naheliegende Frage, ob dieses Geschichtsbild nicht doch, ähnlich wie Hegels Entwicklungslehre, die Entscheidung des Menschen entwertet, weil die Verwirklichung des göttlichen Weltplanes feststeht und vom Menschen nicht verhindert werden kann, beantwortet Stahl nicht. Seine Lehre läßt den Schluß zu, daß er in der Entscheidung des Menschen für oder gegen Gottes Gebot vor allem eine Frage der individuellen Ethik und des persönlichen Heils sieht. Eine Entscheidung gegen Gottes Gebot kann für den Einzelnen und für die Gesamtheit schwerwiegende Folgen haben; sie kann ein Volk ins Verderben stürzen und Generationen unglücklich machen. Sie kann als menschliche Entscheidung jedoch Gottes Gesamtplan für die Welt nicht zerstören.

Stahls Geschichtsverständnis verbietet einerseits das reaktionäre Festhalten am Bestehenden, andererseits das Streben nach einem vollkommenen Zustand auf Erden. Es erkennt die Dynamik in der Geschichte als Vollziehung eines Heilsplanes, der selbst die gottentfremdete Menschheit umfaßt. Stahls These, daß Gott auch die Fortbildung der Zustände lenkt[398], indem er auf das Bewußtsein der Völker einwirkt, reicht allein aber noch nicht aus, um eine konservative Politik, wie Stahl sie wünscht, zu begründen. Stahl selbst erklärt, die Aufgabe, die Gott einer Zeit setze, sei meist

ma, so wären wir nur die Schauspieler, die ausführen, was er gedichtet hat. Ist er nicht unabhängig von uns, sondern offenbart und enthüllt er sich nur sukzessiv durch das Spiel unserer Freiheit selbst, so daß ohne diese Freiheit auch er selbst nicht wäre, so sind wir Mitdichter des Ganzen und Selbsterfinder der besonderen Rolle, die wir spielen.« Stahl beruft sich zwar nicht ausdrücklich auf diese Stelle, sondern nur allgemein auf Schellings Ansicht, daß die Geschichte ein Kunstwerk sei (Phil. d. Rechts, II, 1, S. 55); seine eigene Ansicht ist jedoch der Schellings sehr ähnlich.

[396] Stahl, Phil. d. Rechts, II, 1, S. 127.

[397] Phil. d. Rechts, II, 1, S. 145, 151.

[398] Gegen de Maistre, Phil. d. Rechts, I, S. 551.

eine andere als die, der das Zeitalter selbst nachringe[399]. Wer aber kann entscheiden, welche Aufgabe nach göttlichem Plane zu erfüllen ist? Wo ist das Kriterium, das es Stahl ermöglicht, revolutionäre Bewegungen zu verdammen?

b) Stahls Begriff der »göttlich-menschlichen Ordnung« in der Geschichte

Die Antwort auf diese Frage ist in Stahls Auffassung enthalten, daß es eine in der Geschichte entstandene »göttlich-menschliche Ordnung«[400] gibt, der ethische Bedeutung zukommt. Nach Stahl greift Gott unmittelbar nur durch Offenbarung und Erlösung in die irdischen Verhältnisse ein, sonst läßt er den Menschen nach eigenen mangelhaften Kräften gewähren[401]. Die »Weltordnung Gottes«, von der Stahl häufig spricht[402], ist daher niemals identisch mit irgendeiner konkreten historischen Ordnung. Den Inhalt der »Weltordnung Gottes«, die »weltökonomischen Ideen Gottes«[403], leitet Stahl aus den Geboten Gottes ab, zu denen er nicht nur den Dekalog, sondern darüber hinaus alle allgemeinen Regeln für das menschliche Gemeinleben rechnet, die er in der Bibel zu finden glaubt. So zählt er die Integrität und Freiheit der Person, das Eigentum, die Familie und den Untertanengehorsam gegenüber der Obrigkeit zu den Institutionen der Weltordnung Gottes[404]. Die Weltordnung Gottes bildet die Norm der menschlichen Ordnungen; Staat und Recht sollen ihr dienen, können das aber nur in unvollkommener Weise. So tritt sie im Denken Stahls an die Stelle des christlichen Naturrechts, dessen Begriff er nicht verwendet, weil er offenbar glaubt, in seiner Auseinandersetzung mit dem rationalistischen Naturrecht durch jeglichen Naturrechtsbegriff behindert zu werden.

Mit dieser Auffassung, nach der es keinen unmittelbaren Eingriff Gottes in die Geschichte gibt, sieht sich Stahl im Gegensatz zur theokratischen Ansicht des Mittelalters. Die theokratische Ansicht habe angenommen, daß die Herrschaftsverhältnisse durch »direkte Weisung und Veranstaltung Gottes bestimmt« seien[405], weil Gott den Papst und durch den Papst den Kaiser selbst einsetze[406]. Stahl will sich aber auch nicht der entgegengesetzten protestantischen Richtung von Melanchthon bis Kant anschließen, die nach seiner Meinung Ethik und Politik nur auf das unveränderliche Gebot Gottes gründet, von der Geschichte dagegen abstrahiert und aus ihr keine ethischen Verpflichtungen ableitet[407].

Stahl nimmt eine vermittelnde Position ein. Er bezeichnet es als eine Bereicherung der protestantischen Auffassung und eine Wiederaufnahme eines mittelalterlichen Elements, wenn die Philosophie Hegels und Schellings und die historische Rechts-

[399] Stahl, Die gegenwärtigen Parteien . . ., S. 11.
[400] Vgl. 2. Auflage der Phil. d. Rechts, Vorrede zu II, 2, S. XIII.
[401] Phil. d. Rechts, 3. Aufl., II, 1, S. 53.
[402] Auch »göttliche Ordnung«, vgl. Phil. d. Rechts, I, S. 283; II, 1, S. 191 ff., 197, 200; II, 2, S. 132; Die gegenwärtigen Parteien . . ., S. 295.
[403] Phil. d. Rechts, II, 1, S. 93; II, 1, S. 203.
[404] a. a. O., II, 1, S. 197/198, S. 200.
[405] Phil. d. Rechts, I, S. 78.
[406] a. a. O., I, S. 81.
[407] a. a. O., I, S. 79.

schule nun der Geschichte selbst wieder eine ethische Bedeutung zuerkennen[408]. Doch damit will er nicht zur theokratischen Ansicht zurückkehren. Die Geschichte hat in seiner Sicht nur sekundäre ethische Bedeutung. »Das zuhöchst Entscheidende muß immer das bilden, was über der Geschichte steht, das Wort Gottes und die ethische Regel.«[409] Stahl erkennt in der Geschichte kein unmittelbares Handeln Gottes, wohl aber eine mittelbare göttliche Fügung und Zulassung, ein göttliches Walten. Das bedeutet für ihn keine Vermischung menschlichen und göttlichen Handelns. Der Mensch handelt in der Geschichte, dem Menschen ist die Bewahrung der Weltordnung Gottes aufgetragen. Doch wenn eine menschliche Ordnung, die mit dem unmittelbaren Gebot Gottes vereinbar ist, lange Zeit überdauert, nimmt Stahl diese Dauer als Hinweis dafür, daß diese menschliche Ordnung Gottes Segen hat, weil sie dem göttlichen Weltplan entspricht. Zum Verständnis dieser indirekten Lenkung der Geschichte durch Gott muß auf das Bild Schellings zurückgegriffen werden, in dem die Geschichte als Kunstwerk der göttlichen Providenz und der menschlichen Freiheit dargestellt wird. Sinn der Geschichte ist die Vorbereitung des Gottesreiches. Gottes Providenz verbürgt diesen Sinn trotz der aus menschlicher Freiheit entspringenden Verirrungen. Wenn ein geschichtlicher Zustand lange gewährt hat, so läßt sich daraus schließen, daß diesem Zustand eine bestimmte Aufgabe in Gottes Plan zukam und vielleicht noch zukommt. So kann Stahl eine dauerhafte menschliche Ordnung zugleich als Ergebnis göttlicher Fügung ansehen, sie als göttlich-menschliche Ordnung bezeichnen und fordern: »Du sollst diesen (geschichtlichen) Zusammenhang nicht grundlos unterbrechen, du sollst Pietät haben vor dem, das durch Gottes Fügung und Zulassung in diesem Zustand geworden, soweit es nicht der Ordnung Gottes (der von Gott gegebenen ethischen Regel) widerspricht.«[416]

Stahl Ansicht vom Verhältnis der göttlich gebotenen Ordnung zur menschlich-historischen Ordnung läßt sich demnach wie folgt systematisieren:

Die göttliche Ordnung ist durch Gottes Gebot, wie es aus der Offenbarung folgt, unmittelbar als Postulat gegeben; sie ist der absolute Maßstab, an dem der ethische Wert irdischer Verhältnisse gemessen wird. Die konkrete menschlich-historische Ordnung steht unter dem Kriterium der übergeschichtlichen göttlichen Ordnung; widerspricht sie der göttlichen Ordnung nicht, und erweist sie sich zugleich als beständig, so wird sie als Ergebnis göttlicher Fügung und somit als göttlich-menschliche Ordnung betrachtet. In diesem Falle folgt aus ihr eine ethische Verpflichtung. Sie kann verbessert, darf aber nicht willkürlich geändert werden.

Für Stahl mag damit das Verhältnis von göttlicher und menschlich-historischer Ordnung eindeutig geklärt sein, und er würde sich entschieden gegen den Vorwurf wehren, daß er irgendeine menschliche Ordnung mit der göttlichen identifiziere. Es wird jedoch hier besonders deutlich, daß Stahl aus einem Schriftverständnis spricht, das die moderne Theologie nicht nachvollziehen kann. Wesentlicher Bestandteil seines Begriffs der göttlichen Ordnung ist der Satz: »Der Obrigkeit ist man Gehorsam

[408] Stahl, a. a. O., I, S. 79/80.
[409] a. a. O., I, S. 80.
Die Fußnoten 410–415 sind übersprungen.
[416] Phil. d. Rechts, I, S. 82.

schuldig.«[417] Die lutherische Interpretation von Römer 13 erscheint ihm als absolute Wahrheit; er sieht nicht, daß Luthers Deutung zeitbedingt war und daher nicht mit dem Unbedingten gleichgesetzt werden darf[418]. Stahls Begriff des göttlichen Gebotes und der göttlichen Ordnung enthält somit Elemente, die eine kritische Theologie nicht als verbindlich anerkennen wird[419]. Durch sein Festhalten am Obrigkeitsstaat schränkt Stahl zugleich das der Dynamik offene Element in seinem Geschichtsbegriff so stark ein, daß dieser zu einer sachgemäßen Beurteilung der historischen Entwicklung untauglich wird.

c) Stahls Begriff der Legitimität

Die Forderung, der Obrigkeit Gehorsam zu leisten und in der langen Dauer einer menschlichen Ordnung ein göttliches Walten zu verehren, nennt Stahl das »Prinzip der Legitimität«[420]. Entsprechend unterscheidet er in seiner Parteienlehre die »Parteien der Legitimität« von den »Parteien der Revolution«. Zu den »Parteien der Legitimität« rechnet er »alle diejenigen, welche ein Höheres, unbedingt Bindendes anerkennen über dem Volkswillen und über den Zwecken der Herrscher«[421], so die englischen Tories, die Hallerianer, »Alle geschichtlich-konservativ Gesinnten unter jeder Verfassung, insbesondere aber alle monarchischen Parteien, die Partei der absoluten Monarchie, der ständischen Monarchie und auch die Konstitutionellen, welche das monarchische Prinzip festhalten«; als »Parteien der Revolution« nennt er die liberale und die liberal-konstitutionelle, die demokratische und die sozialistische Partei[422].

Revolution ist für Stahl ein politisches System. In der rationalistischen Naturrechtslehre sieht er die geistige Wurzel des Liberalismus, im Liberalismus die Vorstufe der Demokratie[423], in der Demokratie die Vorstufe von Sozialismus und Kommunismus[424]. Die aus der rationalistischen Naturrechtslehre erwachsene Forderung nach Autonomie des Individuums führt nach Stahl zur Volkssouveränität, damit zur Umkehrung des gottgebotenen Herrschaftsverhältnisses, weiter zur politischen Gleichheit und schließlich zur wirtschaftlichen Gleichheit, weil die politische Gleichheit allein die Lebensverhältnisse der nun herrschenden Masse nicht ändert[425]. Stahl erkennt an, daß die Liberalen, Demokraten und Sozialisten zum Teil berechtigte Forderungen erheben. Das Prinzip der Humanität im Liberalismus habe »den überkommenen Zustand geläutert, ihn in Einrichtungen und Sitten menschlich ge-

[417] a. a. O., I, S. 81; II, 2, S. 200.
[418] Vgl. dazu Werner Schmauch/Ernst Wolf, »Königsherrschaft bis Christi«, Theolog. Existenz heute, Heft 64, 1958.
[419] Vgl. Tillich, System. Theologie, I, S. 47 f.
[420] Stahl, Phil. d. Rechts, I, S. 81 f.
[421] Stahl, Die gegenwärtigen Parteien . . ., S. 3.
[422] ibidem.
[423] Vgl. Die gegenwärtigen Parteien . . ., S. 80: »Wenn die Bourgeoisie das Königtum nicht über sich erträgt, warum sollte der peuple die Bourgeoisie ertragen?«
[424] Phil. d. Rechts, I, S. 325.
[425] Vgl. Phil. d. Rechts, I, S. 325.

macht«[426]; dem Sozialismus liege »die absolute Wahrheit zugrunde, daß jedes Individuum absoluter Zweck ist, daß darum der Kreis von Wohlhabenden, der die Gewalt, die tatsächliche und die rechtliche, innehat, die Masse der Nichtbesitzer nicht ihrem Geschicke überlassen darf«[427]. Diesen berechtigten Forderungen will Stahl durch Reformen im Rahmen der bestehenden Ordnung begegnen; vom »System der Revolution« hingegen fürchtet er die »absolute Emanzipation des Menschen von der göttlichen Offenbarung und göttlich-menschlichen, historischen Ordnung«[428]. So sieht Stahl in der Revolution den absoluten Gegensatz zum Christentum[429]. Zugleich erkennt er, daß das Endergebnis der revolutionären Bewegung, die egalitäre kommunistische Gesellschaft, nur durch einen zum Äußersten gesteigerten staatlichen Zwangsapparat aufrechterhalten werden könnte, weil sie Konstanten der menschlichen Natur leugnet[430].

Stahls Prinzip der Legitimität soll demnach der Abwehr des Systems der Revolution dienen, es soll die Volkssouveränität verhindern und den autoritären Staat stützen. Die lutherische Interpretation von Römer 13 gab Stahl die Möglichkeit, die göttliche Ordnung an die antirevolutionäre Ordnung zu binden. Abgesehen von der theologischen Unzulässigkeit einer solchen Bindung setzt sich Stahl mit ihr einer immanenten Kritik aus. Im Gegensatz zu Luther behauptet er, daß Gott nicht unmittelbar in die Geschichte eingreift, sondern die Menschen nach ihrem eigenen Vermögen gewähren läßt, und daß daher auch die Obrigkeit ohne direkten göttlichen Einfluß nach rein menschlichem Ermessen und in menschlicher Unzulänglichkeit handelt. Auch Stahl hält es für möglich, daß sich die Obrigkeit selbst dem Fortgange der Geschichte, wie er im göttlichen Weltplan vorgesehen ist, entgegenstellt. So nennt er die Revolution von 1848 ein göttliches Gericht »nicht nur über die Sünden des Volkes, sondern auch über die Sünden der Obrigkeit«[431]. Zugleich aber behauptet er, daß Gott die Geschichte indirekt dadurch lenke, daß er das Bewußtsein der Völker beeinflusse. Führt diese indirekte göttliche Lenkung nicht unter Umständen zu einem Konflikt zwischen einer das Zeitgemäße anstrebenden öffentlichen Meinung und einer reaktionär am Unzeitgemäßen festhaltenden Obrigkeit und, im äußersten Falle, zur Revolution? Besteht nicht die Möglichkeit einer Kollision zwischen dem göttlichen Einwirken auf den Geschichtsablauf und dem Gehorsamsgebot gegenüber der Obrigkeit? Hier zeigt sich, daß das absolute Gebot des Unteranengehorsams zwar zur lutherischen Lehre von der Alleinwirksamkeit Gottes paßt, weil nach dieser auch die ungerechte Obrigkeit den Willen des verborgenen Gottes ausführt; daß es aber nicht vereinbar ist mit Schellings und Stahls Ansicht, nach der Gott den Menschen in der Geschichte frei handeln läßt und zum Mitwirkenden am göttlichen Heilsplan erhebt.

Mit dem »Prinzip der Legitimität« verbunden, aber doch von ihm unterschieden isc Stahls Begriff des »göttlichen Rechtes der Obrigkeit«, durch den er das Gottes-

[426] Stahl, Die gegenw. Parteien, S. 108, vgl. auch Phil. d. Rechts, I, S. 315.
[427] Phil. d. Rechts, II, 2, S. 98.
[428] Phil. d. Rechts, 2. Aufl., II, S. XIII.
[429] Phil. d. Rechts, II, 2, S. 94.
[430] Vgl. Phil. d. Rechts, II, 2, S. 93, Die gegenw. Parteien . . ., S. 265.
[431] Stahl, Phil. d. Rechts, II, 2, S. XI.

gnadentum theoretisch untermauern will. Legitimität und göttliches Recht der Obrigkeit zusammen nennt Stahl das »christliche Prinzip des Staates« [432]. Auch die These vom »göttlichen Recht der Obrigkeit« dient der überirdischen Legitimierung der Obrigkeit und kann daher als Teil des Stahlschen Legitimitätsbegriffs aufgefaßt werden; sie unterscheidet sich vom »Prinzip der Legitimität« dadurch, daß Stahl selbst in ihr von der Geschichte »abstrahiert«, wie er es der lutherischen Richtung von Melanchthon bis Kant vorwirft, und auf das Element der Dauer zur Legitimierung eines Herrschaftsverhältnisses verzichtet.

Stahl schließt seine Lehre vom »göttlichen Recht der Obrigkeit« an das lutherische Verständnis von Römer 13 an: »Wo aber Obrigkeit ist, die ist von Gott verordnet« [433]. In der Sicht Stahls kann kein Mensch von sich aus öffentliche Gewalt über andere haben, auch nicht die Gesamtheit über den Einzelnen. Auch durch Vertrag können Menschen die Staatsgewalt nicht begründen, da sie ihr Leben und ihre Freiheit nicht veräußern können. Staatliche, öffentliche Gewalt beruht allein auf göttlichem Recht und göttlicher Sanktion [434].

Dieses »göttliche Recht der Obrigkeit« gilt nach Stahl in allen Staatsformen, in der Monarchie wie in der Republik. Auch wenn die Träger der Obrigkeit gewählt werden, gründet sich ihre Autorität nicht auf den Willen der Wähler, sondern auf göttliche Ordnung und Ermächtigung [435]. Stahl will damit nicht sagen, daß ein bestimmter Fürst, eine bestimmte Regierung unmittelbar von Gott eingesetzt sei und daß die Handlungen der Obrigkeit als mittelbar göttliche anzusehen wären. An der Ablehnung der theokratischen Auffassung hält Stahl fest; der Staat werde nach menschlicher Freiheit und menschlicher Einsicht geleitet. Das »göttliche Recht der Obrigkeit« bedeutet für Stahl vielmehr, daß sich der Staat als menschliche Herrschaft in der gottentfremdeten Welt auf einen göttlichen Auftrag und eine göttliche Sanktion stützen kann, die jeder rechtmäßigen Obrigkeit zuteil wird.

Diese Ableitung der Autorität der Obrigkeit aus einer allgemeinen göttlichen Sanktion jeder rechtmäßigen Staatsgewalt könnte nun so ausgelegt werden, als sei es nur geboten, in Staaten zu leben, nicht aber, sich einem bestimmten Staat, einer bestimmten Obrigkeit unterzuordnen. Eine solche Deutung liegt Stahl fern. Für ihn gilt die göttliche Sanktion der konkreten, legal bestehenden Gewalt. Stahl vergleicht den Staat in dieser Hinsicht mit der Ehe. Die Menschen sind frei in der Wahl des Gatten, doch sobald sie gewählt haben, sind sie gebunden. Die Ehe gehört zu den Ordnungen, die im Heilsplan Gottes vorgesehen sind; zu der freien Entscheidung des Menschen tritt daher die göttliche Sanktion, die ihn sittlich in besonderem Maße verpflichtet. Ähnlich haben die Menschen Freiheit und Recht, eine beliebige Verfassung zu setzen, eine beliebige Obrigkeit zu wählen, solange noch keine besteht. Ist aber die Verfassung beschlossen und sind die Träger der Staatsgewalt gewählt, so bilden Verfassung und Obrigkeit eine »gottverordnete Autorität« über den Menschen; die Verfassung darf daher nicht mehr geändert, die Träger der Staatsgewalt dürfen nicht mehr abgesetzt werden, außer nach dem Gesetz. Unter monarchischer

[432] Stahl, a. a. O., S. 251.
[433] Stahl, a. a. O., S. 176.
[434] Phil. d. Rechts, II, 2, S. 176.
[435] a. a. O., II, 2, S. 177.

Verfassung bedeutet das die Unabsetzbarkeit des Monarchen, es sei denn, er verzichtete aus eigenem Willen auf den Thron[436].

Während das »Prinzip der Legitimität« Bewährung in der Geschichte als Voraussetzung für die Annahme einer göttlichen Sanktion menschlicher Ordnungen verlangte, ist es hier der Augenblick der Staatsgründung, des Verfassungsbeschlusses, der Königswahl selbst, der sofort die göttliche Sanktion bewirkt. Stahl zieht sich hier auf einen religiös verbrämten Positivismus zurück: die formal zu Recht bestehende Ordnung genießt automatisch göttliche Sanktion und ist damit unantastbar geworden, es sei denn, daß ihr gesetzliche Revisionsmöglichkeiten immanent sind. Vor allem im Falle der Erbmonarchie ergibt sich aus dieser These ein göttliches Herrschaftsrecht der Dynastie, das als starre Ordnung die zukünftigen Generationen bindet. Wenn Stahl auch die Theorie de Maistres ablehnt – seine eigene Lehre vom göttlichen Recht der Obrigkeit wirkt sich faktisch ebenso aus wie die theokratische der französischen Legitimisten und ist mit einer Anthropologie, die im Menschen den freien Mitschaffenden an der geschichtlichen Entwicklung sieht, kaum zu vereinbaren.

Zudem sind auch die unmittelbaren Voraussetzungen dieser Lehre Stahls unzureichend durchdacht. Der Vergleich einer Verfassungsgebung oder einer Königswahl mit der Eheschließung überzeugt nicht. Denn bei der Eheschließung stimmen die Beteiligten aus freiem Willen einem Bunde zu, der nach christlicher Auffassung dem Liebesgebot in möglichst vollkommener Weise entsprechen soll und daher der Natur der Sache nach unauflösbar sein muß. Die einen Staat oder das Herrschaftsrecht einer Dynastie konstituierenden Akte hingegen geschehen nicht mit der freiwilligen Zustimmung aller Betroffenen. Die späteren Generationen, die in gleicher Weise wie die zur Zeit der Konstituierung lebenden Menschen gebunden sind, könnten gar nicht um Zustimmung gefragt werden. Schon aus diesem Grunde kann einem Akt, der eine staatliche Ordnung konstituiert, nicht die gleiche sittliche Verbindlichkeit zuerkannt werden wie einer Eheschließung. Ferner ist zu fragen, ob es der Natur der Sache nach ähnliche Argumente für die Unantastbarkeit einer staatlichen Ordnung geben kann wie für die Unantastbarkeit der Ehe. Stahl würde diese Frage zwar bejahen, aber auch nur, weil er infolge seiner Interpretation von Römer 13 einen einseitig herrschaftsorientierten Staatsbegriff hat.

Noch weniger läßt sich mit dem Begriff der göttlichen Fügung arbeiten, um die Unantastbarkeit der Herrschaftsverhältnisse zu begründen. Stahl meint, der bestimmte Staat, die bestimmte Verfassung, die bestimmte Dynastie entstünden zwar »mittelst des menschlichen Willens, aber doch nicht durch den menschlichen Willen«; sie seien das Ergebnis vieler sich durchkreuzender, teilweise auf etwas ganz Anderes gerichteter Willen und setzten somit eine »höhere bewirkende Ursache« voraus, die, wenn nicht sinnloser Zufall, so göttliche Fügung sei[437]. Gegen diese Behauptung hat schon Thilo[438] eingewendet, daß mit dem gleichen Recht auch die Französische Revolution als Ergebnis göttlicher Fügung angesehen werden könnte, sodaß sich aus ihr keinesfalls ein besonderes göttliches Recht der Obrigkeit ergäbe. Daß sein Begriff

[436] Stahl, a. a. O., II, 2, S. 178.
[437] ibidem.
[438] Thilo, Die theologisierende Rechts- und Staatslehre, 1861, S. 319.

der Legitimität und der göttlichen Ordnung nicht ausreicht, um zu erklären, wie und wann aus einer illegitim entstandenen Obrigkeit eine legitime wird, muß Stahl schließlich selber zugeben. Er kann nicht leugnen, daß es Dynastien gibt, die durch Revolution oder sonstigen Rechtsbruch an die Macht kamen und sich dennoch als dauerhaft erwiesen. Er spricht von der »Nemesis der Geschichte«, die das Unrecht der Obrigkeit durch Unrecht strafe und die Legitimität unterbreche, damit »das Menschliche und Zeitliche nicht für eigenkräftig und unendlich gehalten werde«[439]. Seine These, daß die rechtmäßig konstitutierte Obrigkeit sofort göttliche Sanktion genieße, kann er nun nicht anwenden, weil im Augenblick der Konstituierung einer durch Revolution oder anderen Rechtsbruch an die Macht gekommenen Obrigkeit das Moment der Rechtmäßigkeit fehlt. Andererseits will er dieser mit einem Makel der Geburt behafteten Obrigkeit die göttliche Sanktion nicht für immer versagen, denn das würde einen neuen Umsturz, eine permanente Revolution heraufbeschwören. Daher nimmt er an, daß auch die illegitim entstandene Dynastie im Laufe der Zeit, »wenn Generationen darüber hingegangen«, zur legitimen werde. »Denn was Gott zugelassen und durch die Zeiten erhalten hat, das ziemt der jetzigen Generation, die es ohne ihr Zutun überkommen hat, nicht vor ihr Gericht zu ziehen . . .«[440]. Wann aber diese »heiligende Kraft der Zeit« eintritt, und ob der »unrechtmäßigen ,aber bereits sicher geordneten Herrschaft« zu gehorchen ist, kann Stahl nicht sagen[441]. Den naheliegenden Ausweg, in der ausdrücklichen oder stillschweigenden Zustimmung des Volkes das Kriterium der Legitimität zu sehen, darf Stahl nicht wählen; denn dieser Ausweg würde ihn der von ihm verabscheuten Volkssouveränitätslehre naheführen.

Der eigentliche Sinn des Begriffs der Legitimität, sofern er über die konservative Achtung vor dem in der Geschichte Bewährten hinausgeht und ein »göttliches Recht der Obrigkeit« behauptet, erhellt sich aus Stahls These, nach der die Erbmonarchie dem Gedanken des Göttlichen Rechts der Obrigkeit am besten entspreche. Auch die Konstituierung einer Republik geschieht für Stahl letztlich auf Grund einer göttlichen Fügung, auch sie genießt göttliche Sanktion und Legitimität. Doch der Wahlakt erscheine den beteiligten Menschen als ihre eigene Tat, während der Zeugungsakt, der den König in der Erbmonarchie bestimmt, als reine Fügung aufgefaßt werde[442]. In diesem psychologischen Argument wird der Zweck des Stahlschen Legitimitätsbegriffs am deutlichsten sichtbar. Gestützt auf Luthers Obrigkeitsauffassung, soll er vor allem die bestehende monarchische Gewalt verteidigen helfen, er ist »ein politisches Dekorationsstück, ein Verputz für das dynastische Prinzip und den Gedanken der Erbmonarchie, fatal in seiner unechten Wirkung und nicht ohne schwerwiegende Folgen für die Geschlossenheit seiner (Stahls) Theorie«[443].

[439] Stahl, Phil. d. Rechts, II, 2, S. 254.
[440] Stahl, a. a. O., S. 254.
[441] ibidem.
[442] Phil. d. Rechts, II, 2, S. 253 Anm.
[443] Masur, a. a. O., S. 211.

4. Zusammenfassung: Einheit und Widerspruch in der Basis der Stahlschen Staatslehre

Eine zusammenfassende Betrachtung der theologischen und philosophischen Basis der Stahlschen Staatslehre zeigt in ihr zwei einander entgegengesetzte Züge: ihre Einheit, die sich daraus ergibt, daß die Begriffe der Persönlichkeit und des sittlichen Reiches und die Lehre vom Wirken Gottes in der Geschichte aufeinander bezogen sind, und die Gefährdung dieser Einheit durch Widersprüche, denen die Heterogenität der von Schelling und Luther ausgehenden Einflußströme zugrunde liegt.

Mit seinem Begriff der Persönlichkeit erhebt Stahl den einzelnen Menschen zum Selbstzweck, zum telos jeder irdischen Ordnung, sogar der Naturschöpfung. Als Person ist der Mensch potentielles Ebenbild Gottes; daher hat er Anspruch auf Freiheit und Selbstbestimmung; die menschliche Ordnung, in der er lebt, muß seiner eigenen Sittlichkeit entsprechen. Aus diesem Menschenbild entwickelt Stahl eine Theorie des Gemeinwesens, die Autorität und Freiheit miteinander verbinden will. In ihrem Zentrum steht der Begriff des sittlichen Reiches. In ihm konvergieren der »Zug der Schöpfung nach Persönlichkeit«, der das Gemeinwesen zu einer Gesamtpersönlichkeit mit einem Ethos und einem gemeinsamen Willen integriert; der paulinisch-lutherische Reich-Gottes-Gedanke, der den Willen Gottes zum eigenen freien Willen der Kinder Gottes werden läßt; das mystische Verlangen nach Vereinigung mit Gott und dadurch mit der Schöpfung. Der »Zug der Schöpfung nach Persönlichkeit« bildet die Brücke zwischen der Personalität des Einzelnen und dem sittlichen Reich; die Erhebung zur Personalität, d. h. zur Einheit von Ethos und Willen, ist das telos auch der menschlichen Gemeinschaft. Dieser »Zug der Schöpfung nach Persönlichkeit« ist zugleich das eigentliche Motiv der Entwicklung in der Geschichte. Die Natur entfaltet sich von Stufe zu Stufe, bis sie im Menschen die Stufe des Geistes, der Personalität erreicht. In der Geschichte bilden sich die menschlichen Ordnungen empor bis zum status des Persönlichen und erreichen in ihm die Einheit von Autorität und Freiheit. Die Geschichte ist somit Vorbereitung auf das Reich Gottes. Ihre Entwicklung wird getragen von der voraus schauenden Fügung Gottes, der dem Menschen Freiheit zur eigenen Gestaltung gewährt, aber durch die göttliche Providenz den Sinn und das Ziel der Geschichte bestimmt und festhält.

Persönlichkeit, sittliches Reich und Wirken Gottes in der Geschichte ergänzen einander zu einem in sich geschlossenen Bild. Es zeigt den Menschen als Einzelnen und in der Gemeinschaft auf dem Wege zum jenseits der Geschichte kommenden Gottesreiche, in dem die absolute Gebundenheit zugleich die herrliche Freiheit der Gotteskinder ist.

Der vollkommene Zustand des Gottesreiches ist auf Erden nicht zu verwirklichen, er liegt nicht im Rahmen der Kräfte des gottentfremdeten Menschen. Dennoch sind die ewigen Ideen im irdischen Zustande noch wirksam, wenn auch geschwächt und getrübt. Der Sprung in Stahls Theorie entsteht beim Versuch, der Realität der irdischen Verhältnisse gerecht zu werden, ohne die Ausrichtung auf die ewigen Strukturen der Schöpfungsordnung aufzugeben. Dabei greift er auf Elemente aus der lutherischen Anthropologie und Zwei-Reiche-Lehre zurück, die wohl mit der lutherischen These von der Alleinwirksamkeit Gottes und der völligen Verderbtheit und

Schwäche des gefallenen Menschen, nicht aber mit der Anthropologie und dem Geschichtsverständnis Schellings vereinbar sind. So kommt es zu den Widersprüchen zwischen der Freiheit der Person und dem nahezu unbedingten Gehorsamsgebot gegenüber der Obrigkeit, zwischen einem den Menschen zu eigener Gestaltung aufrufenden Geschichtsbild und dem starren Festhalten an einer autoritären politischen Ordnung. Die folgende Untersuchung der Staatslehre wird weitere Widersprüche aufzeigen. Schon jetzt aber kann nach der vergleichenden Darstellung Schellings und Luthers und nach der Analyse der theologischen und philosophischen Grundlagen der Lehre Stahls die anfangs aufgestellte Hypothese als bestätigt angesehen werden, daß Stahl die wesentlichsten Prämissen seiner Theorie von Schelling und Luther übernahm und daß sich aus dieser dualistischen Grundlage die Spannungen in seinem System ergeben.

IV. DIE ENTWICKLUNG DER STAATSLEHRE AUS DEM BEGRIFF DES SITTLICHEN REICHES

Stahl entwickelt seine Staatslehre aus dem Begriff des sittlichen Reiches, den er als die »Grundlage und Bürgschaft politischer Ordnung und politischer Freiheit« bezeichnet. Der Begriff des sittlichen Reiches enthält nach Stahl »die Notwendigkeit einer über den Menschen schlechthin erhabenen Autorität, d. i. eines Anspruches auf Gehorsam und Ehrfurcht, welcher nicht bloß dem Gesetze, sondern einer realen Macht außer ihnen, der Obrigkeit (Staatsgewalt) zukommt (Prinzip der Legitimität im Gegensatz zur Volkssouveränität), und zugleich die Notwendigkeit eines sittlich verständigen Inhalts, welcher das unwandelbare Wollen, daher auch die Schranke dieser Autorität ist, d. i. die Notwendigkeit des Gesetzes des Staates, das durch die Geschichte überkommen über Fürst und Volk steht und nur nach seinen eigenen Bedingungen abgeändert werden kann (konstitutionelles Prinzip im wahrhaften Sinn), und endlich die Anerkennung der Nation (der Gehorchenden) als einer sittlichen Gemeinschaft, deshalb selbständig, frei gehorchend, dem Gesetze nur als Ausdruck und Forderung ihres eigenen sittlichen Wesens unterworfen . . . , aus dem es ursprünglich durch Sitte und Herkommen hervorgeht, und an dem es bei späterer Fortbildung mittelst der Zustimmung der Landesvertretung erprobt wird (Repräsentativprinzip im wahrhaften Sinne)« [444].

Diese Sätze enthalten das Programm der Stahlschen Staatslehre. Es ist zunächst zu prüfen, ob ihre konkrete Gestalt dem Gedanken des sittlichen Reiches in dem Maße entspricht, wie Stahl es beabsichtigte.

1. Die Autorität

a) Der Staatsbegriff

Stahl betrachtet den Staat unter mehreren Aspekten. Äußerlich gesehen ist ihm der Staat »der Verband eines Volkes unter einer Herrschaft« [445]. Dem Volke, nicht der Gemeinde und nicht der gesamten Menschheit kommt die Aufgabe zu, einen Staat zu bilden. Die Gemeinde ist zu klein, um alle im menschlichen Zusammenleben wirksamen Kräfte zu umfassen, der ganzen Menschheit fehlt die für den Staat notwendige Einheit des Bewußtseins, der gemeinsame sittliche Maßstab. Nur das Volk kann »das ganze Bild des menschlichen Lebens nach der Eigentümlichkeit seiner Auffassung und nach den besonderen Bedingungen seines äußeren Daseins in eigen-

[444] Stahl, Phil. d. Rechts, II, 2, S. 3/4.
[445] a. a. O., II, 2, S. 131.

tümlicher Weise darstellen«[446]. Da in jedem Volke andere Lebensbedingungen, andere historische Überlieferungen, andere sittliche Auffassungen bestehen, braucht jedes Volk seinen besonderen Staat. »Das sittliche Reich des Staates erheischt Einheit des sittlichen Bewußtseins und der sittlichen Lebensverhältnisse«[447].

Stahl unterscheidet die durch gemeinsame Abstammung gegebene natürliche Volkseinheit und die durch gemeinsames Erleben gegebene historische Volkseinheit. Gemeinsame Abstammung ist für ihn zum Begriff des Volkes nicht unbedingt notwendig; wenn mehrere Volksstämme in einem Staatsverband zusammenleben, kann dadurch eine gemeinsame Sitte und Bildung entstehen: der Staat kann volksbildend sein. Völkerrechtlich ist für Stahl weder der natürliche noch der historische Volksbegriff von Belang. Im rechtlichen Sinne ist Volk »jede Menschenmenge, die einer Staatsgewalt untertan ist« – auch wenn auf diese Menge weder der natürliche noch der historische Begriff der Volkseinheit zutrifft. Politisch dagegen ist die natürliche oder historische Volkseinheit entscheidend[448]. Stahl steht der mächtigsten politischen Strömung seiner Zeit, dem Nationalstaatsgedanken, nicht ablehnend gegenüber; aber wie alle Hochkonservativen kann er ihn nur billigen, sofern durch ihn »bestehende Rechte« nicht verletzt werden. Bei neuen Länderverteilungen will er den natürlichen und historischen Volksverband berücksichtigt wissen. Für Deutschland verlangte er ein höheres Maß an staatlicher Einheit, das dem gemeinsamen nationalen Bewußtsein entspräche[449]. Das Werk der Frankfurter Nationalversammlung lehnte er hingegen ab, nicht weil er der deutschen Einheit, sondern »der revolutionären Sache gram« war[450]. Für einen aus mehreren Nationalitäten zusammengesetzten Staat empfahl er, jeder Nationalität eine besondere Verfassung zu gewähren, um ihre Individualität zu bewahren[451].

Der Aspekt des Staates, »Verband eines Volkes unter einer Herrschaft« zu sein, trifft jedoch nicht das Wesen des Staates. Nach »Gehalt und Bedeutung« ist der Staat für Stahl ein »sittliches Reich«[452]. Er verwirklicht sittliche Ideen und ist von sittlicher Gesinnung getragen. Doch da er von den Unvollkommenheiten der irdischen Existenz gezeichnet ist, verwirklicht er die sittlichen Ideen nur durch äußere erzwingbare Gebote und Institutionen und daher in beschränktem »nur negativen Umfange«[453]. Er ist nur »Anstalt zur äußeren Ordnung und Förderung des sozialen Lebens«[454]. Die volle Verwirklichung der Sittlichkeit kann nicht erzwungen, sie muß der Freiheit des Einzelnen überlassen werden. Trotz dieser Unvollkommenheiten hat der Staat jedoch »in dem wahrhaftigen sittlichen Reiche, dem Reiche Got-

[446] a. a. O., II, 2, S. 162.
[447] a. a. O., II, 2, S. 164.
[448] Phil. d. Rechts, II, 2, S. 166.
[449] ibidem.
[450] Stahl, Die deutsche Reichsverfassung nach den Beschlüssen der deutschen Nationalversammlung und nach dem Entwurf der drei königlichen Regierungen beleuchtet, Juni 1848, S. 10.
[451] Phil. d. Rechts, II, 2, S. 166.
[452] a. a. O., II, 2, S. 131.
[453] Phil. d. Rechts, II, 2, S. 136.
[454] a. a. O., II, 2, S. 137.

tes, Grund und Ziel und unsichtbare Bande«[455]. Sein Zweck ist die Verwirklichung des sittlichen Reiches, wenn auch notwendig in unvollkommener, irdisch-bedingter Weise.

In Anlehnung an Luther stellt Stahl dem Staate die Aufgabe, in der gottentfremdeten Welt die göttliche Ordnung aufrechtzuerhalten und Gottes Führung »als Werkzeug« zu dienen. Doch, über Luther hinausgehend, fügt Stahl hinzu, der Staat solle diese Aufgabe »in Gottes Ermächtigung und Auftrag, aber in selbständiger Weise nach eigenem freien Plan und aus eigenem Ansehen« erfüllen und, im Gehorsam gegen Gott, selbst die hohe »gottähnliche Stellung des sittlichen Ordners, Gesetzgebers und Richters« einnehmen[456]. Wieder zeigt sich der Dualismus der von Schelling und Luther zugleich bestimmten Grundlagen: der Staat erscheint einerseits als Werkzeug Gottes, andererseits als selbständiger menschlicher Verband mit eigener Autorität.

Da dem Staate eine Aufgabe in Gottes Weltordnung zugewiesen ist, sieht Stahl in ihm eine »göttliche Institution«[457], eine objektiv gegebene, der Willkür der Einzelnen wie der Gesamtheit entzogene Anstalt. Mit dem Begriff der Anstaltlichkeit des Staates will Stahl betonen, daß der Staat nicht bloßes Menschenwerk, sondern göttliche Stiftung ist und daher eine eigene innere Gesetzmäßigkeit hat[458]. Schon bei Schelling und Hegel findet Stahl die Auffassung, daß der Staat eine sittliche Objektivität ist[459]. Er selbst stellt nun den als sittliche Objektivität gefaßten Staat in die Ordnung des lutherischen Zwei-Reiche-Denkens und begreift ihn dadurch als eine über zufälliges subjektives Wollen erhabene, aber zugleich in ihrer Funktion auf die äußerlich – rechtliche Ordnung und Gestaltung begrenzte Anstalt. So kann er die Hegelsche Apotheose des Staates vermeiden und dennoch an der Würde des Staates festhalten. Aber er setzt sich dabei der Schwierigkeit aus, ihn als Werkzeug Gottes und als selbständigen menschlichen Verband zugleich ansehen zu müssen.

Der Wert dieses anstaltlichen Staatsbegriffs liegt darin, daß Stahl nun den Staat über die privaten Sonderinteressen der Herrscher wie der Beherrschten stellen kann. Er bezeichnet den Staat als eine »Anstalt, ein Gemeinwesen (res publica), d. i. ein ursprüngliches Ganzes, das seine Bestimmungsgründe, die Macht und das Gesetz seines Bestandes in sich selbst trägt«[460]. Dieser Anstalt gehören die Menschen von selbst an; sie wird nicht erst durch ein Übereinkommen der Menschen gebildet. Da sie die Zwecke der sittlichen Weltordnung verwirklichen soll, darf sie niemals von den privaten Rechten und Interessen der Menschen, auch nicht der Fürsten, bestimmt werden. Der Staat hat öffentlichen Charakter. »Öffentlich ist in Wahrheit nicht das, was für das Volk und vollends was durch das Volk und nach seinem Willen besteht, sondern das was zum Zwecke einer höheren Ordnung und kraft eigener innerer Notwendigkeit über dem Volke nicht minder als über dem Fürsten besteht«[461].

[455] Stahl, a. a. O., II, 2, S. 131.
[456] a. a. O., II, 2, S. 132.
[457] a. a. O., II, 2, S. 176.
[458] Vgl. a. a. O., II, 2, S. 133.
[459] Phil. d. Rechts, I, S. 477; II, 2, S. 140, S. 185.
[460] Phil. d. Rechts, II, 2, S. 140.
[461] a. a. O., I, S. 566.

Hierin unterscheidet sich Stahl am tiefsten von der naturrechtlichen Vertrags- und Volkssouveränitätslehre einerseits, von Haller andererseits. Der Staat ist für Stahl weder eine Gesellschaft, die durch den Willen ihrer Mitglieder besteht, noch eine private Herrschaft, die im Willen oder Recht des Fürsten oder in einem Vertrag zwischen dem Fürsten und den Untertanen begründet ist. Der Staat ist vielmehr »eine Macht und ein Subjekt vor und über« den Menschen[462]. Bei monarchischer Verfassung gründet sich die Herrschaftsgewalt des Fürsten nicht auf ein Recht seiner Person, sondern sie ergibt sich aus dem Wesen der Anstalt; sie ist daher bestimmt und begrenzt durch den Zweck und durch das Gesetz dieser Anstalt. Das Volk ist dem Fürsten nicht als einer privaten Person, sondern als dem Haupte des Staates unterworfen, den es selbst konstituiert[463].

Gemäß seiner gottgesetzten Aufgabe, die gottentfremdete Welt vor dem Chaos zu bewahren, hat der Staat die Menschen zu schützen und zu fördern, die Kräfte der Nation zu entwickeln und die Gebote Gottes zu handhaben[464]. Durch diese Ziele unterscheidet sich der Staat von der Gesellschaft. Stahl versteht unter Gesellschaft »die Verteilung der Tätigkeiten, der Lebensberufe und die menschlichen Stellungen in Folge derselben[465] oder »Hervorbringung und Verarbeitung der Güter für menschlichen Genuß, Handel und Wandel«[466]. Der Staat dagegen ist ihm »die höhere Beherrschung nach sittlich-verständigen Zwecken, in der allerdings die Ordnung der Gesellschaft mit einbegriffen ist«[467] oder »Handhabung des göttlichen Gebotes der Gerechtigkeit, Strafe des Verbrechens, Aufrechterhaltung der Zucht, Majestät der öffentlichen Gewalt«[468]. Gesellschaft und Staat sind für ihn unterscheidbar, aber nicht trennbar. Die Gesellschaft ist der wirtschaftliche, der Staat der herrschaftliche Verband der Nation[469].

Stahl sieht sich mit dieser Abgrenzung im Gegensatz zu Hegel. Für Hegel werden die individuellen Rechte und Interessen durch ein »System allseitiger Abhängigkeit« gesichert, das er den »Not- und Verstandesstaat« oder den »äußeren Staat« nennt und zur »bürgerlichen Gesellschaft« rechnet[470]. Über diesem »Not- und Verstandesstaat« steht als »Wirklichkeit des substantiellen Allgemeinen«[471] der eigentliche Staat, der nicht mehr die Interessen der Einzelnen, sondern die Vereinigung der Einzelnen zu einem allgemeinen Leben zum letzten Zweck hat[472]. Stahl kritisiert an dieser Abgrenzung, daß Rechtspflege und Verwaltung, sofern sie sich auf Sicherung und Förderung individueller Rechte und Interessen erstrecken, zur »bürgerlichen Gesellschaft« gerechnet werden[473]; denn Stahl sieht in der Rechtspflege als »Reali-

[462] a. a. O., II, 2, S. 141.
[463] Stahl, Phil. d. Rechts, II, 2, S. 141.
[464] Stahl, a. a. O., S. 144.
[465] Stahl, a. a. O., S. 52.
[466] Stahl, a. a. O., S. 51.
[467] Stahl, a. a. O., S. 52.
[468] Stahl, a. a. O., S. 51.
[469] ibidem.
[470] Hegel, Sämtl. Werke, Bd. 7: Grundlinien der Phil. d. Rechts, § 183.
[471] Hegel, a. a. O., § 157.
[472] Hegel, a. a. O., § 258.
[473] Stahl, Phil. d. Rechts, II, 2, S. 51 f.

sierung der Idee der Gerechtigkeit« ein wesentliches Element staatlicher Tätigkeit[474]. Die Unterschiede in der Abgrenzung von Staat und Gesellschaft bei Hegel und Stahl erscheinen jedoch in heutiger Sicht nicht so erheblich, wie Stahl annahm. Für Stahl und Hegel umfaßt die Gesellschaft den sozialen Bereich zwischen Familie und Staat; beide stehen daher im Gegensatz zu dem modernen Gesellschaftsbegriff, der den Staat, wenn auch als besondere Lebensgruppe höchster Ordnung, mit umfaßt. Hegels Staatsbegriff ist lediglich enger, sein Gesellschaftsbegriff weiter als der Staats- bzw. Gesellschaftsbegriff bei Stahl. Während Hegel die sozialen Aufgaben der Gesellschaft zuweist, sieht Stahl, daß sie nicht immer durch die Gesellschaft befriedigt werden können, daß sie teilweise Ordnungsaufgaben sind, die dem Staate zukommen. Der Staat, nicht die Gesellschaft allein, ist verpflichtet, soziale Mißstände zu beseitigen[475]. In dieser Hinsicht ist Stahls Staatsbegriff moderner als der Hegels, weil Hegel in dem Bestreben, den Staat über alle Sonderinteressen zu erheben, ihn aus der Sphäre der sozialen Wirklichkeit überhaupt entfernt, während Stahl zwar ebenso den Staat über Sonderinteressen stellt, zugleich aber die unauflösbare Verflechtung des sozialen und politischen Bereichs erkennt[476].

b) Die Staatsgewalt

Für Stahl ist die »Obrigkeit« oder »Staatsgewalt« »das Erste und Wesentlichste im Begriff des Staates«[477]. Als »Anstalt der Beherrschung«[478] ist der Staat nicht denkbar vor oder über der beherrschenden Gewalt. Die Staatsgewalt ist eine gegebene, im Wesen der Anstalt begründete, nicht von Menschen über sich gesetzte Gewalt, die in erster Linie höheren, durch Gottes Weltordnung bestimmten Zielen dient; sie ist »die Einheit des Volkes und zugleich ein Ansehen über dem Volk[479].

Stahls These vom »göttlichen Recht der Obrigkeit« ist im Zusammenhang mit seinem Legitimitätsbegriff bereits erörtert worden (vergl. oben S. 68ff). Aus der Aufgabe des Staates, der Weltordnung Gottes zu dienen, ließe sich das »göttliche Recht« einer bestimmten Staatsgewalt noch nicht ableiten, sondern lediglich das Gebot für die Menschen, in Staaten zu leben. Stahl stützt seine These vom »göttlichen Recht der Obrigkeit« daher weit stärker auf die lutherische Interpretation von Römer 13 als auf seine Lehre, daß der Staat eine »göttliche Institution« ist.

In der Herrschaft des Staates erkennt Stahl ein »doppeltes Element«: die Staatsgewalt und das Gesetz. Die Staatsgewalt nennt er eine »Macht persönlichen Willens«, das Gesetz die dauernde Gesinnung, die dem wahrhaft persönlichen Willen zugrunde liegen muß«[480]. Die Einheit von Staatsgewalt und Gesetz, von persön-

[474] Stahl, a. a. O., S. 52.
[475] Stahl, a. a. O., S. 53.
[476] ibidem.
[477] Stahl, Phil. d. Rechts, II, 2, S. 142; Stahl meint mit »Obrigkeit« und »Staatsgewalt« sachlich dasselbe. Er sagt »Obrigkeit«, wenn er die Staatsgewalt mehr von ihrer »persönlichen und sittlichen Seite«, »Staatsgewalt«, wenn er sie mehr von ihrer »anstaltlichen und mechanischen Seite« kennzeichnen will; vgl. a. a. O., S. 188.
[478] Stahl, a. a. O., S. 142.
[479] Phil. d. Rechts, II, 2, S. 142.
[480] a. a. O., II, 2, S. 188.

lichem Willen und dauernder Gesinnung verleiht der Herrschaft des Staates »persönlichen Charakter«. Damit will Stahl nicht behaupten, daß eine natürliche Person, ein Monarch, die Herrschaft ausüben müsse; er läßt auch eine »künstliche Persönlichkeit«, eine »konstituierte Versammlung«, als Subjekt der Herrschaft gelten. Unter dem »persönlichen Charakter der Herrschaft« versteht er lediglich, daß die Herrschaft auf einer bestimmten, dauerhaften Gesinnung ruhen muß[481]. Zwischen Staatsgewalt und Gesetz besteht eine Wechselbeziehung: die Staatsgewalt gründet sich auf das Gesetz, umgekehrt gilt das Gesetz durch die Autorität der Staatsgewalt und kann von ihr abgeändert werden[482].

In der Sicht Stahls muß die Staatsgewalt als »Macht persönlichen Willens« unteilbar sein. In dieser Einheit nennt er sie Souveränität[483]. Er setzt also, in Übereinstimmung mit der herrschenden Meinung zu seiner Zeit, die Souveränität der als Einheit aufgefaßten Staatsgewalt gleich und betrachtet sie noch nicht, wie später Jellinek, als Eigenschaft der Staatsgewalt[484]. Die Souveränität ist nach Stahl die »erste, ursächliche, oberste Gewalt«, die alle anderen Gewalten und Institutionen bedingt und umschließt[485]. Sie ist eine Gewalt nicht über oder außer dem Staate, sondern im Staate[486]. Sie kann nur einem selbstbewußten, in sich einigen Wesen zukommen, in der Monarchie dem Fürsten, in der Republik der künstlichen Einheit und Persönlichkeit einer geordneten Versammlung[487]. Volkssouveränität besteht für Stahl selbst dann nicht, wenn in der direkten Demokratie eine Volksversammlung die oberste Gewalt innehat; denn auch dann bildet die gesetzlich geordnete Versammlung »ein Ansehen über dem Volk«, der Volkswille kann sich nur im Rahmen der verfassungsmäßigen Ordnung äußern. Wenn die höchsten Beamten gewählt werden, so liegt nach Stahl die Souveränität dennoch nicht bei den Wählern; denn sobald die Beamten gewählt sind, herrschen sie nicht im Auftrage der Wähler, sondern »kraft ihres Amtes, kraft der Staatsordnung, die da ein Höheres ist über dem Volke«[488].

Nun kann Stahl nicht leugnen, daß es Verfassungen gibt, in denen die Staatsgewalt vom Volke abgeleitet wird und die sich dennoch in der Geschichte bewährt haben. Stahl sucht sich damit zu helfen, daß er die Volkssouveränität als »rechtliche Gewalt des Volkes über seine Obrigkeit« und zugleich als »ungebundene Herrschaft« des Volkes auffaßt[489]. Die Demokratie erkennt er als mögliche Staatsform nur an, wenn in ihr eine »gebundene« Herrschaft des Volkes besteht. Wenn es in manchen Verfassungen amerikanischer Einzelstaaten heiße »Wir, das Volk, ... setzen fest«, so müsse hier »Volk« die »in bestimmter gesetzlicher Ordnung beschließende Nation« bedeuten[490]. In diesem Falle ist ihm auch die »äußerste Demokratie« legitim,

[481] Vgl. a. a. O., II, 2, S. 189 Anm.
[482] a. a. O., II, 2, S. 189.
[483] ibidem.
[484] Vgl. Jellinek, Allgem. Staatslehre, 3. Aufl. 7. Neudruck 1960, S. 484 ff.
[485] Stahl, Phil. d. Rechts, II, 2, S. 190.
[486] a. a. O., II, 2, S. 535.
[487] a. a. O., II, 2, S. 534.
[488] Stahl, Die Revolution u. die konstitutionelle Monarchie, 1849, S. 21.
[489] a. a. O., S. 17.
[490] a. a. O., S. 22.

weil sie dann mit der Achtung vor der durch göttliche Fügung und Zulassung gewordenen Ordnung vereinbart werden kann[491].

Diese Auffassung der Souveränität schließt an Hegel an, der die Souveränität dem Volke nicht als »formlose Masse«, sondern als dem »gegliederten Ganzen« zusprach[492]. Stahl irrte, wenn er glaubte, mit dieser Auffassung der Volkssouveränitätslehre entgegentreten zu können. Schließlich sprach auch Rousseau die Souveränität in seiner direkten Demokratie dem Staatsoberhaupt, d. h. dem in gesetzlicher Ordnung versammelten Volke zu. Stahls Ausführungen über die Souveränität zeigen, wie unhaltbar die Gleichsetzung des christlichen Staates mit dem Obrigkeitsstaate schon angesichts der politischen Wirklichkeit war, und zu welchen verstiegenen Konstruktionen Stahl greifen mußte, um den Kampf gegen die Volkssouveränität fortzusetzen, obwohl er die Realität und die Bewährung der Demokratie unter bestimmten Verhältnissen nicht leugnen konnte.

Die Gewaltenteilungslehre Montesquieus lehnt Stahl ab. Er sieht in ihr die Wurzel der »konstitutionellen Theorie«, die den Fürsten von der Gesetzgebung ausschließt und ihn, den Souverän, zu einem Exekutivorgan der Legislative herabsetzt[493]. Demgegenüber hält Stahl daran fest, daß die Staatsgewalt den Charakter eines persönlichen Willens hat und daher eine Einheit bildet, die unteilbar ist und dem Souverän zusteht. Zugleich aber erkennt Stahl in der Lehre Lockes und Montesquieus die »große Wahrheit«, daß an der Ausübung der Staatsgewalt verschiedene Kräfte teilhaben müssen, wenn die Freiheit gesichert sein soll. Wo nur ein Subjekt – Fürst oder Volksversammlung – alle Funktionen der Staatsgewalt ausübt, ist der Despotismus die unvermeidliche Folge[494]. Es geht Stahl darum, die Staatsgewalt als Einheit beim Souverän zu belassen, ihn aber bei der Ausübung der verschiedenen Funktionen der Staatsgewalt – Gesetzgebung, Regierung, Rechtsprechung – an die Mitwirkung bestimmter, relativ selbständiger Organe zu binden, die jedoch nicht Subjekte eigener Gewalt sind[495]. Daß er damit mehr als eine terminologische Unterscheidung von Montesquieu und Locke anstrebt, zeigt seine Lehre von der Stellung des Souveräns in der Gesetzgebung.

Die Gesetzgebung ist für Stahl die höchste Äußerung der Staatsgewalt, weil sie die übrigen Funktionen der Staatsgewalt bestimmt: Regierung und Rechtsprechung sind an das Gesetz gebunden[496]. Sie ist vom Souverän selbst auszuüben: in der demokratischen Republik von der Volksversammlung, in der Monarchie vom Fürsten. Hierin liegt der Schwerpunkt der Differenz zwischen Stahl und der liberal-konstitutionellen Staatslehre: in der Monarchie muß der Fürst selbst Gesetzgeber sein. Das heißt jedoch für Stahl nicht, daß der Fürst die Gesetzgebung allein und nach eigenem Ermessen ausüben soll. Da die Gesetze materiell aus dem nationalen Bewußtsein entstehen, soll das Volk an der Gesetzgebung beteiligt werden: der Fürst muß die Zustimmung der Landesvertretung einholen, ehe er den Gesetzen formale Geltung

[491] Vgl. Stahl, a. a. O., S. 19, 20.
[492] Hegel, Sämtl. Werke, Bd. 7: Grundlinien der Philosophie des Rechts, § 279.
[493] Stahl, Phil. d. Rechts, II, 2, S. 201.
[494] a. a. O., II, 2, S. 203.
[495] a. a. O., II, 2, S. 190.
[496] Phil. d. Rechts, II, 2, S. 192.

verleihen kann[497]. Während Montesquieu dem Fürsten lediglich einen negativen Anteil an der Gesetzgebung, ein Vetorecht gegen die Vorschläge der Legislative zubilligt, kehrt Stahl dieses Verhältnis um: der Fürst soll den entscheidenden positiven Anteil an der Gesetzgebung, die Gesetzesinitiative und den Gesetzesbeschluß besitzen, während die Landesvertretung den negativen Anteil, ein absolutes Vetorecht gegen die Gesetzesvorschläge des Fürsten, erhält.

Als zweite Funktion der Staatsgewalt nennt Stahl die Regierung. Sie ist für ihn weit mehr als bloße Exekutive. Er bezeichnet sie als »wirkliche und unmittelbare Versorgung der Zustände[498]. In der Vollziehung der Gesetze sieht Stahl nur einen Teil der Aufgabe der Regierung; darüber hinaus will er ihr einen weiten Bereich freien, vom Gesetze nicht positiv bestimmten, sondern nur negativ begrenzten Handelns zubilligen. Das Wesen der eigentlichen Regierung ist nach Stahl eine freie schöpferische Tätigkeit, die die menschlichen Lebensverhältnisse nach eigenem Urteil und eigenem Ermessen fördert und die ihre Schranken lediglich an bestehenden Gesetzen findet[499]. Entsprechend trifft Stahl eine formale und materielle Unterscheidung von Gesetz und Verordnung: Das Gesetz bedarf der Zustimmung der Volksvertretung und enthält Rechtsgrundsätze, die den öffentlichen Rechtszustand oder die Rechtssphäre des Einzelnen regeln. Die Verordnung ist ein bloßer Akt der Regierungsgewalt; sie stellt zwar ebenfalls eine allgemeine Regel dar, bestimmt aber nur die Mittel für festliegende Zwecke und kann daher geändert werden, sobald die Zweckmäßigkeit sich ändert. Das Gesetz trägt den Charakter des Dauerhaften, die Verordnung den des Veränderlichen. Die Form des Gesetzes verlangen Bestimmungen im Bereich der Verfassung und der Rechtspflege; Verordnungen überwiegen im Bereich der allgemeinen Verwaltung, der Finanzen, des Militärwesens[500].

Die heutige Auffassung, daß jede Rechtsverordnung auf ein Gesetz zurückgeführt werden muß[501], liegt Stahl demnach fern. Politisch bedeutet seine Ansicht, daß der Bereich, in dem die Regierung nach eigenem Ermessen tätig werden kann, möglichst ausgeweitet, und umgekehrt der Einfluß der Volksvertretung auf die konkreten Maßnahmen der Regierung eingeschränkt wird. Es ist bemerkenswert, daß eine ähnliche Abgrenzung von Gesetz und Verordnung, wie sie Stahl verlangte, in der Gegenwart von der Verfassung der V. französischen Republik vorgenommen wird[502].

Die rechtsprechende Funktion der Staatsgewalt will Stahl unabhängigen Richtern anvertrauen. Da sie die Gerechtigkeit zu wahren hat, darf die Rechtsprechung nur an das Gesetz, nicht aber an den augenblicklichen Willen des Souveräns gebunden sein. In der Unabhängigkeit des Richters vom Souverän sieht Stahl keinen Verstoß gegen das Prinzip der Einheit der Staatsgewalt, weil der Richter keine eigene Ge-

497 a. a. O., II, 2, S. 193.
498 ibidem.
499 a. a. O., II, 2, S. 195 f.
500 Phil. d. Rechts, II, 2, S. 195; diese Unterscheidung nennt Masur die erste befriedigende Trennung von Gesetz und Verordnung in der deutschen Staatslehre, vgl. Masur, a. a. O., S. 206.
501 Vgl. Art. 80 GG; dazu auch Kelsen, Allgemeine Staatslehre, S. 243.
502 Verfassung vom 4. Okt. 1958, Art. 34 u. 37; vgl. Ziebura, Die V. Republik, 1960, S. 122 f., S. 215.

walt, sondern eine ihm übertragene Funktion ausübe und zudem an das Gesetz gebunden bleibe.

Diese Auffassung Stahls von einer funktionalen Gewaltenverteilung steht im Einklang mit der monarchischen Staatslehre seiner Zeit, die in der Charte Constitutionelle von 1814 ihr Modell sah. Sie ist jedoch auch – eher als die Lehre Montesquieus – auf das parlamentarische Regierungssystem anwendbar, weil sie der Verbindung nicht widerspricht, die im parlamentarischen System zwischen der Legislative und der Exekutive durch die Person des Premiers hergestellt wird. Keinesfalls bedeutet Stahls Auffassung eine ähnliche Bedrohung der persönlichen Freiheit des Einzelnen wie die Gewaltenhäufungslehre Rousseaus und der modernen totalitären Staaten. Stahl weiß, daß jede menschliche Gewalt stets unter der Versuchung des Bösen steht, und auch er verlangt daher »checks and balances«, um eine Machtkonzentration an einer Stelle zu verhindern. Nur wendet er das Prinzip der Gewaltenteilung weniger innerhalb des Staatsapparates als in der Sphäre der politischen Willensbildung außerhalb des Staatsapparates an (vergl. oben S. 59f.). Auch Stahl erkennt, daß eine pluralistische Verteilung der realen Macht in Staat und Gesellschaft die Voraussetzung für die Erhaltung persönlicher Freiheit ist.

c) Das Prinzip des Rechtsstaates

Bei aller Betonung der Autorität der Staatsgewalt zieht Stahl dem Staate Grenzen. Die Personalität des Menschen erfordert einen Bereich, in dem er sich frei, nur seinem Gewissen unterworfen, entfalten und seine Individualität schöpferisch offenbaren kann. Daraus folgt für Stahl nicht nur Gewissensfreiheit, sondern eine möglichst weite staatsfreie Sphäre, in der sich der Einzelne seinen persönlichen Interessen und seinem privaten Streben widmen kann. So fordert Stahl »eine Burg, die kein Bote der öffentlichen Gewalt betreten darf, eine geweihte Stätte der Persönlichkeit, innerhalb welcher die öffentlichen Gebote nicht Grund fassen dürfen« [503].

Eine Sicherung dieser Individualsphäre ist schon in Stahls Staatsbegriff selbst enthalten. Wie dargestellt (vgl. oben S. 76f.), ist der Staat »Anstalt zur äußeren Ordnung und Förderung des sozialen Lebens«, nicht das soziale Leben selbst. Die Staatsgewalt darf zwar in alle Bereiche des Gemeinlebens eingreifen, sie ist nicht etwa, wie nach der liberalen Lehre, auf den bloßen Rechtsschutz beschränkt. Bei allen ihren Akten ist sie jedoch an äußerlich-rechtliche Mittel gebunden. Wo ihre Aufgaben das geistige Leben oder die innere Gesinnung berühren, darf sie nur indirekt fördern, nicht aber direkt bestimmen und lenken [504]. Der Staat ist überdies auf die Ordnung des Gemeinlebens beschränkt; das individuelle Leben ist ihm entzogen. Sofern das Handeln des Einzelnen nur ihn selbst, aber nicht die Gemeinschaft berührt, darf es vom Staate nicht geregelt werden. »Es bleibt also das ganze Privatleben und Privatstreben unversehrt im Staate, wenngleich beschränkt und durchdrungen von den Anforderungen öffentlicher Sitte und Wohlfahrt.« [505]

[503] Stahl, Die gegenwärt. Parteien, 1863, S. 103/104.
[504] Stahl, Phil. d. Rechts, II, 2, S. 151.
[505] ibidem.

Die Bindung der Staatsgewalt an das Gesetz und die dem Staatsbegriff Stahls immanente Garantie einer freien Individualsphäre bilden zusammen die Voraussetzungen des Rechtsstaates, wie er auch vom Frühliberalismus verlangt wurde. Nach Karl Theodor Welcker und Robert von Mohl kann somit Stahl als einer der Begründer der modernen deutschen Rechtsstaatsidee gelten. Er findet eine eindrucksvolle Formulierung des rechtsstaatlichen Prinzips: »Der Staat soll Rechtsstaat sein, das ist die Losung und ist auch in Wahrheit der Entwicklungstrieb der neueren Zeit. Er soll die Bahnen und Grenzen seiner Wirksamkeit wie die freie Sphäre seiner Bürger in der Weise des Rechts genau bestimmen und unverbrüchlich sichern und soll die sittlichen Ideen von Staats wegen, also direkt, nicht weiter verwirklichen (erzwingen) als es der Rechtssphäre angehört, d. i. nur bis zur notwendigsten Umzäunung.«[506] Das rechtsstaatliche Prinzip bedeutet für Stahl nicht, daß die Regierung »eine Regierung der Gesetze und nicht der Menschen« sein soll[507]. Stahls Ansicht, daß die Regierung eine freie schöpferische Tätigkeit ist, die nicht lediglich Gesetze ausführt (vgl. oben S. 81), verlangt vielmehr eine Bindung der Staatsgewalt an das Recht im negativen Sinne: das geltende Recht ist primär Schranke, aber nicht das einzige positive Motiv für das Handeln der Staatsgewalt.

Stahl sieht den Rechtsstaat im Gegensatz zum »patriarchalischen, zum patrimonialen, zum bloßen Polizeistaat« auf der einen, zum »Volksstaat« im Sinne Rousseaus und Robespierres auf der anderen Seite. Der patriarchalische oder der Polizeistaat engt nach Stahl die Freiheitssphäre des einzelnen Bürgers in unzulässiger Weise ein, weil in ihm die Staatsgewalt die sittlichen Ziele nicht nur durch äußere Ordnung und Förderung, sondern in ganzem Umfange, d. h. auch durch Lenkung und Reglementierung des Privatlebens durchsetzen will. Dabei hält sie sich nicht an die allgemeine Regel des Gesetzes, sondern geht von einer willkürlichen moralischen Beurteilung des einzelnen Falles aus. Den »Volksstaat« lehnt Stahl ab, weil in ihm dem einzelnen Bürger die »vollständige und unbegrenzte politische Tugend« zuerkannt werde und die Staatsgewalt daher der sittlichen Willkür der Einzelnen keine ausreichenden rechtlichen Schranken entgegensetze[508]. Während Stahl aber den patriarchalischen oder den Polizeistaat als einen naturgemäßen Anfang, der überwunden werden muß, bezeichnet, nennt er den »Volksstaat« eine »absolute Verirrung«: wieder zeigt sich, daß er in der Einschränkung der individuellen Freiheit ein geringeres Übel sieht als in der Unterordnung der Staatsgewalt unter den Volkswillen.

Der Gedanke des sittlichen Reiches und das Prinzip des Rechtsstaates stehen zueinander in enger Beziehung. Zwar kann das sittliche Reich mit den äußeren Zwangsmitteln der Rechtsordnung nicht verwirklicht werden, sondern es setzt die freie innere Sittlichkeit des Einzelnen voraus. Wohl aber bildet eine auf sittlichen Prinzipien ruhende Rechtsordnung eine Schranke gegen die Unsittlichkeit Einzelner und

[506] Phil. d. Rechts, II, 2, S. 137; in der 1. Auflage (1837) fehlt diese deutliche Formulierung des rechtsstaatlichen Prinzips; der Sache nach, als Bindung der Staatsgewalt an das Gesetz und als Begrenzung der Staatsgewalt durch eine freie Individualsphäre ist der Gedanke jedoch bereits in ihr enthalten.

[507] So die Verfassung von Massachusetts, vgl. C. J. Friedrich, Verfassungsstaat..., 1953, S. 203.

[508] Phil. d. Rechts, II, 2, S. 138.

der Gesamtheit. Zugleich verkörpert sie ein objektives sittliches Wollen, das eine unbedingte sittliche Mindestforderung ständig erhebt und zur sittlichen Vervollkommnung der Rechtsinstitutionen aufruft. Das erste Element des Rechtsstaates, die Bindung der Staatsgewalt und der Bürger an das Gesetz, bildet somit die äußere Bedingung für die Verwirklichung des sittlichen Reiches: Schutz vor der sittlichen Willkür der Staatsgewalt wie der Einzelnen oder der Gesamtheit. Das zweite Element des Rechtsstaates, die unantastbare Individualsphäre, ist die Voraussetzung für die wahrhafte Verwirklichung des sittlichen Reiches durch das freie Handeln des Einzelnen, der aufgefordert ist, die der Rechtsordnung zugrunde liegenden sittlichen Ideen über das Maß der Rechtsordnung hinaus frei und individuell zu erfüllen.

2. Das Recht

a) Stahls Rechtsbegriff

Der »sittlich verständige Inhalt«, der nach dem Gedanken des sittlichen Reiches das »unwandelbare Wollen« und die »Schranke« der Autorität sein soll, ist das Recht. Wie den Staat stellt Stahl auch das Recht in die göttliche Weltordnung. Das Recht ist die menschliche Ordnung, durch die die menschliche Gemeinschaft die Weltordnung Gottes erhalten soll[509].

Nach Stahl ist das Recht notwendig, weil Gottes unmittelbare Einwirkung auf das Gewissen des Einzelnen in der gottentfremdeten Welt nicht ausreicht, um die göttliche Ordnung aufrechtzuerhalten. Ohne eine erzwingbare Ordnung würden nur wenige die Gebote halten, und das menschliche Gemeinleben würde der Macht des Bösen erliegen. Über diese negative Funktion der Abwehr hinaus hat das Recht die positive Funktion, den sittlichen Willen der menschlichen Gemeinschaft in ihrer Selbständigkeit zu bekunden und dadurch der Vollendung der menschlichen Existenz zu dienen[510]. So wurzelt das Recht in der Weltordnung Gottes, zugleich aber ist es »selbständig in sich«[511]: da die Menschen infolge ihrer Personalität selbständig sind, sollen sie auch das Recht, durch das sie Gottes Weltordnung erhalten, »selbständig als ihre eigene Ordnung aufrichten«[512]. Das Recht ist demnach menschliche, nicht göttliche Ordnung, und als menschliche Ordnung erhält es die Sanktion Gottes[513]. Der Dualismus, der in Stahls Staatsbegriff beobachtet wurde, kehrt hier wieder: obwohl das Recht von Menschen gesetzt ist, genießt es göttliche Sanktion, weil es einen Platz im Weltplan Gottes hat.

Da der Mensch seine Bindung an Gott lösen kann, ist auch die Übereinstimmung des Rechts mit der göttlichen Weltordnung bloßes Postulat. Infolge seiner Selbständigkeit kann das Recht im Widerspruch zu Gottes Weltordnung stehen; die Freiheit der menschlichen Gemeinschaft kann dazu mißbraucht werden, das Ungerechte und

[509] Stahl, Phil. d. Rechts, II, 1, S. 192.
[510] a. a. O., II, 1, S. 192/193; vgl. auch oben, S. 56 ff.
[511] a. a. O., II, 1, S. 221.
[512] a. a. O., II, 1, S. 193.
[513] a. a. O., II, 1, S. 220.

Unvernünftige anzuordnen. Auch wenn das Recht gottwidrig ist, behält es nach Stahl Rechtscharakter und damit sein »bindendes Ansehen« [514].

Diese merkwürdige These vom »bindenden Ansehen« auch des gottwidrigen Rechts läßt sich aus philosophischen und politischen Motiven Stahls erklären. Zunächst entspricht sie seiner Anthropologie: die Selbständigkeit des Menschen geht so weit, daß er auch die »schlechte Freiheit der Unsittlichkeit, Ungerechtigkeit und des Unverstandes« hat [515]. Diese Auffassung reicht jedoch noch nicht aus, um zu begründen, warum ein unsittliches Gesetz für alle rechtsverbindlich sein soll. Als zweites Motiv muß daher Stahls Kampf gegen das rationalistische Naturrecht herangezogen werden, der ihn auch den christlichen Naturrechtsbegriff ablehnen läßt und zu einer positivistischen Ansicht führt, nach der es kein geltendes Recht über dem von Menschen gesetzten positiven Rechte geben kann. Recht und positives Recht sind für Stahl identische Begriffe [516]. Er kennt kein geoffenbartes Recht, das über dem von Menschen gesetzten Recht steht und ihm im Konfliktsfalle vorgeht. Für ihn gibt es lediglich »Offenbarungsgebote an das Recht« [517], die eine Forderung an den Gesetzgeber darstellen, aber keine unmittelbare Geltung als Recht haben. Nur die von der menschlichen Gemeinschaft errichtete, nicht die von Gott geforderte Ordnung ist Recht [518].

Politisch geht es Stahl dabei um zweierlei: er will verhindern, daß sich die Bürger unter Berufung auf das, was sie für Naturrecht oder Gottes Gebot halten, gegen die staatliche Rechtsordnung stellen oder daß Richter nach nicht präzisierten, daher subjektiv interpretierten naturrechtlichen Normen entscheiden; denn er ist der Meinung, daß ein Recht des Volkes oder der Richter, staatliche Normen an nicht präzisierten höheren Normen zu prüfen, zur »Aufrichtung der Willkür jedweder Meinung über der gemeinsam öffentlichen Ordnung« führen würde [519]. Ferner will er den Gedanken eines Rechts zum aktiven Widerstand schon vom Rechtsbegriff her ausschalten. Wenn jede Norm, die vom Staate mit der Qualität positiven Rechts ausgestattet ist, Recht ist und es sonst kein Recht gibt, kann es auch keine rechtmäßige Gewaltanwendung gegen durch positives Recht ermächtigte staatliche Hoheitsakte geben [520].

Wenn Stahl einem gegen Gottes Gebot verstoßenden Gesetze Rechtsverbindlichkeit zubilligt, heißt das jedoch nicht, daß er es auch für sittlich bindend hält. Im Hinblick auf Stahls Widerstandslehre (vgl. unten S. 95 ff.), in der er die Nichtbefolgung gottwidriger Befehle der Staatsgewalt fordert, muß angenommen werden, daß Stahl einen doppelten Rechtsbegriff hat; daß er ein »vollgültiges, sittlich bindendes positives Recht« kennt, das im Einklang mit dem göttlichen Sittengesetz steht, und ein »sittlich nicht bindendes, lediglich formaljuristische Geltung beanspruchendes

[514] Phil. d. Rechts, II, 1, S. 221.
[515] Phil. d. Rechts, 2. Auflage, II, 1, S. 182.
[516] Phil. d. Rechts, 3. Auflage, II, 1, S. 221.
[517] Phil. d. Rechts, II, 1, S. 228.
[518] a. a. O., II, 1, S. 229.
[519] Phil. d. Rechts, 3. Auflage, II, 1, S. 223.
[520] So auch Volz, Christentum und Positivismus, S. 107, S. 115.

positives Recht«, das rechtsverbindlich ist, obwohl es dem göttlichen Sittengesetz widerspricht[521].

Die Rechtsverbindlichkeit eines gottwidrigen Gesetzes bedeutet demnach, daß dieses Gesetz nicht von vornherein nichtig ist, sondern daß aus ihm rechtliche Folgen entstehen können und aktiver Widerstand gegen Maßnahmen, die auf ihm beruhen, unzulässig ist. Es ist jedoch sittlich nicht geboten, ihm zu gehorchen; im Gegenteil wird der Christ aufgefordert, es nicht zu befolgen, obwohl er sich dadurch legalen Vergeltungsmaßnahmen einer ungerechten Staatsgewalt aussetzt.

Subjekt des Rechts ist nach Stahl »das Volk in seiner Einheit«, der Staat. Recht zu setzen ist Aufgabe des Volkes und des Staates, nicht des Einzelnen. Das Recht ist das »Gemeinethos, das nationale Ethos«[522]. Da es auf die dauernde Lebensgestaltung zielt, ist es nicht bloße Norm, sondern Ordnung, d. h. verwirklichte und stets befolgte Norm[523]. Im Wesen des Rechts liegt somit, daß seine Befolgung erzwungen werden kann[524]. Aus seinem Zwangscharakter ergibt sich die Beschränkung des Rechts auf die äußere Regel. Die vollkommene Erfüllung eines sittlichen Gebotes entzieht sich rechtlicher Festsetzung, sie ist Gegenstand der Moral[525].

Gegenstand des Rechts sind die aus den Geboten Gottes folgenden Institutionen der göttlichen Weltordnung (vgl. oben S. 65). So hat das Recht Leben, Freiheit und Eigentum der Person und die Familie zu schützen, das öffentliche Leben in Gemeinde, Stand und Korporation zu regeln, die Ausübung der Herrschaft in Staat und Staatengemeinschaft nach dem Gedanken des sittlichen Reiches zu ordnen[526]. Dabei soll es die durch Gottes Gebot gegebenen Rechtsideen in individueller und menschlich-zweckmäßiger Weise ausgestalten. Zu den Institutionen der göttlichen Weltordnung treten als Gegenstand des Rechts die Rechte der Person; denn aus der göttlichen Ordnung folgt, daß dem Menschen als Person eine Sphäre selbständiger Existenz und Macht gewährt wird[527].

b) Die Entstehung und die Quellen des Rechts

Nach Stahl entspringt das Recht aus dem Bewußtsein der menschlichen Gemeinschaft, ein »Gebot Gottes« oder, wo der Gottesglaube fehlt, eine »sittliche Notwendigkeit« zu erfüllen. Das ursprüngliche Rechtsbewußtsein ist daher identisch mit der sittlichen Lebenswürdigung des Volkes[528]. Das Rechtsbewußtsein allein ist jedoch noch kein Recht; Recht entsteht erst, wenn der Inhalt des Rechtsbewußtseins entweder durch ständige Übung oder durch staatliche Festsetzung fixiert wird. Gewohnheit und Gesetzgebung sind daher die Quellen des Rechts.

Gewohnheitsrecht entsteht organisch, in allmählicher Entwicklung, ähnlich wie Sitte und Sprache. Die Gesetzgebung hingegen erzeugt Recht »in der Weise des

[521] Unterscheidung nach Volz, a. a. O., S. 115 ff.
[522] Stahl, Phil. d. Rechts, II, 1, S. 196.
[523] a. a. O., II, 1, S. 196/197.
[524] ibidem.
[525] a. a. O., II, 1, S. 199, vgl. auch Stahls System der Ethik, oben S. 56 ff.
[526] Vgl. a. a. O., II, 1, S. 197/198.
[527] a. a. O., II, 1, S. 200.
[528] a. a. O., II, 1, S. 234.

Geistes«, durch bewußte Tat[529]. Die Gewohnheit ist zwar die ursprüngliche Rechtsquelle, weil ein bestimmter, durch Gewohnheit entstandener Rechtszustand vorhanden sein muß, ehe Gesetzgebung durch rechtliche Autoritäten möglich ist. »Alle Verfassung, sohin die gesetzgebende Gewalt selbst, ist ursprünglich Gewohnheitsrecht.«[530] Doch Stahl erkennt der Gesetzgebung das »höhere Ansehen« gegenüber der Gewohnheit zu, weil die Gesetzgebung den Rechtszustand frei beherrsche[531]. Anders als Savigny sieht Stahl in der Gesetzgebung nicht bloß eine Präzision des durch Gewohnheit entstandenen Rechts (vgl. oben S. 9); sondern eine schöpferische Gestaltung zukünftiger Lebensverhältnisse. Nach Stahl ist es nicht zeitgemäß, wenn ein unbewußtes Wachstum der Verhältnisse wie im Mittelalter gefordert wird[532]. Der konservative Einfluß der historischen Schule zeigt sich erst in Stahls Auffassung, die Gesetzgebung solle verbessern und sichten, doch nicht ohne zwingenden Grund Rechtsnormen gänzlich aufheben. Vor allem dürfe sie nicht den gesamten Rechtszustand neu festsetzen, sondern müsse seine Kontinuität erhalten[533].

c) Das Recht und das Volksbewußtsein

Der Grundsatz der historischen Schule, nach dem das Recht aus dem Bewußtsein und der sittlichen Lebenswürdigung des Volkes entstehe, ist häufig als Keim einer Absage an den obrigkeitlichen Rechts- und Staatsbegriff angesehen worden[534]. Auch Stahl fordert »Volkstümlichkeit« des Rechts, meint jedoch damit nicht etwa die Übereinstimmung des Rechts mit dem augenblicklichen Volkswillen, sondern mit der Sitte und den Lebensverhältnissen des Volkes[535]. Wenn Stahl von der Entstehung des Rechts aus der sittlichen Lebenswürdigung des Volkes spricht, geht er von dem konservativen, letztlich von Burke begründeten Volksbegriff aus, den er, sicher zu Recht, auch bei Savigny erkennt. Er meint, die historische Schule gründe das Recht auf das Volk in seiner gesamten Geschichte, nicht auf das gegenwärtige Volk. Zudem sei Volk die gegliederte Ganzheit, die die Obrigkeit als besonders berufenen Teil des Volkes mit umschließe; der Begriff »Volk« dürfe nicht, wie im modernen demokratischen Sinne, im Gegensatz zur Obrigkeit gesehen werden[536].

Aus diesem Volksbegriff erhellt sich, daß nach Stahl die »Volkstümlichkeit« des Rechts mit den jeweiligen Interessen und den konkret feststellbaren Willensäußerungen des Volkes wenig gemeinsam hat. Stahl will die »dem Volke anerschaffene, durch seine ganze Geschichte ziehende Eigentümlichkeit« berücksichtigen, den »wirk-

[529] Phil. d. Rechts, II, 1, S. 236.
[530] Phil. d. Rechts, II, 1, S. 238.
[531] ibidem; über den Wandel in Stahls Ansicht zu dieser Frage vgl. oben S. 23.
[532] a. a. O., II, 1, S. 243.
[533] a. a. O., II, 1, S. 246.
[534] So Erich Kaufmann, a. a. O., S. 12; schon zu Stahls Zeiten vertrat Georg Beseler (»Volksrecht und Juristenrecht«, Leipzig 1843) und die von ihm angeregte »Volkstümlichkeitsbewegung« die Auffassung, daß aus der historischen Schule das Prinzip der Abhängigkeit des Rechts vom Volkswillen entwickelt werden müsse, vgl. Stahls Polemik gegen Beseler, Phil. d. R. II, 1, S. 260.
[535] Stahl, Phil. d. Rechts, II, 1, S. 261.
[536] a. a. O., II, 1, S. 272.

lichen, natürlichen und geistigen Bedürfnissen« des besonderen Zustandes des Volkes entsprechen. Sein Begriff der »Volkstümlichkeit« des Rechts zielt, so könnte man Stahl interpretieren, auf das wahre Gemeinwohl, das im Sinne Burkes verstanden wird: wer wahres Gemeinwohl will, denkt nicht nur an die Wünsche der Gegenwart, sondern bewahrt das Vermächtnis der Vergangenheit und handelt in Verantwortung vor der Zukunft.

Stahls Begriff des sittlichen Reiches verlangt, daß die Nation dem Gesetze nur als »Ausdruck und Forderung ihres eigenen Wesens unterworfen« ist[537]. Wenn seine Staatslehre einen Weg zur Verwirklichung dieses Ideals zeigen will, so muß sie auf die Fragen antworten, wer den konkreten Inhalt des »Wesens der Nation« oder des »wahren« Gemeinwohls bestimmt und wie ein consensus über diesen Inhalt entstehen kann, der ausreicht, um wenigstens die Mehrheit des Volkes das Gesetz als Ausdruck ihres eigenen Wesens empfinden zu lassen. Diese schwierigen Probleme will Stahl durch seine Lehre von den Rechten und der Repräsentation des Volkes einer Lösung näherbringen.

3. Die Rechte und die Repräsentation des Volkes

a) Das Volk als »Gliederung von Ständen«

Stahls Volksbegriff zeigt Nachwirkungen der politischen Romantik. Stahl nimmt den Gedanken auf, daß die Einheit des Ganzen aus der wechselseitigen Ergänzung verschiedenartiger Elemente entstehe, und wendet sich mit ihm gegen die Vorstellung, daß das Volk eine »unterschiedslose Masse« von Einzelnen sei. Er sieht im Volk eine »Gliederung von Ständen«[538]. Er hat dabei offenbar die bayerischen Verhältnisse der dreißiger Jahre vor Augen, unter denen die ständische Gesellschaftsordnung noch unerschüttert erscheinen konnte. Die Tendenzen zur Auflösung der Ständegesellschaft, die sich um die Mitte des Jahrhunderts bereits abzeichneten, erkennt er noch nicht.

Ein Stand ist ihm »der besondere Lebensberuf für das Gemeinleben, der auch die Lebensstellung derer, die ihm obliegen, bestimmt[539]. Er versteht unter Ständen demnach weniger Geburts- als Berufsstände. Er unterscheidet die »bürgerlichen« Stände, die er mit den einzelnen Berufsgruppen der Kaufleute, Händler, Handwerker gleichsetzt, und die »politischen« Stände. Als einen »politischen Stand« bezeichnet er einen Verband, dessen Mitglieder auf Grund ihres gemeinsamen Berufes ein gemeinsames politisches Interesse und eine einheitliche politische Stellung haben[540]. »Politische« Stände erkennt er in der Grundaristokratie, den Städten (Bürgern), den Landgemeinden (Bauern) und der Geistlichkeit der Nationalkirche[541]. Mit der Abgrenzung der »politischen« von den »bürgerlichen« Ständen vermeidet Stahl die Auffassung,

[537] Stahl, Phil. d. Rechts, II, 2, S. 4; vgl. oben S. 74.
[538] Phil. d. Rechts, II, 2, S. 322.
[539] a. a. O., II, 2, S. 42.
[540] a. a. O., II, 2, S. 322.
[541] ibidem.

als wäre das zu repräsentierende Volk mit der Summe wirtschaftlicher Interessenvertretungen identisch; zugleich ist ihm jedoch bewußt, daß enge Beziehungen zwischen wirtschaftlicher Stellung und politischer Gesinnung bestehen.

Stahls besondere Sympathie gilt dem Adel. Er bekennt sich offen als Vertreter aristokratischer Interessen[542]. Zwar wünscht er nicht, daß der Adel seine mittelalterliche Stellung als herrschender Stand zurückgewönne; vielmehr sieht er in der Beseitigung sachlich nicht begründeter Privilegien und in der staatsbürgerlichen Gleichheit ein berechtigtes Ziel des historischen Fortschritts. Wohl aber möchte er dem Adel die Stellung des primus inter pares sichern[543]. Wie stark Stahls Ansichten an vorindustriellen Verhältnissen orientiert sind, zeigt sich an seiner Wertung des Grundbesitzes. Er meint, Grundbesitz sei die »Kulmination aller Vermögensstellungen« und somit die naturgemäße wirtschaftliche Basis der Aristokratie. Der Großgrundbesitzer könne sein Vermögen ohne Arbeit und Spekulation erhalten; er sei daher frei von den mit dem Erwerbsstreben verbundenen Sorgen und in der Lage, sich gänzlich den höheren geistigen und öffentlichen Interessen zu widmen[544]. Diese Auffassung Stahls traf vielleicht noch auf die bayrischen Verhältnisse seiner Jugend zu; vor allem die Grundherrschaft seines Freundes Rotenhan mag ihm als Vorbild erschienen sein. Daß sich im ostelbischen Preußen bereits andere wirtschaftliche Verhältnisse anbahnten und der Großgrundbesitzer hier immer mehr zum Unternehmer wurde, entging ihm, obwohl er nach 1840 Gelegenheit hatte, die Lage des preußischen Adels kennenzulernen.

In einer Schicht unabhängiger Großgrundbesitzer sieht Stahl nicht nur den bedeutenden Träger einer konservativen Politik, weil das Interesse des Großgrundbesitzers mit der Erhaltung der bestehenden Ordnung zusammenfalle, sondern zugleich einen wesentlichen Faktor der pluralistischen Machtverteilung im Gemeinwesen: die Grundaristokratie schütze das Volk vor der Unterdrückung durch die Staatsgewalt und sichere andererseits den Staat vor der Willkür der Volksmasse[545]. Der Grundaristokratie will Stahl zudem eine soziale Aufgabe übertragen: sie soll die kleinen Bauern und die Besitzlosen unterstützen und das Vertrauen der Landbevölkerung in den politischen und sozialen Fragen gewinnen. Sie dürfe ihren Besitz nicht als Mittel persönlichen Genusses, sondern als Amt und Verpflichtung gegenüber dem Gemeinwesen betrachten. Eine solche verantwortungsbewußte Aristokratie erfüllt in Stahls Sicht eine notwendige Funktion; das »Junkertum« hingegen, dem der Sinn für soziale Verantwortung fehlt, bezeichnet er als ein Übel[546].

Stahl verlangt, daß die Grundaristokratie ein »offener Stand« sei[547]. Mitglied soll jeder Großgrundbesitzer sein, der bereit ist, durch eine besondere Erbregelung das Gut seiner Familie zu erhalten. Stahls Ideal ist die englische Gentry, in der Grundbesitz und Titel an den ältesten Sohn übergehen, die übrigen Kinder aber den Bür-

542 Phil. d. Rechts, II, 2, S. XVII.
543 Vgl. a. a. O., II, 2, S. 105/106.
544 a. a. O., II, 2, S. 106.
545 ibidem.
546 Stahl, Die gegenwärtigen Parteien, S. 333.
547 Stahl, Phil. d. Rechts, II, 2, S. 110.

gerlichen in jeder Beziehung gleichgestellt werden[548]. Die politischen Rechte des Adels, so vor allem seine besondere Stellung in der Repräsentation, sollen an Großgrundbesitz gebunden sein; sofern der im Mittelalter entstandene »romantische« Adel nicht mehr im Besitz von Land ist, soll er auch keine besonderen politischen Rechte besitzen[549].

b) Die Rechte des Volkes

Das in Stände gegliederte, aber dennoch durch wechselseitige Ergänzung der Stände sowie durch gemeinsames Bewußtsein und gemeinsame Beherrschung zur Einheit gefügte Volk ist nach Stahl einerseits dem Staate und der verfassungsmäßigen Staatsgewalt unterworfen, hat aber andererseits Anspruch auf bestimmte Freiheitsrechte, die der Staat gewähren muß, wenn er nicht zur Despotie herabsinken will. Diese Rechte sind in der durch den Gedanken des sittlichen Reiches gekennzeichneten höheren Ordnung der sittlichen Welt begründet[550]. Doch wie Stahl in den Geboten Gottes lediglich eine Forderung an den Gesetzgeber, aber nicht unmittelbar geltendes Recht sieht, leitet er die Geltung der persönlichen Freiheitsrechte nicht aus einem vorstaatlichen unveräußerlichen Menschenrecht, sondern aus einer staatlichen positiven Satzung ab[551].

Sachlich unterscheidet sich Stahls Katalog der Freiheitsrechte nur wenig von den naturrechtlich begründeten Menschenrechten, wie sie 1776 und 1789 in Amerika und Frankreich erklärt wurden. Stahl nennt Gewissensfreiheit, Schutz des Eigentums, Freiheit der Auswanderung, Sicherung gegen willkürliche Maßnahmen der Polizei, ein gewisses Maß von Presse- und Vereinsfreiheit, Rechte der Kirche und Gemeinden[552]. Die Formulierung dieser Rechte in den Amendments zur Verfassung der Vereinigten Staaten (1791) bezeichnet Stahl als vorbildlich[553]. Er wendet sich lediglich gegen die Aufnahme von Doktrinen und bloßen Verheißungen in den Katalog der Rechte, wie in der französischen Erklärung der Rechte vom August 1789, und verlangt praktische positive Festsetzungen. Die persönlichen Freiheitsrechte sollen geltendes, anwendbares Recht sein. Stahl billigt ihnen eine besondere Rechtsqualität zu, die sie über gewöhnliches Recht hinaushebt: er sieht in ihnen »eine rechtliche Schranke gegen die Regierung, eine moralische selbst gegen die Gesetzgebung«[554]. Daher befürwortet er ihre Aufnahme in die Verfassung oder ihre Bekräftigung durch einen besonderen legislativen Akt[555].

Trotz der Parallelen zur liberalen Auffassung wird die Kluft zwischen Stahl und der naturrechtlich-rationalistischen Menschenrechtslehre nicht überbrückt. Während die liberale Staatslehre in der Bewahrung der Menschenrechte den Zweck des Staates

[548] Vgl. Stahl, Phil. d. Rechts, vor allem 1. Aufl., II, 1, S. 341, aber auch 3. Aufl., II, 2, S. 109.
[549] a. a. O., II, 2, S. 115.
[550] a. a. O., II, 2, S. 518.
[551] a. a. O., II, 2, S. 526.
[552] Phil. d. Rechts, II, 2, S. 525/526.
[553] a. a. O., II, 2, S. 524.
[554] a. a. O., II, 2, S. 519.
[555] a. a. O., II, 2, S. 526.

sieht[556], bilden für Stahl die persönlichen Freiheitsrechte einen Teil der öffentlichen Ordnung des Staates, die höheren Zwecken als dem individuellen Streben nach Sicherheit, Freiheit und Glück dient: der Aufrechterhaltung der göttlichen Ordnung für die gottentfremdete Menschheit. Durch seinen Gedanken des sittlichen Reiches will Stahl zeigen, daß die göttliche Ordnung dem Menschen auch Freiheit gewährt, daß echte Freiheit überhaupt nur im Rahmen der göttlichen Ordnung möglich ist. Diese echte Freiheit ist aber nicht die autonome Freiheit der Aufklärung, sondern die theonome Freiheit des Christen, der im Gesetz Gottes sein eigenes essentielles Wesen erkennt. Die persönliche Freiheit des Menschen in der staatlichen Ordnung kann ihr gegenüber nur eine Vorstufe sein. Da Stahl den Staat als göttliche Institution begreift, deren Ziel es letztlich ist, die Möglichkeit theonomer Freiheit offenzuhalten, setzt er ihm zwar an der persönlichen Freiheit des Einzelnen Grenzen, unterstellt ihn jedoch nicht dieser Freiheit. Er fürchtet, daß die autonome Vernunft und Freiheit des Menschen in Willkür umschlagen und die ihm notwendigen Bindungen zerstören könnte.

c) Repräsentation

Die persönlichen Freiheitsrechte, die Stahl nennt, schützen den Einzelnen vor Übergriffen der Staatsgewalt, sichern ihm jedoch keinen politischen Einfluß zu. Sie sind, abgesehen von den Rechten der Presse – und Vereinsfreiheit, Rechte des »status negativus«, nicht des »status activus«. Wenn Stahl vom »Staatsbürger« spricht, meint er lediglich den Bürger, der im Besitz persönlicher Freiheitsrechte ist; über die aktive Teilnahme an der politischen Willensbildung ist damit noch nichts ausgesagt[557].

Stahls Begriff des sittlichen Reiches verlangt nun mehr als den bloßen Schutz des Bürgers vor dem Staate. Das Gesetz soll Ausdruck der eigenen Sittlichkeit der Gehorchenden sein; sie müssen daher die Möglichkeit haben, bei der Gesetzgebung mitzuwirken. Dazu dient die Repräsentation.

Stahl bezeichnet es als die »höchste Steigerung und Bürgschaft der politischen Freiheit«, wenn das Volk selbst seine Rechte gegenüber der Staatsgewalt vertreten und an der Gesetzgebung mitwirken kann[558]. Die Repräsentation des Volkes soll nach Stahl durch eine einheitliche reichsständische Versammlung geschehen. Die Gliederung des Volkes in Stände hindert nicht seine nationale und staatsbürgerliche Einheit. Die Reichsstände müssen daher die ganze Nation umfassen und im Gegensatz zur altständischen Vertretung nicht einzelne Standesinteressen getrennt, sondern das Gemeininteresse einheitlich vertreten und gemeinsam beraten und abstimmen[559].

[556] Vgl. die Unabhängigkeitserklärung v. 4. Juli 1776: »... daß zur Sicherung dieser Rechte Regierungen unter den Menschen eingesetzt werden ...« und den Art. 2 der französischen Erklärung der Rechte des Menschen und des Bürgers v. 20.–26. August 1789: »Der Zweck jedes politischen Zusammenschlusses ist die Bewahrung der natürlichen und unverlierbaren Menschenrechte ...«

[557] Vgl. Stahl, Phil. d. Rechts, II, 2, S. 519.

[558] Vgl. Stahl, a. a. O., S. 317.

[559] Phil. d. Rechts, II, 2, S. 327.

Die Reichsstände repräsentieren nicht die Summe der einzelnen Bürger, sondern das »wahre Wesen« des Volkes, die »Idee der Volksexistenz«[560]. Daß Stahl damit vor allem das Volk als Einheit der vergangenen, gegenwärtigen und zukünftigen Generationen meint, ist bereits ausgeführt worden (vergl. oben S. 88). Zur »Idee der Volksexistenz« gehört für Stahl aber auch die Gliederung des Volkes in Stände. Die Zusammensetzung der Repräsentation muß sich daher auf die ständische Gliederung stützen[561]. Stahl meint, es werden in der Landesvertretung nicht nur Menschen, sondern auch »objektive Zustände und Anstalten, menschliche Lebensstellungen« repräsentiert. Daher solle die Landesvertretung nicht aus der »unterschiedlosen Masse des Volkes«, sondern aus den »bestimmten unterschiedenen Ständen« hervorgehen[562].

Aus der zutreffenden Erkenntnis, daß die Entscheidungen des Repräsentanten durch seine sozialen und beruflichen Interessen beeinflußt werden, zieht Stahl die weniger einleuchtende Folgerung, diese Interessen nach ihrer Bedeutung für die Gesamtheit in der Landesvertretung zu berücksichtigen. Zwar wünscht er keine Interessenvertretung in dem Sinne, daß die einzelnen Berufsgruppen, die »bürgerlichen Stände« feste Anteile in der repräsentativen Körperschaft erhalten; wohl aber will er die Repräsentation auf die sachgebundenen Interessen der »politischen« Stände gründen. Vor allem verlangt er, daß das Grundeigentum als »Träger der ganzen Volksexistenz« und «Vorbedingung aller anderen Stände« das bedeutendste Element in der Repräsentation bilde[563]. Ein allgemeines und gleiches Wahlrecht kann es daher für Stahl nicht geben; das Wahlrecht ist ihm ein »Recht des Berufes«, kein »Urrecht des Menschen«[564]. Er meint, das allgemeine Stimmrecht gebe den Menschen ein Recht ohne Rücksicht auf ihre Fähigkeit, den damit verbundenen Pflichten zu genügen[565]. Bürger, die keine »ständische Qualität« haben, d. h. die keine feste Stellung und Bedeutung im Organismus des Gemeinlebens besitzen, will er von der Teilnahme an der Landesvertretung ausschließen. Zu ihnen rechnet er nicht nur die Proletarier, sondern auch die »bloßen Kapitalisten«, die keinen Grundbesitz haben. Das preußische Dreiklassenwahlrecht lehnt er als »gedankenloses und bürgschaftsloses System« ab[566]. Es ist bezeichnend, daß Stahl 1853 die Zustimmung der Konservativen zu der vom König gewünschten Umwandlung der Ersten Kammer in eine reine Pairskammer, in der die Grundaristokratie schwächer als bisher vertreten gewesen wäre, an die Bedingung knüpfte, daß der Grundaristokratie dann wenigstens ein Drittel der Sitze der Zweiten Kammer vorbehalten bleiben müsse[567].

[560] Stahl, a. a. O., II, 2, S. 320.
[561] a. a. O., II, 2, S. 322.
[562] a. a. O., II, 2, S. 323.
[563] a. a. O., II, 2, S. 324.
[564] a. a. O., II, 2, S. 325.
[565] Stahl, Die gegenw. Parteien, S. 192.
[566] Vgl. Stahls Rede v. 22. Nov. 1849, bei Treuherz, Parlamentarische Reden v. Dr. F. J. Stahl, Berlin 1856, S. 172.
[567] A. Roos, Konservatismus und Reaktion bei F. J. Stahl, 1957, S. 136, nach den »Stenogr. Berichten über die Verhandlungen der ... Kammern, Berlin 1848 ff., Bd. 1852/53, 18. Sitzung vom 31. Januar 1853 und 20. Sitzung vom 7. Februar 1853.

Stahls Ideal, wenigstens für Preußen, ist eine in zwei Kammern gegliederte Repräsentation. In der ersten Kammer, dem Oberhaus, sollen alle Elemente des Landes vertreten sein, die durch »Macht und Ansehen« hervorragen, sofern sie nicht selbst öffentliche Gewalt ausüben: Erbliche Pairie, Grundaristokratie, Großbürgertum, evangelische und katholische Geistlichkeit, Universitäten[568]. Die zweite Kammer soll gleichfalls eine ständische Grundlage haben, auch ihre Zusammensetzung soll lediglich von den Bürgern bestimmt werden, die »ständische Qualität« besitzen[569]. Ihre Mitglieder sollen zwar von der gesamten Bevölkerung, soweit sie den Ständen angehört, gewählt werden, selbst jedoch durch eigenen Besitz unabhängig und an der Erhaltung des Bestehenden interessiert sein. Stahl bezeichnet es als das Problem, eine zweite Kammer zu bilden, die überwiegend aristokratisch ist, doch durch das Wahlverfahren eng mit der gesamten Bevölkerung zusammenhängt[570]. Er muß aber selbst zugeben, daß er noch keine befriedigende, allgemein gültige Lösung dieses Problems gefunden hat[571]. Immerhin ist es erstaunlich, mit welcher Naivität Stahl in dem Bestreben, eine konservative Mehrheit in der Landesvertretung zu sichern, politische Aktivrechte an Besitz, vor allem an Grundbesitz, knüpfen will, und die beginnende Umwandlung der sozialen Struktur ignoriert.

Diese Reichsstände, die das Volk in seiner historischen Kontinuität und in seiner ständischen Gliederung repräsentieren sollen, sind für Stahl eine »höhere Macht über dem gesamten Volk«[572]. Sie stellen das Volk dar, nicht weil ihre Mitglieder alle vom Volke gewählt sind, sondern weil sie das Vertrauen des Volkes besitzen. Eine parlamentarische Äußerung Stahls ist bezeichnend: »Soll unsere repräsentative Verfassung Bestand und Gedeihen haben, so muß jener Sinn im Volke herrschen, der nicht fragt: »Haben wir die Leute gewählt?« sondern: »Sind es die rechten Leute?«[573]. Auch die gewählten Abgeordneten sind in ihren Entscheidungen nicht durch den Willen ihrer Wähler oder durch den Willen des Volkes, sondern allein durch ihre eigene »höhere Einsicht« gebunden. Die Einsicht der Landesvertretung gilt Stahl als die »höchste und echte Einsicht des Volkes«[574]. In Übereinstimmung mit der von Burke formulierten liberalen Theorie der Repräsentation lehnt Stahl demnach das imperative Mandat ab. Die Landesvertretung hat nach Stahl eine dreifache Aufgabe: sie soll die Rechte des Volkes schützen, für die Übereinstimmung der neuen Gesetze mit der sittlichen Lebenswürdigung des Volkes sorgen und ein Bindeglied zwischen der Regierung und dem Volke darstellen.

Die Rechte des Volkes kann die Landesvertretung dadurch sichern, daß sie als Führer der öffentlichen Meinung gegen willkürliche Handlungen der Regierung auftritt und im Falle einer offenen Verfassungsverletzung durch die Regierung das Mittel der Ministeranklage anwendet[575]. Zwar lehnt Stahl die parlamentarische

[568] Vgl. Rede vom 22. 11. 1849, Treuherz, a. a. O., S. 173, 176 f. und Phil. d. Rechts, II, 2, S. 431, 435.
[569] Stahl, Phil. d. Rechts, II, 2, S. 441, 443.
[570] a. a. O., II, 2, S. 443.
[571] a. a. O., II, 2, S. 444 f.
[572] Phil. d. Rechts, II, 2, S. 321.
[573] Bei A. Roos, a. a. O., S. 141.
[574] Stahl, Phil. d. Rechts, II, 2, S. 321.
[575] a. a. O., II, 2, S. 394.

Verantwortlichkeit der Minister als unvereinbar mit dem monarchischen Prinzip (vergl. unten S. 115) für deutsche Verhältnisse ab, doch andererseits verlangt er, daß die Regierung auf die öffentliche Meinung Rücksicht nehme. Er ist sich darüber im klaren, daß eine Regierung, die die öffentliche Meinung gegen sich hat, auch dann in Schwierigkeiten gerät, wenn sie vom Fürsten gestützt wird und daher formal nicht zum Rücktritt gezwungen ist[576].

Zur Prüfung neuer Gesetze am Maßstab der sittlichen Lebenswürdigung des Volkes soll die Landesvertretung ein absolutes Vetorecht gegen die Gesetzesvorschläge der Regierung haben[577]. Unter monarchischer Verfassung soll der souveräne Fürst der Gesetzgeber sein; bei ihm bzw. bei der von ihm abhängigen Regierung soll die Initiative, die Sanktion und die Verkündigung der Gesetze liegen, während die Landesvertretung auf Rat, Zustimmung und Petition beschränkt sein soll. »Die Regierung ist das herrschende und bildende Prinzip im Staate, die Landesvertretung das schützende und anregende«[578]. Doch Stahl verschließt sich nicht anderen Regierungsformen. Er lehnt ein Eingreifen der Landesvertretung in die Regierung, wie er es in England beobachtet, nicht ab, wenn es der Individualität der Verfassung entspricht. Nur tendiere dann die reichsständische Verfassung zur republikanischen und sei mit einer wahren Monarchie nicht vereinbar[579].

Bindeglied zwischen der Regierung und dem Volke kann die Landesvertretung in der Sicht Stahls sein, weil sie einerseits die Lage des Volkes teilt und Interesse hat, das Volk zu vertreten, andererseits aber als Autorität über dem Volke Einsicht in die Motive der Regierung gewinnt. So kann sie es der Regierung ermöglichen, sich »in die Lage des Volkes, dem Volke, sich in die Lage der Regierung zu versetzen«[580].

Stahl weiß sich mit dieser Theorie der Repräsentation im Widerspruch zum liberalen Konstitutionalismus, der von Locke und Montesquieu ausgeht und auf dem Prinzip der Volkssouveränität beruht. Gleicherweise bricht er mit der privatrechtlichen, altständischen Lehre Hallers, nach der der Fürst die Landesregierung als Privateigentum besitzt und die Stände private Sonderrechte gegen ihn haben. Stahl glaubt, mit seiner Lehre dem Gedanken einer einheitlichen Nationalvertretung gerecht zu werden, ohne das Prinzip der Volkssouveränität anzuerkennen. Er will sich nicht starr an die deutschen Verhältnisse seiner Zeit klammern, sondern mannigfache Variationen in der Durchführung der Repräsentation zulassen: die Wirksamkeit der Landesvertretung könne sich auf die Wahrung einzelner Rechte beschränken, sie könne aber auch bis zur Mitbestimmung des ganzen öffentlichen Zustandes reichen. Auch für die Zusammensetzung der Landesvertretung will er einen weiten Bereich individueller Gestaltung gelten lassen[581]. Unverzichtbar erscheinen ihm lediglich die Ablehnung der Volkssouveränität, die Forderung einer einheitlichen Nationalvertretung auf ständischer Grundlage und der Ausschluß der Landesvertretung von der eigentlichen Regierungstätigkeit.

576 Vgl. Stahl, Phil. d. Rechts, II, 2, S. 488.
577 a. a. O., II, 2, S. 329.
578 ibidem.
579 ibidem.
580 a. a. O., II, 2, S. 319.
581 Phil. d. Rechts, II, 2, S. 330/331.

d) Widerstand gegen die Staatsgewalt

Reicht die Macht der Landesvertretung und der öffentlichen Meinung nicht aus, um die Bindung der Staatsgewalt an das Gesetz und den Schutz der persönlichen Freiheitsrechte zu gewährleisten, so ergibt sich die Frage nach der Zulässigkeit des Widerstandes gegen eine ungerechte Staatsgewalt.

In Übereinstimmung mit Luther lehnt Stahl den aktiven Widerstand gegen die Staatsgewalt grundsätzlich ab. Er hält an dem Kern seiner Staatslehre fest, daß der Staat eine gottgewollte Ordnung über den Menschen ist, der sie gehorchen sollen. Daher dürfen sich die Untertanen nicht zum »Richter und zur höheren Gewalt über die Obrigkeit« machen[582]. Für Stahl wäre es ein Verstoß gegen die Natur des Staates und eine Umkehrung der rechtlichen Ordnung, wenn dem Volke das Recht der Empörung gegen eine ungesetzliche oder ungerecht handelnde Staatsgewalt zugestanden würde. Auch aus sittlichen und religiösen Gründen hält Stahl die Empörung für unstatthaft. Der Christ soll lieber leiden als sich wehren, und vor allem darf er sich nicht auf ungesetzliche Weise wehren[583]. Ein göttliches Gebot darf selbst für den edelsten Zweck nicht übertreten werden. Die Ermordung eines tyrannischen Fürsten ist daher unter keinen Umständen zulässig. Es gibt kein Notwehrrecht gegen eine legitime Staatsgewalt, auch wenn sie noch so großes Unrecht begeht. Stahl verweist darauf, daß die Gehorsamsforderung in Röm. 13 gerade unter Nero erhoben wurde[584]. Stahl billigt niemandem das Recht zu, die gerechte Ordnung gegen eine ungerechte Staatsgewalt wiederherzustellen: die Ordnung zu wahren ist Aufgabe der Staatsgewalt selbst, nicht die der Untertanen. Daher sei niemand für die Übel verantwortlich, die sich aus seiner Weigerung, aktiven Widerstand zu leisten, ergeben, denn jeder dürfe sich sagen »die Empörung war nicht meines Amtes«. Wohl aber müsse sich jeder für die Übel verantwortlich fühlen, die sich aus der Gewaltanwendung gegen die legitime Staatsgewalt ergeben[585]. Hierin stimmt Stahl mit Luther völlig überein, und er begründet seine Haltung auch ebenso wie Luther: er sieht in den Tyrannen »die Züchtigung für die Frevel der Völker«, und die Empörung erscheint ihm als »das unrechtmäßige Mittel, ein gerechtes Gericht zu vereiteln«[586]. Gott straft also durch den Tyrannen die Völker, und der Christ soll diese Strafe geduldig auf sich nehmen, auch wenn er glaubt, sie nicht verdient zu haben: das christliche Liebesgebot verlangt, daß er die Schuld seines Nächsten mittrage.

Eine solche Auffassung läßt sich zwar mit Luthers Anthropologie verbinden (vergl. oben S. 38 ff.). Sie entspricht auch der lutherischen Staatsauffassung, nach der der Staat ein bloßes Werkzeug in Gottes Händen zur äußeren Herrschaft über die gottentfremdete Welt ist. Sie ist aber weder mit Stahls Anthropologie noch mit Stahls Staatsauffassung zu vereinbaren. Denn wenn, wie Stahl im Anschluß an Schelling behauptet, das Böse aus der menschlichen Freiheit stammt, dann kann die Empörung gegen einen dem Bösen verfallenen Tyrannen auch nicht als Aufbegehren gegen eine

[582] a. a. O., II, 2, S. 541.
[583] a. a. O., II, 2, S. 544.
[584] Phil. d. Rechts, II, 2, S. 545/546.
[585] a. a. O., II, 2, S. 544.
[586] ibidem.

von Gott verhängte Strafe gewertet werden, und zwar umso weniger, als Stahl den Staat doch als rein menschliche Herrschaft begreift und die Theokratie ausdrücklich verwirft. Zudem übersieht Stahl, daß die These, Gott strafe das Unrecht des Volkes durch das Unrecht der Obrigkeit, zu einem Gottesbegriff nicht paßt, der den göttlichen Willen an die Güte, Barmherzigkeit und Liebe Gottes bindet (vgl. oben S. 47). Die Unvereinbarkeit der von Luther und Schelling stammenden Elemente in Stahls Theorie zeigt sich hier von neuem. Offenbar erkannte Stahl selbst, daß eine absolute Verurteilung jedes aktiven Widerstandes angesichts der politischen Wirklichkeit schwierig zu rechtfertigen ist. Zumindest schränkte er seine Ablehnung des aktiven Widerstandes insofern ein, als er ihn im äußersten Notfall als Ausnahme entschuldigt. Er meinte, es gebe »Lagen außerordentlicher Art in der providentiellen Führung der Völker«, in denen aktiver Widerstand zwar nicht rechtlich erlaubt, wohl aber entschuldbar sei. Wenn ein Volk durch Ungerechtigkeit und Tyrannei zum Äußersten getrieben die öffentliche Ordnung und die unentbehrlichen persönlichen Rechte gegen eine dem Bösen verfallene Staatsgewalt verteidige, verstoße es zwar gegen das christliche Gebot des Gehorsams; doch in diesem äußersten Notfalle solle es deshalb nicht verurteilt werden. Ob aktiver Widerstand in einer solchen Lage zu rechtfertigen sei, müsse nach dem Gewissen des Einzelnen entschieden und vor Gott verantwortet werden. In jedem Falle aber ist für Stahl der Widerstand mit dem Worte heroischer als der Widerstand mit der Waffe; doch sieht er ein, daß es unbillig wäre, den Heroismus der Gewaltlosigkeit von allen zu verlangen. Sucht man eine dieser Ansicht verwandte Auffassung in der Gegenwart, so drängt sich der Vergleich mit der Haltung Helmut von Moltkes zum 20. Juli 1944 auf.

Während Stahl aktiven Widerstand grundsätzlich verwirft, billigt er passiven Widerstand; in bestimmten Fällen hält er ihn sogar für eine sittliche Pflicht. Er sieht im passiven Widerstand keine allgemeine Gehorsamsverweigerung, sondern lediglich ein Nichtbefolgen einzelner Anordnungen der Staatsgewalt. Daher verstoße der passive Widerstand nicht gegen das »christliche Gehorsamsgebot«. Für Stahl ist passiver Widerstand zulässig, wenn die Staatsgewalt persönliche Rechte verletzt. Der Widerstand zum Schutze persönlicher Rechte darf nur soweit gehen, daß die Staatsgewalt Zwang anwenden muß, um ihre Ziele durchzusetzen; gegen den Zwang ist nur der Protest, nicht aber physischer Widerstand erlaubt. Anders dagegen, wenn die Anordnungen der Staatsgewalt gegen die Gebote Gottes verstoßen oder wenn sie zu unrechtmäßigen Handlungen gegenüber anderen auffordern. In diesem Falle wäre es mit der Sittlichkeit und dem Gewissen des Einzelnen unvereinbar, die Anordnungen der Staatsgewalt zu befolgen. Es ist daher passiver Widerstand nicht nur zulässig, sondern es besteht die Pflicht, passiven Widerstand zu leisten. Dieser Pflicht unterliegen auch Beamte und Militärpersonen: sie dürfen Befehle, die gegen göttliche Gebote oder gegen die gesetzliche Ordnung gerichtet sind, nicht ausführen. Versucht die Staatsgewalt, sie zur Befolgung gegen Gottes Gebot verstoßender oder rechtswidriger Befehle zu zwingen, so dürfen sie sich diesem Zwang entziehen[587].

Stahl hält sich also auch in der Frage des passiven Widerstandes an das lutherische Vorbild. Das Band der Persönlichkeit zu Gott, das Gewissen, geht der Gehorsams-

[587] Stahl, Phil. d. Rechts, II, 2, S. 549.

pflicht vor; die Verpflichtung, dem Gewissen und damit Gott zu gehorchen, steht über allen irdischen Bindungen. Hier liegen für Luther und für Stahl die entscheidenden Grenzen jeder irdischen Gewalt. Es ist zuzugeben, daß die unbedingte Verpflichtung, widergöttliche und widerrechtliche Befehle zu verweigern, einer tyrannischen Staatsgewalt sehr wirksame Schranken setzt, sofern die Mehrheit des Volkes dieser Verpflichtung nachkommt. Eine Situation, in der das Gewissen der Mehrheit schweigt und widergöttliche Befehle nur von einer zum Märtyrertum bereiten Minderheit verweigert werden, konnte sich Stahl nicht vorstellen.

e) Der Einfluß der Kirche auf den christlichen Staat als höchste Garantie der Freiheit

Angesichts unserer heutigen Erfahrungen mit dämonischen Staatsgewalten, die das größte Unrecht unter dem Mantel formalen Rechts verbergen, mag Stahls positivistischer Rechtsbegriff gefährlich erscheinen, und seine Widerstandslehre müßte, auf die Gegenwart angewendet, als eine Verkennung der politischen Wirklichkeit im totalen Staat zurückgewiesen werden. Es darf jedoch nicht übersehen werden, daß Stahls Lehren ausdrücklich für einen christlichen Staat entwickelt wurden.

Es war für Stahl selbstverständlich, daß die Kirche einen spürbaren Einfluß auf die Gesinnung und das Handeln der leitenden Persönlichkeiten des Staates wie der breiten Schichten der Bevölkerung ausübte. Das Schwinden dieses Einflusses konnte er allerdings bereits beobachten, und es war sein vornehmstes wissenschaftliches und politisches Ziel, die Entchristlichung des Staates aufzuhalten. Es ging ihm dabei nicht nur darum, das Christentum durch staatliche Förderung zu schützen; er wollte zugleich im christlichen Einfluß auf den Staat einen entscheidenden Faktor des Schutzes der öffentlichen Sitte und damit zugleich des Schutzes der persönlichen Rechte bewahren. Stahls Ansicht über das Verhältnis von Staat und Kirche muß daher als ergänzendes Glied seiner Staatslehre betrachtet werden.

Stahls aus der Erlanger Theologie entwickelter Kirchenbegriff zeigt ähnlich autoritäre Züge wie sein Staatsbegriff (vgl. oben S. 21). Nach Stahl hat Christus nicht nur die unsichtbare, sondern auch die sichtbare Kirche gestiftet[588]. Er glaubt sich an die Reformatoren anzuschließen, wenn er unsichtbare und sichtbare Kirche als »zwei Seiten der einen unteilbaren Kirche« bezeichnet: die unsichtbare Kirche ist ihm ein Erzeugnis der sichtbaren, die sichtbare ein Erzeugnis der unsichtbaren Kirche[589]. Kirche ist »zugleich die Gemeinde der Heiligen und Anstalt des Heils, ein inneres Gedankenreich und eine zur Wirksamkeit nach außen geordnete Institution«, eine »ununterbrochene Heilsanstalt von der Erscheinung Christi her bis zum jüngsten Tag»[590]. Als von Gott gegründete und erhaltene Anstalt muß die Kirche »Macht und Ansehen« über der Gemeinde der im Glauben verbundenen Menschen haben[591]. Eine »Gemeindesouveränität« im Sinne der Kollegialisten lehnt Stahl ab; die Ge-

[588] Stahl, Die Kirchenverfassung nach Lehre und Recht der Protestanten, S. 60.
[589] Stahl, a. a. O., S. 55.
[590] a. a. O., S. 58/59.
[591] a. a. O., S. 68.

meinde soll lediglich zustimmen, aber nicht selbst gestalten und festsetzen[592]. Das Kirchenregiment liegt beim Lehrstand.

Dem Landesherrn möchte Stahl lediglich die Kirchenpflege, aber nicht das Kirchenregiment zugestehen. Doch beugt er sich dem landesherrlichen Kirchenregiment, sofern es nur formal besteht[593]. Stahls Ideal ist ein von direkter staatlicher Einflußnahme unabhängiges bischöfliches Kirchenregiment, an dem die Gemeinde dadurch beteiligt ist, daß ihre Zustimmung zu Neuordnungen eingeholt werden muß[594]. Die Parallele zur Staatslehre ist deutlich: Stahl glaubt, daß die Kirche, die im gottentfremdeten Zustande wie der Staat ohne direkte göttliche Leitung ist, nur dadurch vor dem Abfall von ihren in der göttlichen Ordnung begründeten Aufgaben bewahrt werden kann, daß er sie über den Willen der Menschen erhebt, an traditionelle Normen bindet und überkommenen Autoritäten unterstellt.

Von einer solchen anstaltlich-autoritären Kirche erwartet Stahl nicht nur die Erhaltung der wahren Lehre, sondern zugleich die Förderung der göttlichen Ordnungen, denen auch der Staat verpflichtet ist. Stahls Ansicht über das Verhältnis von Staat und Kirche wird durch den Gedanken bestimmt, daß beide letztlich dem gleichen Ziel dienen, wenn auch in unterschiedlicher Weise und Funktion.

Wie bereits näher ausgeführt (vgl. oben S. 56 f.), ist nach Stahl im vollendeten Zustande des Gottesreiches der Einzelwille wie der Gemeinwille auf Gott gerichtet, jede menschliche Gemeinschaft ist zugleich Gottesgemeinde[595]. Im »empirischen Zustande« hingegen, in dem der Mensch die ihm verliehene Selbständigkeit dazu mißbraucht, seine Einheit mit Gott zu zerstören, geht mit der Beziehung auf Gott das gemeinsame Zentrum aller Ordnungen und Bereiche menschlichen Zusammenlebens verloren. Die zur Kirche gewordene Gottesgemeinde allein hat nun die Aufgabe, den Menschen zu Gott zu führen; ihr treten Recht und Staat als »bürgerliche Ordnung« gegenüber, deren Ziel die »Vollendung des Menschengeschlechtes in ihm selbst« ist[596]. Kirche und Staat sind nun gegeneinander selbständig, sie haben ihr eigenes Zentrum, ihre eigene besondere Aufgabe[597].

Selbständigkeit bedeutet jedoch nicht Beziehungslosigkeit. Der Staat soll eine »Gestaltung der menschlichen Lebensverhältnisse nach sittlichen Ideen« sein. Der oberste Maßstab für alles Sittliche ist aber die offenbarte christliche Sittenlehre. Die sittlichen Ideen, denen der Staat dienen soll, werden somit letztlich durch das Christentum bestimmt. Kirche und Staat stehen daher in Wechselbeziehung: »Es gibt nichts Natürlicheres, als daß die beiden großen Anstalten, die Gott über das Menschengeschlecht verordnet, die eine zur sittlich vernünftigen Gestaltung des sozialen Lebens, die andere zur Einigung mit ihm selbst, auch untereinander im Bande der wechselseitigen Anerkennung, Rücksicht und Förderung stehen.«[598] Der Begriff des

592 Stahl, a. a. O., S. 175.
593 Stahl, Die Kirchenverfassung nach Lehre und Recht der Protestanten, S. 205.
594 Vgl. Stahl, Kirchenverfassung . . ., S. 213, 228.
595 Stahl, Phil. d. Rechts, II, 1, S. 81.
596 a. a. O., II, 1, S. 83.
597 a. a. O., II, 1, S. 82.
598 Stahl, Der christliche Staat und sein Verhältnis zu Deismus und Judentum, S. 27.

»christlichen Staates« ist somit für Stahl kein logischer Widerspruch, sondern ein »logisches Postulat«[599].

Zwar hat die Kirche nicht die geringste rechtliche Gewalt über den Staat. Sie darf sich nicht anmaßen, aus einer angeblich theokratischen Vollmacht über die weltliche Gewalt bestimmen zu wollen, sie darf auch den »verruchtesten Kaiser« nicht absetzen[600]. Auch sie unterliegt dem göttlichen Gebot, daß der Obrigkeit zu gehorchen sei[601]. Andererseits aber hat die geistliche Gewalt »in der Christenheit den Beruf, die christliche Ordnung auch gegen die Könige zu wahren«[602]. Es ist ihre Pflicht und ihr Recht, »an die Spitze des passiven Widerstandes zu treten«, wenn die Anordnungen der Staatsgewalt göttliches Gebot verletzen[603]. In dieser Auffassung muß eine wesentliche Ergänzung der Widerstandslehre Stahls gesehen werden. Die Kirche selbst ist für Stahl der Hüter der Sittlichkeit des christlichen Staates, in der Kirche sieht er die letzte und entscheidende Sicherung gegen eine Zerstörung der gottgebotenen Ordnung durch eine tyrannische Staatsgewalt.

Der Staat muß daher der Kirche einen entsprechenden Einfluß auf das öffentliche Leben einräumen. Stahl verlangt, daß der Staat sich öffentlich zum Christentum bekenne[604], daß er nur die christliche Religion fördere und nicht etwa Lehrstühle für jüdische oder deistische Theologie an öffentlichen Hochschulen einrichte[605], daß alle Lehrer an öffentlichen Schulen christlichen Konfessionen angehören[606]. Bürgerliche Rechte sollten nach Stahl allen Staatsangehörigen ohne Unterschied des Glaubens zuerkannt werden, politische Rechte dagegen vom Bekenntnis zum Christentum als der Staatsreligion abhängen[607]. Die Konfessionen innerhalb des Christentums stellt Stahl dabei einander gleich.

Den nichtchristlichen Religionsgemeinschaften will Stahl also keine Gleichberechtigung, sondern nur Toleranz gewähren: sie werden geduldet, aber nicht öffentlich gefördert. Das Prinzip der Glaubensfreiheit erscheint ihm dennoch gewahrt, weil das Christentum den einzelnen Menschen nicht aufgezwungen werde[608]. Der Einzelne soll in Glaubensdingen nur seinem Gewissen unterworfen sein; der Staat darf selbst die Verbreitung von Irrlehren nicht als Verbrechen bestrafen, sondern nur polizeilich unterbinden[609] ,und er darf kirchliche Anordnungen nur dann mit staatlichem Zwang unterstützen ,wenn sie auch von den innerlich Ungläubigen »ohne Heuchelei« befolgt werden können, so bei der Taufe der Kinder, der Einsegnung der Ehe, aber nicht bei Abendmahl oder Beichte[610]. Glaubensfreiheit heißt für Stahl offensichtlich nur, daß der Einzelne nicht bestraft werden darf, wenn er von der

599 Stahl, a. a. O., S. 4.
600 Stahl, Der Protestantismus als pol. Prinzip, S. 19.
601 Stahl, a. a. O., S. 21.
602 a. a. O., S. 19.
603 ibidem.
604 Stahl, Der christliche Staat und sein Verhältnis zu Deismus und Judentum, S. 22.
605 Stahl, Der christl. Staat u. sein Verhältnis zu Deismus und Judentum, S. 26.
606 a. a. O., S. 22.
607 a. a. O., S. 31.
608 Stahl, Phil. d. Rechts, II, 2, S. 284, 1. Aufl.
609 ibidem.
610 ibidem.

Staatsreligion abweicht; dagegen faßt Stahl sie nicht als wirklich freie Wahl des Glaubens auf: wer sich nicht zu den anerkannten christlichen Konfessionen bekennt, muß Nachteile auf sich nehmen.

Mit seiner Auffassung des Verhältnisses von Kirche und Staat steht Stahl zunächst unverkennbar in der von Luther ausgehenden Tradition. Wie Luther weist er Kirche und Staat gesonderte Plätze im göttlichen Heilsplan an, gewährt ihnen Selbständigkeit gegeneinander und unterscheidet sie nach Struktur, Funktion und Art ihrer Wirkung. Wie Luther kennt Stahl eine übergeordnete gemeinsame Aufgabe von Kirche und Staat: beide dienen dem göttlichen Heilsplan; die Kirche, indem sie die Menschen innerlich zu Gott führen hilft und dabei den Staat von innen her mit christlicher Sittlichkeit durchdringt, der Staat, indem er die äußere Ordnung des menschlichen Zusammenlebens sichert und dabei auch der Kirche Schutz bei der Erfüllung ihrer besonderen Aufgabe gewährt. Beide sind daher notwendig, um den Heilsplan Gottes für die Menschheit zu erfüllen.

Andererseits aber wird auch an Stahls Ansicht über das Verhältnis von Staat und Kirche deutlich, daß sein Staatsbegriff nicht nur in Luthers Zwei-Reiche-Lehre wurzelt. Die Bindung des Christen an den Staat ist bei Stahl enger als bei Luther. Wohl fordert auch Luther den Christen zum Dienst am Staate auf, doch für Luther unterzieht sich der Christ diesem Dienst an einer bloßen Notordnung aus Nächstenliebe, nicht aus sittlicher Notwendigkeit für sich selbst. Für Stahl dagegen ist der Staat nicht bloße Notordnung, sondern essentiell sittliches Reich, und zudem als christlicher Staat in besonderem Maße zur Verwirklichung des sittlichen Reiches geeignet. Daher kann auch der Staat der Entfaltung der sittlichen Kräfte des Menschen dienen. Vom Begriff des sittlichen Reiches her kann Stahl den Christen eindringlicher als Luther zu politischer Verantwortung aufrufen. Er verlangt, daß dem Christen der Zustand von Recht und Staat nicht gleichgültig sei, und fordert von ihm »Begeisterung für die Herstellung und Erhaltung eines gedeihlichen Zustandes der Ordnung und der Freiheit«[611]. Er ist überzeugt, daß nur der Christ im Gehorsam gegen Gottes Gebot den Weg finden kann, der Autorität und Freiheit verbindet.

Doch auch in Stahls Lehre über das Verhältnis von Kirche und Staat zeigen sich die Spannungen, die sich aus seinem Festhalten an einem autoritären Staats- und Kirchenbegriff ergeben. In dem Bemühen, den Staat auf die christliche Ethik zu gründen, verkannte Stahl die Gefahren, die aus der engen Verbindung des bestehenden autoritären Staates mit einer autoritär geleiteten Kirche für die Kirche selbst entstehen mußten. Zwar sah Stahl das Christentum nie als ein Mittel zu irgendeinem bedingten irdischen Zweck an; die Lauterkeit seines Glaubens ist unbestritten. Aber dadurch, daß er mit der christlichen Sittenlehre die bestehende politische Ordnung schützen wollte, konnte den Kritikern dieser Ordnung das Christentum als Mittel zu einem profanen Zweck erscheinen. Stahl hätte diesen Vorwurf mit seiner These vom »göttlichen Recht der Obrigkeit« zurückgewiesen. Aber diese These überzeugte schon zu seiner Zeit kaum noch. So trug Stahls Verbindung von »Thron und Altar« dazu bei, die Volksschichten, die sich gegen die bestehende politische Ordnung auflehnten, der Kirche zu entfremden.

[611] Stahl, Phil. d. Rechts, II, 1, S. 150.

4. Die Spannungen zwischen dem Begriff des sittlichen Reiches und der Staatslehre

Mit seiner auf den Gedanken des sittlichen Reiches gegründeten Staatslehre wollte Stahl ein Problem lösen, das ähnlich schon Rousseau gestellt hatte: wie ist eine Ordnung möglich, in der die Menschen frei bleiben, weil sie, wenn sie gehorchen, nur sich selbst gehorchen. Eine solche Ordnung bezeichnet Stahl als »tiefe, ewige Wahrheit«[612]; Rousseaus Versuch, sie durch seine Lehre von der volonté générale zu verwirklichen, verwarf er als »handgreifliche Torheit«[613]. Er meinte, Rousseaus allgemeiner Wille biete nicht die geringste Gewähr dafür, daß er vernünftig und sittlich sei, und könne zur Tyrannei der Mehrheit oder auch einer Minderheit mißbraucht werden[614]. Diese Kritik an Rousseau war sicher berechtigt. Doch es ergibt sich die Frage, ob Stahls eigene Theorie das leistet, woran Rousseau scheiterte: ob sie einen Weg zeigt, Freiheit und Ordnung zu versöhnen.

Im vollkommenen Zustande des sittlichen Reiches, in dem der Wille Gottes selbst das Gesetz ist und von den Menschen als eigener Wille empfunden wird, gibt es keine Spannungen zwischen Freiheit und Ordnung. Sie entstehen erst im unvollkommenen irdischen Zustande. Da nun weder die Herrschenden noch die Beherrschten stets in sittlicher Lauterkeit handeln, ist die Einheit von Herrscherwillen, Recht und wahrer Sittlichkeit des Volkes nicht gewährleistet. Ihre Einheit aber muß angestrebt werden, wenn der Staat seinem telos, der Verwirklichung des sittlichen Reiches, gerecht werden will.

Es ist bemerkenswert, daß Stahl die drei Elemente des sittlichen Reiches – Autorität, Recht, Freiheit – zunächst als selbständige Faktoren nebeneinanderstellt. Er leitet die Autorität der Staatsgewalt nicht aus dem Recht oder aus der Zustimmung des Volkes ab, sondern aus ihrem göttlichen Auftrag. So erscheint sie als eine reale Macht über den Menschen, frei zu selbständigem Handeln. Das Recht faßt Stahl einerseits als Voraussetzung der Staatsgewalt auf; denn sie ist durch Rechtssetzungen entstanden und an das Recht gebunden; andererseits aber ist ihm die Staatsgewalt wieder die Voraussetzung des Rechts, das nur mit ihrer Sanktion gilt. Zwischen Staatsgewalt und Recht besteht daher keine einseitige Über- oder Unterordnung, sondern eine Wechselbeziehung, wie sie nur zwischen selbständigen Elementen möglich ist. Selbständig sind schließlich auch die Beherrschten, da sie dem Gesetz nur unterworfen sein sollen, wenn es ihrer eigenen wahren Sittlichkeit entspricht. Um aus dieser Trias von selbständigen Elementen eine Einheit zu bilden, ist nur ein Weg denkbar: der Weg, der auf der Grundlage eines consensus in den wesentlichen Fragen der Ethik zur immer wieder neuen Herstellung einer als gerecht empfundenen Ordnung durch ein freies Spiel der politischen Kräfte führt. Diesen Weg geht Stahl jedoch nicht. Wohl hat er in der Christlichkeit seines Staates den unabdingbaren consensus in den ethischen Leitideen, wohl wünscht er die stete Erprobung der staatlichen Maßnahmen an der öffentlichen Meinung, am Urteil der Landesvertretung. Doch da er die Dynamik eines politischen Zustandes fürchtet, in dem die Ord-

[612] Stahl, Phil. d. Rechts, II, 1, S. 155.
[613] a. a. O., S. 156.
[614] Stahl, Phil. d. Rechts, I, S. 311.

nung durch den Ausgleich selbständiger Kräfte immer von neuem und in neuer Weise hergestellt werden muß, bemüht er sich, die Selbständigkeit der Gehorchenden, die er mit der einen Hand gewährt, mit der anderen Hand zu nehmen. Seine Staatslehre wird daher dem Gedanken des sittlichen Reiches nicht gerecht. Während Rousseau daran scheitert, daß er die Menschen mit übergroßem Optimismus betrachtet, auf Sicherungen des Gemeinwesens vor der Willkür des Volkssouveräns verzichtet und das Gemeinwesen einer im Namen des Volkes auftretenden Tyrannei ausliefert, beurteilt Stahl die sittlichen und rationalen Fähigkeiten des Volkes mit übergroßem Pessimismus, verzichtet auf ausreichende Sicherungen gegen den fürstlichen Souverän und bleibt einem einseitig autoritär ausgerichteten Staatsbegriff verhaftet.

Vor allem das dritte Element des sittlichen Reiches, die Forderung, daß das Gesetz Ausdruck der sittlichen Lebenswürdigung des Volkes sein soll, bleibt bei Stahl ein bloßes Postulat, dessen Erfüllung vom guten Willen des Souveräns abhängt. Für Savigny war Recht primär Gewohnheitsrecht; die Übereinstimmung der seit Generationen angewendeten Normen mit der sittlichen Lebenswürdigung des Volkes konnte ihm daher als selbstverständlich erscheinen. Stahl hingegen erkennt, daß der Gesetzgebung ein immer höherer Anteil an der Rechtsbildung zukommen muß. Die Forderung, daß das Gesetz der sittlichen Lebenswürdigung des Volkes entsprechen soll, richtet sich nun an den Gesetzgeber. Dieser aber ist nicht etwa das »Volk« oder seine Vertretung, sondern der Souverän, d. h. in der Monarchie der Fürst. Sofern eine Volksvertretung besteht, sollte sie nach Stahl lediglich den negativen Anteil an der Gesetzgebung, Beratung und Zustimmung, nicht aber Initiative und Formulierung haben. Da Stahl zudem den Bereich des freien Ermessens der Regierung möglichst ausdehnen und der gesetzlichen Regelung lediglich Grundsatzfragen vorbehalten will, ist der faktische Einfluß der Volksvertretung auf das Handeln der Regierung recht gering. Sie kann mit Sicherheit nur Rechtsneubildungen verhindern, die ihren Wünschen widersprechen; sie kann jedoch nicht eine Fortbildung des bestehenden Rechtszustandes in ihrem Sinne erzwingen.

Dazu kommt, daß Stahl kein Kriterium angibt, was nun eigentlich der Inhalt der sittlichen Lebenswürdigung des Volkes ist. Ohne Zweifel ist ihm zuzustimmen, wenn er sagt, daß dieser Inhalt nicht mit der Volksmeinung des Augenblicks oder mit den Wünschen der Interessenten identisch ist. Seine These, daß das wahre Gemeinwohl die Interessen des Volkes in seiner Einheit von vergangenen, gegenwärtigen und zukünftigen Generationen berücksichtigen müsse, ist seit Burke unbestritten. Wenn aber aus den konkreten Äußerungen des Volkes nur unsichere Schlüsse auf das Gemeinwohl gezogen werden können, wie Stahl behauptet, dann bieten sicherlich auch die Auffassungen der Herrschenden wenig Anhaltspunkte für eine am Gemeinwohl orientierte Politik. Stahl gibt das selber zu. Er bezeichnet den »wahren inneren Bildungstrieb des öffentlichen Zustandes« als ein »Höheres über der Autorität und über der öffentlichen Meinung« und sagt, dieser »wahre öffentliche Bildungstrieb« habe zwei Organe: den Willen der Obrigkeit und die öffentliche Meinung. Daher dürfe keines der beiden Organe das andere unterdrücken, sondern jedes müsse seinen Platz behaupten, und beide sollten sich gegenseitig berichtigen[615]. Stahl

[615] Stahl, Phil. d. Rechts, II, 2, S. 489.

scheint demnach wirklich die auf das wohlverstandene Gemeinwohl zielende Politik durch einen Ausgleich selbständiger politischer Kräfte bestimmen zu wollen. Doch er gewährt der öffentlichen Meinung keine Gleichberechtigung gegenüber der Staatsgewalt. Pressefreiheit will er nur billigen, sofern die bestehende monarchische Ordnung nicht angetastet wird[616], und die Landesvertretung, die er als das »bedeutendste und berufenste Organ der öffentlichen Meinung« bezeichnet[617], will er so zusammensetzen, daß der beherrschende Einfluß konservativer Kräfte gesichert ist. Stahl selbst erklärt, es sei seine Absicht, die Landesvertretung »aus einer Macht der Zersetzung in eine Macht der Erhaltung, aus einer Anstalt der Auflehnung gegen das königliche Ansehen zu einer Anstalt der Befestigung des königlichen Ansehens zu machen«; sie solle nicht den revolutionären Fortschritt, sondern geschichtliche Stetigkeit vertreten[618]. Wo Liberalismus und Rationalismus im Volke herrschten, sei keine andere Verfassung möglich als der Absolutismus[619].

Für Stahl ist demnach der wahre Volkswille, die wahre öffentliche Meinung immer konservativ. Seine Theorie der Repräsentation ist so entworfen, daß vor allem die konservativen Kräfte im Lande ein Mitspracherecht erhalten. Selbst dieses Mitspracherecht der konservativen Kräfte bleibt begrenzt, das Schwergewicht der politischen Willensbildung liegt bei der »Obrigkeit«. Ein »sittliches Reich« kann Stahls autoritärer Staat höchstens in einer Zeit statischer Gesellschaftsordnung und allgemein anerkannter Herrschaftshierarchien werden; in einer Zeit sozialer Dynamik hingegen bietet er keine Gewähr, daß die Gesetze vom Volke aus Ausdruck seiner eigenen Sittlichkeit empfunden werden, weil er einem großen Teil des Volkes politische Mitbestimmung verweigert.

[616] a. a. O., S. 513.
[617] a. a. O., S. 493.
[618] a. a. O., S. 452.
[619] a. a. O., S. 453.

V. DER VERGLEICH DER STAATSFORMEN UND DAS MONARCHISCHE PRINZIP

Es bleibt nun noch die Frage zu untersuchen, ob Stahl lediglich das monarchische Prinzip für vereinbar mit dem Begriff des sittlichen Reiches hält, oder ob er gegenüber allen in der Geschichte bewährten Staatsformen so objektiv bleibt, wie es von ihm als einem Schüler Savignys erwartet werden müßte.

Beim Vergleich der Staatsformen benutzt Stahl das klassische Schema Monarchie – Aristokratie – Demokratie nur beiläufig; er hat erkannt, daß mit ihm die politische Wirklichkeit seiner Zeit nur unzureichend erfaßt werden kann. Umso mehr Aufmerksamkeit widmet er dem Unterschied zwischen Monarchie und Republik und zwischen der parlamentarischen Monarchie englischen Typus und der konstitutionellen Monarchie unter dem monarchischen Prinzip.

1. Der Vergleich von Monarchie und Republik

a) Die Monarchie

Der Begriff des sittlichen Reiches verlangt eine »erhabene Autorität« von persönlichem Charakter. Stahl ist der Ansicht, daß die Erbmonarchie dieser Forderung in besonderem Maße entspricht. Im erblichen Königtum sieht er eine persönliche, in sich einige, ursprüngliche und erhabene Herrschaft, die nicht von den Beherrschten selbst errichtet und daher von ihren Sonderinteressen unabhängig ist. Die natürliche Person des Monarchen erscheint Stahl zudem als Symbol für die Persönlichkeit aller Herrschaft. »Die Herrschaft des Staates, sohin der Staat selbst, wird persönlich im König« [620].

Nun bedeutet Personalität der Herrschaft für Stahl nicht unbedingt, daß eine natürliche Person herrsche. Wie bereits ausgeführt (vergl. oben S. 79), versteht Stahl darunter lediglich, daß die Herrschaft Ausdruck eines einheitlichen Willens ist, der aus einer bestimmten Gesinnung hervorgeht. In diesem Sinne hat auch, wie Stahl selbst betont, die Herrschaft der Volksversammlung in der demokratischen Republik persönlichen Charakter [621]. Dieser allgemeine Begriff der Personalität der Herrschaft kann ihm nicht bestritten werden; denn auch in der Republik muß es die Aufgabe der politischen Willensbildung sein, einen allgemeinverbindlichen, einheitlichen Staatswillen, der an die verfassungsmäßige Ordnung gebunden ist, herzustellen.

[620] Stahl, Phil. d. Rechts, II, 2, S. 236.
[621] Vgl. Stahl, a. a. O., S. 188, S. 237.

Für Stahl mußte es aber naheliegen, in der Volksvertretung der Republik eine »künstliche Persönlichkeit«, in der Person des Monarchen hingegen eine »natürliche Persönlichkeit« zu sehen und daher die Monarchie als die normale, natürliche Staatsform zu bezeichnen[622]. Die Verhältnisse seiner Zeit, in der in Europa die Monarchien überwogen, und Stahls persönliche Neigungen lassen diesen Schluß verständlich erscheinen; logisch zwingend ist er hingegen nicht. Denn auch das Handeln einer »natürlichen« Person beruht nicht unbedingt auf der Verbindung eines einheitlichen Willens mit einer bestimmten dauerhaften Gesinnung; die Gesinnung auch des Einzelnen kann sich ändern, sodaß zwar der einzelne Willensakt als Einheit erscheint, die Kontinuität und Korrelation der Willensakte jedoch nicht von vornherein gesichert ist. Stahl unterstellt hier, daß jedes Handeln einer Person immer den Charakter einer persönlichen Entscheidung trüge, und mengt zwei verschiedene Begriffe durcheinander.

Einen noch bedeutenderen Vorzug der Monarchie sieht Stahl in der »Ursprünglichkeit und Erhabenheit« der Herrschaft[623]. Der Erbmonarch, dessen Herrscherrecht von der Zustimmung der Beherrschten unabhängig ist, der »in keiner Hinsicht Untertan« ist[624], gilt Stahl als vollkommene Verwirklichung der Forderung, daß eine über die Untertanen erhabene Autorität bestehen soll. Sein Legitimitätsbegriff erlaubt ihm, im langen Bestehen einer Dynastie einen Ausdruck göttlicher Sanktion zu sehen, sodaß über die durch Röm. 13 begründete Autorität jeder rechtmäßigen Staatsgewalt hinaus eine besondere Erhöhung der Würde des Monarchen eintritt. Daß eine solche Erhabenheit des Herrschers seine Beeinflussung durch Sonderinteressen nicht ausschließt, und daß diese Beeinflussung in der Monarchie Stahlscher Prägung besonders gefährlich ist, weil hier die Ausübung der Herrschaft nicht durch eine übergeordnete oder wenigstens gleichberechtigte Instanz kontrolliert werden kann, scheint Stahl zu übersehen.

Zwar kann Stahl nicht, wie Benjamin Constant, den König als »pouvoir neutre«, als höchste unparteiliche Schiedsgewalt über allen anderen politischen Gewalten bezeichnen; denn Stahls König ist nicht neutral, sondern selbst die stärkste politische Gewalt, die nicht über dem politischen Streit steht, sondern selbst die Richtlinien der Politik bestimmt. Wohl aber will Stahl das Interesse des Königs über alle Sonderinteressen hinausheben und mit dem »wahren« Interesse des Landes verbinden, indem er ihn so hoch stellt, daß er von den Untertanen nichts bedarf, nie der Nehmende, sondern immer der Gewährende ist[625]. Daher soll die Dynastie zu den alten Geschlechtern hervorragender Grundbesitzer gehören. Stahl verwirft das englische System, dem König durch das Parlament ein bestimmtes Einkommen bewilligen zu lassen, und spricht sich für die Regelung in den deutschen Konstitutionen nach 1815 aus, nach der der König Eigentümer der Domänen bleibt, den Ertrag der Domänen jedoch der Staatskasse überweist und dafür durch regelmäßige Zuwendungen entschädigt wird, mit dem Recht, auf den Ertrag der Domänen zurückzugreifen, falls

[622] Vgl. die oben S. 54 zitierte Definition des sittlichen Reiches, Phil. d. Rechts, II, 2, S. 2.
[623] Phil. d. Rechts, II, 2, S. 236.
[624] ibidem.
[625] a. a. O., II, 2, S. 260.

ihm der Landtag die Zivilliste kürzt[626]. So erscheint der Fürst immer als der dem Staat Gebende, nie als der vom Staate Empfangende.

Nachwirkungen romantischer Königsverherrlichung zeigen sich bei Stahl, wenn er dem liberalen Konstitutionalismus vorwirft, er kenne keinen König, sondern lediglich einen erblichen höchsten Staatsbeamten[627]. Stahls König ist nicht bloßer Funktionär, dessen Existenz rational begründet werden kann. Seine Majestät ist ein Wert an sich, weil sie als Abglanz göttlicher Herrlichkeit Ehrfurcht gebietet. »Ein gottesfürchtiger und von Gott erleuchteter König ist das Herrlichste, was es auf Erden geben kann[628].

Nun leugnet auch Stahl nicht, daß es unfähige und ungerechte Monarchen gibt, und er gesteht zu, daß in der Monarchie das Wohl der Menschen zum großen Teil von dem Charakter des Monarchen abhängt. Darin sieht er jedoch keinen besonderen Nachteil des Königtums, sondern ein allgemeines Kennzeichen der irdischen Verhältnisse, in denen Menschen über Menschen herrschen und es ein Glück bleibt, wenn die Herrschenden fähig und weise sind. Zudem ist er der Meinung, die Sünden der Fürsten seien in der Regel menschlicher, die der herrschenden Volksmasse dagegen meist teuflischer Art[629]. Obwohl Stahl zugestanden werden muß, daß keine Methode der Führungsbestellung stets befriedigende Ergebnisse liefert, bleibt es doch bemerkenswert, daß Stahl über Möglichkeiten einer solchen Auswahl überhaupt nicht nachdenkt. Offenbar erscheint ihm jede von Menschen abhängige Bestellung des Herrscheramtes unvollkommen und daher keiner Beachtung wert im Verhältnis zur Bestimmung des Herrschenden durch die als göttliche Fügung aufgefaßte Geburt.

Als Souverän und Personifikation des Staates steht der König in der Sicht Stahls nicht über dem Staate, sondern er identifiziert sich mit dem Staate. Er ist der Staat – nicht in der einseitigen Auslegung Ludwigs XIV., nach der der Staat in der Person des Königs aufgeht, sondern zugleich in dem Sinne, daß der König in der Anstalt des Staates aufgeht[630]. Der König ist Souverän nicht als private Person, sondern als Staatsoberhaupt. Der Staat ist nicht sein Eigentum, sondern der König ist der Mittelpunkt der öffentlichen Ordnung des Staates. Daher kann Stahl ihn im Gegensatz zum privatrechtlichen Königsbegriff der Hallerianer und zum »Bürgerkönig« des liberalen Konstitutionalismus den »Staatskönig« nennen[631].

Als Souverän ist der König Träger der obersten Gewalt. Daher kann er zu nichts gezwungen werden, und es ist kein Gericht über ihn möglich. Stahl spricht ihm außerdem das absolute Vetorecht zu. Als erhabene und selbständige Macht über der Nation muß er die Möglichkeit haben, alle Maßnahmen zu verhindern, die seinen Überzeugungen widersprechen. Wohl aber kann nach Stahl die Macht des Königs beschränkt werden. Wie alle Staatsgewalt ist er an das Gesetz gebunden, und er kann durch das Gesetz seinem eigenen Tätigkeitsbereich Schranken setzen, indem er Funktionen der Staatsgewalt an andere Organe delegiert. Innerhalb dieser Schran-

[626] Stahl, a. a. O., II, 2, S. 271.
[627] Phil. d. Rechts, II, 2, S. 260.
[628] ibidem.
[629] Stahl, Die gegenw. Parteien . . ., S. 332.
[630] Stahl, Phil. d. Rechts, II, 2, S. 240.
[631] Phil. d. Rechts, II, 2, S. 265.

ken darf er aber nicht lediglich darauf beschränkt sein, das zu sanktionieren, was andere beschlossen haben, sondern muß ein bestimmtes Feld freier, den politischen Zustand gestaltender Herrschaftsausübung besitzen[632].

Obwohl Stahl den öffentlich-rechtlichen Charakter der Staatsgewalt und daher auch des Königtums betont und der pariarchalischen oder patrimonialen älteren Staatsauffassung als Fortschritt gegenüberstellt, behält er wesentliche Züge dieser patriarchalischen Auffassung bei. Er zitiert Bossuet: Die Autorität des Königs ist väterlich, und ihr eigentlicher Charakter ist die Güte. Nach Stahl ist der König zur Liebe und Teilnahme für sein Volk, die Untertanen sind nicht nur zum Gehorsam, sondern auch zu persönlicher Treue und Hingabe gegenüber der Dynastie verpflichtet[633]. Hier wird deutlich, daß Stahl die lutherische Vorstellung des Landesvaters noch teilt und daß er schon deshalb die dämonischen Möglichkeiten politischer Macht nur unzureichend erkennen kann.

Die absolute Monarchie ist nach Stahl dadurch gekennzeichnet, daß der Fürst allein die öffentliche Ordnung bestimmt, keine Landesvertretung besteht, jedoch Gesetzmäßigkeit der Verwaltung, Unabhängigkeit der Gerichte und persönliche Rechte der Untertanen gewährleistet sind[634]. Auch in der absoluten Monarchie erkennt Stahl also eine gewisse Selbstbeschränkung des Herrschers. Hierdurch unterscheidet er sie von der Despotie, in der der Fürst auch die richterliche Gewalt unumschränkt ausübt. Die Despotie sei auf eine niedrige Kulturstufe beschränkt, sie ruhe auf dem knechtischen Geist der Unterwerfung, wie er den vorchristlichen Religionen entspreche. Die absolute Monarchie hingegen bezeichnet Stahl als eine befriedigende und naturgemäße Verfassung auch für kulturell hochstehende Völker[635]. Ihre weltgeschichtliche Bedeutung liege in der Überwindung der patriomonialen und feudalen Verhältnisse des Mittelalters durch eine einheitliche zentralisierte Herrschaft[636]. Sie gewähre zwar einen geringeren Grad politischer Freiheit als die Monarchie mit Landesvertretung, habe dafür aber den Vorzug der stärkeren Regierung. In Staaten, die aus verschiedenen Nationalitäten von unterschiedlicher kultureller Entwicklung zusammengestellt sind, wie Österreich, sei die absolute Monarchie notwendig, weil das gemeinsame Volksbewußtsein fehle, auf das sich eine einheitliche Landesvertretung stützen müsse[637]. Auch in Preußen sprächen gewichtige Gründe für die absolute Monarchie. Preußen sei kein Nationalstaat, sondern seine Einheit sei durch die Krone gebildet worden; Preußens ruhmreiche Tradition sei unter der absoluten Monarchie entstanden, Preußens internationale Stellung sei schwierig und erforderte eine starke Regierung. Die preußische Bevölkerung habe jedoch einen so hohen Grad von Bildung und »geistiger Erregung« erreicht, daß ihr politische Rechte gewährt werden sollten. Stahl spricht sich daher gegen die Abschaffung der preußischen Landesvertretung aus, die von dem reaktionären Flügel der Konservativen gewünscht wurde.

[632] a. a. O., II, 2, S. 242, 243.
[633] a. a. O., II, 2, S. 241.
[634] Phil. d. Rechts, II, 2, S. 454.
[635] a. a. O., II, 2, S. 460.
[636] a. a. O., II, 2, S. 455.
[637] a. a. O., II, 2, S. 466.

Von der »absoluten Monarchie auf Grund der Legitimität«, wie sie sich in der Zeit nach der Reformation bis zum Westfälischen Frieden herausbildete, unterscheidet Stahl die »absolute Monarchie auf Grund der Revolution«, den »Imperialismus«, wie er ihn in der Herrschaft Napoleons vor Augen hat[638]. Während in der legitimen absoluten Monarchie die oberste Autorität auf Recht, Sittlichkeit und göttliche Sanktion gegründet sei, stütze sie sich in der aus der Revolution entstandenen absoluten Monarchie angeblich auf den Volkswillen, in Wirklichkeit auf Gewalt und auf die Passivität des Volkes, das sich in das Unvermeidliche füge. Unter dem »Imperialismus« stehe das Interesse der Staatsgewalt über allem Recht, die Kirche werde zum Mittel eines politischen Zweckes, das Beamtentum sei nicht mehr eine Schranke gegen die Willkür des Herrschers, sondern ein bloßes Werkzeug des Absolutismus[639]. Der »Imperalismus« ist in Stahls Sicht notwendig, um die Gesellschaft aus der Anarchie des revolutionär-demokratischen Fanatismus zu retten; er schütze wenigstens Leben, Eigentum und Familie. Da ihm jedoch die sittlichen Züge der legitimen Monarchie, der Gehorsam gegenüber einer von Gott sanktionierten Autorität, die Pietät und Hingebung gegenüber der Dynastie fehlten und er nur auf »Not, Nutzen und Ehrgeiz« ruhe, könne er nicht von Dauer sein. Er müsse an dem ihm immanenten Widerspruch zerbrechen: der Verkündigung der Volkssouveränität zugleich mit der absoluten Herrschaft des Fürsten[640].

Die konstitutionellen Monarchie, wie sie der liberale Konstitutionalismus seit Locke und Montesquieu fordert, lehnt Stahl ab. Da sie den König von der Gesetzgebung ausschließt und auf die Leitung der Exekutive, d. h. auf die Ausführung der von der Volksvertretung beschlossenen Gesetze, beschränkt, ist sie für Stahl mit echter Monarchie unvereinbar. »Wenn das Wesen des Königs nichts anderes ist als exekutive Gewalt, so hat das Königtum aufgehört«[641]. Dem liberalen Konstitutionalismus will Stahl sein eigenes Verständnis des wahren Konstitutionalismus entgegensetzen: »Nicht das ist konstitutionell, daß das Volk über dem König sei, sondern das ist konstitutionell, daß der Staat über König und Volk sei als eine höhere Ordnung und Notwendigkeit, an die sie gebunden sind«[642]. Die Theorie dieses »wahren« Konstitutionalismus gibt Stahl in seiner Lehre vom monarchischen Prinzip, der eine gesonderte Betrachtung gewidmet werden muß. Zuvor ist seine Auffassung der Republik zu untersuchen.

b) Die Republik

Die Republik definiert Stahl als die Staatsform, in der die Souveränität der Gesamtheit zukommt, in der Aristokratie der Gesamtheit einer Klasse, in der Demokratie der Gesamtheit des ganzen Volkes[643]. Es wurde bereits bei der Behandlung

[638] Stahl, Phil. d. Rechts, II, 2, S. 454.
[639] a. a. O., II, 2, S. 456.
[640] a. a. O., II, 2, S. 459.
[641] Stahl, Die gegenw. Parteien . . ., S. 117.
[642] Stahl, Rede über das Steuerverweigerungsrecht in der 1. Kammer am 16. Oktober 1849, Beilage zur Phil. d. Rechts, II, 2, S. 717.
[643] Stahl, Phil. d. Rechts, II, 2, S. 474.

des Stahlschen Souveränitätsbegriffs erwähnt, daß er auch die Demokratie nicht auf Volkssouveränität gründen will, sondern zwischen der Gesamtheit als »Masse der Einzelnen« und der Gesamtheit in ihrer »anstaltlichen Ordnung« unterscheidet und die Souveränität nur dem Volke in seiner »anstaltlichen Ordnung« zuschreibt (vergl. oben S. 79 f.). Unter der Voraussetzung, daß es eine Autorität über der »Masse der Einzelnen« gibt, wie sie in der verfassungsmäßig geordneten aristokratischen oder demokratischen Versammlung oder Vertretung besteht, daß »der Staat über dem Volke, nicht das Volk über dem Staat« ist, erkennt Stahl die Republik als mögliche Form des christlichen Staates an. Er betont, es sei »nicht göttlich geboten, wer Obrigkeit sein solle, daß ein Fürst und nicht ein Senat oder Komitien, daß der Fürst allein und nicht in Ergänzung durch ein mitwirkendes zustimmendes Parlament. So gut also die Republik eine religiös-zulässige Staatsform ist, ebenso gut auch die eingeschränkte Monarchie«[644].

Stahl sieht in der Republik die naturgemäße Verfassung für souveräne Gemeinden[645]. Die Aufgaben der Gemeinde seien eher gesellschaftlicher als staatlicher Natur; sie dienten weniger der Aufrechterhaltung einer höheren Ordnung als der Befriedigung der Bedürfnisse der Einwohner. Daher sei eine Mitwirkung der Bürger an den öffentlichen Angelegenheiten zweckmäßig[646]. Wenn nun eine Gemeinde souverän werde, so könne aus den republikanischen Institutionen der Stadt auf natürliche Weise die republikanische Staatsverfassung entstehen[647]. Stahl erkennt nicht den Widerspruch in dieser Theorie: er behauptet, die republikanische Verfassung sei für die Gemeinde deshalb geeignet, weil die Gemeinde keine »höhere Ordnung« zu wahren habe, erklärt aber dann, daß die Republik die naturgemäße Verfassung für souveräne Gemeinden sei, also für Stadtstaaten, deren primäre Aufgabe nach seiner Theorie wiederum die Wahrung einer »höheren Ordnung« ist. Seine These, daß »Örtlichkeit und Gemeinde« republikanische Institutionen, »Land und Staat« dagegen monarchische Institutionen fordern[648], wirkt daher wenig überzeugend.

Dieser Auffassung gemäß sieht Stahl in der Republik den »individuellen Beruf bestimmter Staaten«, in der Monarchie dagegen zwar nicht in jedem Falle die höhere und bessere, wohl aber die normale, in der Regel angemessene Staatsform[649]. Eine Republik Frankreich sei so unnatürlich wie ein Königreich Nürnberg[650]. Eine Republik, die ein ganzes Land umfaßt, hält Stahl nur dann für natürlich, wenn sie aus einem Zusammenschluß von Gemeinden entstanden ist, wie die Vereinigten Staaten von Nordamerika. Aus diesem Ursprung ergebe sich die föderative Struktur republikanischer Staaten, wie sie Stahl in den antiken Republiken, in den USA, der Schweiz und den Niederlanden beobachtet[651]. Ein zweites historisches Gesetz glaubt Stahl angesichts der amerikanischen Entwicklung erkennen zu können: die große

[644] a. a. O., II, 2, S. 463.
[645] a. a. O., II, 2, S. 475.
[646] Vgl. a. a. O., II, 2, S. 25.
[647] Phil. d. Rechts, II, 2, S. 475/476.
[648] a. a. O., II, 2, S. 475.
[649] a. a. O., II, 2, S. 415.
[650] a. a. O., II, 2, S. 476.
[651] ibidem.

Wanderung der Völker in Europa habe Monarchien, die Kolonisation durch Handelsgesellschaften und religiöse Flüchtlinge Demokratien ergeben[652]. Daher gilt ihm die Monarchie mit Landesvertretung als die »natürliche Reife der Verfassung germanischer Staaten«[653], während er für Nordamerika die Demokratie anerkennt.

Die weltgeschichtliche Leistung der Republik ist es nach Stahl gewesen, daß sie den anstaltlich – öffentlichen Charakter des Staates nachgewiesen hat. Die Republik lehrte, daß der Staat als Gemeinwesen über den Interessen der Herrschenden steht, daß er eine Institution mit eigenen objektiven Bedingungen und Gesetzmäßigkeiten ist. Dieser anstaltliche Charakter des Staates kann aber nach Stahl auch in der Monarchie erhalten bleiben; er sei in den europäischen Monarchien verwirklicht. Das »Beste und Wahrste« in der Republik sei nun in die Monarchie aufgenommen[654].

Besondere Vorzüge der Republik sieht Stahl in der »entwickelten gesetzlichen Ordnung«, ohne die sie nicht bestehen könnte; in der Steigerung des Selbstgefühls und der Selbsttätigkeit der Bürger und in der Weckung des Gemeinsinns und der Aufopferungsfähigkeit[655]. Nachteile der Republik glaubt er in einem »Mangel an einheitlicher fester Autorität und Gewalt«, in der damit im allgemeinen verbundenen geringen außenpolitischen Stärke und innenpolitischen Schwäche gegenüber Parteien und Ständen zu erkennen[656].

Die Aristokratie beurteilt er positiver als die Demokratie. Sie gewähre den Staaten Ordnung, Erhaltung und Würde und damit die Voraussetzungen für eine lange Blütezeit. Bedenklich erscheint ihm die Abschließung der aristokratischen Führungsschicht von den übrigen Volksschichten und der häufige Mißbrauch politischer Macht zu materiellen Vorteilen. Dadurch werde meist der Sturz der Führungsschicht und die Umwandlung der Aristokratie in eine Demokratie herbeigeführt[657].

Die Demokratie bezeichnet Stahl als die »schwächste, bürgschaftslose unter allen Verfassungen«[658]. Sie sei unbeholfen und schwerfällig im Handeln und entfessele die Leidenschaften der Masse. Nordamerika ist ihm das einzige Beispiel einer funktionierenden Demokratie in einem modernen Großstaate[659]. Die Bewährung der nordamerikanischen Demokratie begründet Stahl durch den Hinweis auf außergewöhnliche Verhältnisse: Durch die besonderen Bedingungen der Kolonisierung seien dort »Gleichheit und Demokratie das von selbst vorhandene in den Zuständen« gewesen[660]. Der Staat sei wirklich, wie von der Vertragstheorie angenommen, durch Zusammenschluß von Individuen in Gemeinden, später dann durch Zusammenschluß von Gemeinden zu einer Föderation entstanden[661]. Die Gemeinde sei immer noch der primäre politische Verband. Zudem hätten die Amerikaner »traditionellen Rechtssinn« und »christliche Gottesfurcht« bewahrt; hierin und in der Übernahme

[652] Stahl, Die gegenw. Parteien ..., S. 200.
[653] Stahl, Phil. d. Rechts, II, 2, S. 453.
[654] Phil. d. Rechts, II, 2, S. 480.
[655] a. a. O., II, 2, S. 477.
[656] ibidem.
[657] a. a. O., II, 2, S. 483.
[658] a. a. O., II, 2, S. 484.
[659] a. a. O., II, 2, S. 485.
[660] Stahl, Die gegenw. Parteien ..., S. 199.
[661] a. a. O., S. 203.

der englischen Rechtsformen bestünden Zügel für den Volkswillen. Die Radikalisierung werde ferner durch den Überfluß an Land gehemmt, der kein Proletariat entstehen lasse[662].

Infolge dieser günstigen Umstände sei die amerikanische Demokratie frei von den schweren Mängeln der europäischen, aus der französischen Revolution entstandenen Demokratie; sie kenne nicht der »Vergötterung des Volkes«, den »Fanatismus der Brüderlichkeit«, die »pantheistische Vernichtung des Individuums und seines Rechts gegenüber dem allgemeinen Willen«, die »Emanzipation von göttlicher und menschlicher Ordnung«, den »Haß gegen den Offenbarungsglauben«, die »maßlose Volksgewalt«[663]. Sie sei dennoch eine »niedrigere Stufe der Staatsform« als die entwickelte Monarchie[664]. Stahl kritisiert die amerikanische Demokratie vor allem mit romantisch-ästhetisierenden Argumenten. Er meint, sie enthalte »einfache, monotone, isolierte Formen«[665]. Der angeblichen »Dürftigkeit« des amerikanischen öffentlichen Lebens stellt er »die Majestät des Königtums und den Glanz seiner Umgebung«, das »stolze Bollwerk der Aristokratie«, die Nationalkirche, das »Ansehen der wissenschaftlichen Korporationen« und die »Erhaltung der großen Geschichte der Nation« im monarchischen England gegenüber[666]. Zudem vermißt er in Amerika »Wissenschaft, Kunst, Schönheit der Lebenssitte«[667]. Während Stahl Mängel in den Monarchien nie der Staatsform, sondern entweder der allgemeinen Unvollkommenheit des irdischen Zustandes oder besonders ungünstigen Verhältnissen zuschreibt, hält er hier Folgen des Pionierlebens für Schwächen der demokratischen Verfassung und sucht sich aus Tocquevilles »Über die Demokratie in Amerika« vorwiegend die kritischen Äußerungen heraus, ohne aus Tocquevilles Objektivität und Weitsicht zu lernen.

2. Das monarchische Prinzip

a) Der Ursprung des monarchischen Prinzips

Die Anerkennung der Demokratie, die Stahl angesichts der Verhältnisse in den USA nicht verweigern kann, dehnt er jedoch nicht auf Deutschland aus. Für die deutschen Verhältnisse gilt ihm das von ihm selbst endgültig formulierte »monarchische Prinzip« als das »Fundament deutschen Staatsrechts und deutscher Staatsweisheit«[668].

In politisch wirksamer Form tritt der Gedanke des monarchischen Prinzips zuerst in der Charte constitutionelle Ludwigs XVIII. vom 4. 6. 1814 auf. In der Einleitung der Charte wird ausgeführt, daß der König dem Volke aus freier Macht-

[662] a. a. O., S. 204.
[663] a. a. O., S. 203.
[664] a. a. O., S. 198.
[665] a. a. O., S. 198, S. 204.
[666] a. a. O., S. 205.
[667] a. a. O., S. 204.
[668] Stahl, Phil. d. Rechts, II, 2, S. 413.

vollkommenheit eine Verfassung verleihe, die die alte Stellung des Königtums wahre und die ganze öffentliche Gewalt in der Person des Königs vereinige, an der Ausübung der öffentlichen Gewalt jedoch das Volk beteilige[669]. Diese »Programmrede des monarchischen Prinzips«[670] wirkte auf die süddeutschen Verfassungen. Die Formel der bayrischen Verfassung vom 26. Mai 1818, »Der König ist Oberhaupt des Staates, vereinigt in sich alle Rechte der Staatsgewalt und übt sie unter den von ihm gegebenen und in der gegenwärtigen Verfassungsurkunde festgesetzten Bedingungen aus« findet sich fast unverändert auch in der badischen Verfassung vom 22. August 1818, in der württembergischen Verfassung vom 25. September 1819 und in der hessischen Verfassung vom 17. Dezember 1820[671]. Diese Verfassungen konnten sich auf der Art. 13 der Bundesakte vom 8. Juni 1815 berufen, der »landständische Verfassungen« für alle Bundesstaaten vorsah.

Während der Karlsbader Konferenzen im August 1819 legte Friedrich von Gentz eine Denkschrift »Über den Unterschied zwischen landständischen und Repräsentativverfassungen« vor, in der er behauptete, nur die altständische Verfassung, die gesonderte Interessenvertretungen einzelner Stände vorsah, sei mit der Souveränität des Monarchen vereinbar. Die Repräsentativverfassungen dagegen, unter denen nach Gentz »die zur unmittelbaren Teilnahme an der Gesetzgebung bestimmten Personen nicht das Interesse einzelner Stände, sondern der Gesamtmasse des Volkes vorzustellen berufen sind«, bezeichnete er als Ausdruck der Volkssouveränität[672]. Der Artikel 13 der Bundesakte wurde in den Karlsbader Konferenzen so ausgelegt, als sei der Terminus »landständisch« im Sinne von »altständisch« benutzt worden, während in Wirklichkeit bei den Beratungen des Wiener Kongresses »landständisch« als Synonym für »repräsentativ« angewendet worden war[673]. Da inzwischen in Bayern und Baden Verfassungen mit repräsentativem Charakter bestanden, waren die Vertreter dieser Staaten auf den Karlsbader Konferenzen gezwungen, sich gegen den Vorwurf zu wehren, ihre Verfassungen tendierten zur Volkssouveränität. Unter

[669] »Nous avons considéré que, bien que l'autorité tout entière résidât en France dans la personne du Roi, nos prédécesseurs n'avaient point hésité à en modifier l'exercise, suivant la différence des temps ... nous avons reconnu que le voeu de nos sujets pour une charte constitutionelle était l'expression d'un besoin réel ... nous avons dû nous souvenir aussi que notre premier devoir envers nos peuples était de conserver, pour leur propre intérêt, les droits et les prérogatives de notre couronne ... nous avons volontairement, et par libre exercise de notre autorité royale, accordé et accordons, fait concession et octroi à nos sujets, tant pour nous que pour nos successeurs, et à toujours, de la Charte constitutionelle.« Jellinek, Allg. Staatslehre, S. 470, nach Duguit et Monnier, Les constitutions et les principales lois publiques de la France depuis 1789, 2. èdit. 1908 S. 183 f. Auf die Charte verweist auch Stahl, Phil. d. Rechts, II, 2, S. 373. Er wußte offenbar nicht, daß schon 1777 J. St. Pütter in den »Beyträgen zum teutschen Staats- und Fürstenrechte, S. 60, logischer als die Charte den konstitutionell beschränkten König weiterhin als Inhaber der höchsten Staatsgewalt, aber nicht der gesamten Staatsgewalt bezeichnet hatte, vgl. Jellinek, a. a. O., S. 471.

[670] Meisner, Die Lehre vom monarchischen Prinzip ..., S. 46.

[671] Vgl. Jellinek, a. a. O., S. 470.

[672] Vgl. Meisner, a. a. O., S. 190.

[673] Meisner, a. a. O., S. 172, S. 182.

Hinweis auf die in beiden Verfassungen vertretene monarchische Souveränität benutzten sie dabei das Schlagwort vom »monarchischen Prinzip«[674].

Der Artikel 57 der Wiener Schlußakte vom 15. Mai 1820 erhob schließlich den Vorrang des Monarchen zum Bestandteil des Grundgesetzes des Deutschen Bundes: »Da der deutsche Bund, mit Ausnahme der freien Städte, aus souveränen Fürsten besteht, so muß dem hierdurch gegebenen Grundbegriffe zufolge die gesamte Staatsgewalt in dem Oberhaupt des Staates vereinigt bleiben, und der Souverän kann durch eine landständische Verfassung nur in der Ausübung bestimmter Rechte an die Mitwirkung der Stände gebunden werden«.

Die Streitfrage, was als »landständische Verfassung« zu gelten habe, blieb dabei offen. Erst Stahl unternahm es, die falsche Alternative, die Gentz aufgestellt hatte, zu beseitigen. Als Vertreter der Universität Erlangen im bayrischen Landtag hatte Stahl seine ersten parlamentarischen Erfahrungen sammeln können. Für ihn war es selbstverständlich, daß monarchische Souveränität und Repräsentativverfassung vereinbar waren, sofern der entscheidende Einfluß auf die Regierung beim Monarchen blieb. In der 1. Auflage seiner Philosophie des Rechts ging er im Kapitel über die »Schranken des Königs« (VI. Buch 1837, S. 88 ff.) ganz von den bayrischen Verhältnissen aus. Seine Lehre vom monarchischen Prinzip ist demgemäß in der 1. Auflage im Keim bereits vorhanden, es fehlt lediglich die Auseinandersetzung mit der entgegenstehenden, der Gentzschen Denkschrift entsprechenden Ansicht. Als Stahl in Berlin wirkte und mit seiner Auffassung der konstitutionellen Monarchie den Widerstand der Hallerianer herausforderte, sah er sich genötigt, das »Monarchische Prinzip« schärfer zu formulieren.

b) Stahls Gegenüberstellung des parlamentarischen und des monarchischen Prinzips

Stahl stellt dem monarchischen Prinzip nicht die Repräsentativverfassung, sondern das parlamentarische Prinzip gegenüber. Das in England herausgebildete parlamentarische Prinzip kennzeichnet Stahl dadurch, daß der König zwar dem Rechte nach der Souverän ist, der politischen Wirklichkeit nach jedoch das Parlament die entscheidende und gestaltende Gewalt für die gesamte Staatslenkung darstellt[675]. Die Übermacht des Parlaments beruht nach Stahl teils auf traditioneller Ansicht und Übung, vor allem aber auf bestimmten gesetzlich festgestellten Rechten, die unausbleiblich den König vom Parlament abhängig werden lassen.

Zu diesen Rechten gehören nach Stahl die Gesetzesinitiative, das Recht der unbedingten Steuerverweigerung, die jährliche Bewilligung des Militärgesetzes, die unbegrenzte Verantwortlichkeit der Minister gegenüber dem Parlament.

Da das Parlament die Gesetzesinitiative besitzt und der König die ihm vom Parlament vorgelegten ausgearbeiteten Gesetzesentwürfe nur annehmen oder ablehnen kann, wird das Parlament zum eigentlichen Gesetzgeber, zur gestaltenden Macht für den Rechtszustand. Das rechtlich bestehende absolute Vetorecht des Königs ist in

[674] Meisner, a. a. O., S. 199.
[675] Stahl, Phil. d. Rechts, II, 2, S. 382.

der Verfassungswirklichkeit stark geschwächt. Während eine bloße Petition leicht abgelehnt werden kann, ist es für die Krone schwierig, einen Gesetzentwurf zurückzuweisen, auf dessen Ausarbeitung das Parlament geraume Zeit verwendet und dabei die Aufmerksamkeit des Landes gefesselt hat. Da überdies in England der Begriff des Gesetzes sehr weit gefaßt wird, sodaß alle allgemeinen Anordnungen, auch die administrativen und polizeilichen, Gesetzesform haben müssen, wird das Parlament auch zum bestimmenden Faktor der Verwaltung [676].

Das auf den ganzen Staatshaushalt ausgedehnte Steuerverweigerungsrecht des Parlaments gewährt ihm ein äußerstes Druckmittel gegen den König, dem er im Konfliktsfalle stets unterliegen muß. Zudem hat das Parlament das Budgetrecht mit unbegrenzter Spezialität. Es schlägt zwar keine Ausgaben vor, die von der Regierung nicht beantragt wurden; aber es kann die beantragten Ausgaben nicht nur im Ganzen, sondern in jedem Detail vermindern und allein dadurch die Politik nachhaltig beeinflussen [677].

Für ebenso wirksam hält Stahl die jährliche Neubewilligung des Militärgesetzes (bill of mutiny). Im Falle eines Konfliktes mit dem König ist dadurch das Parlament in der Lage, die Soldaten ihrer militärischen Pflichten zu entbinden [678]. Das Parlament kann schließlich Ankläger und Richter über die Minister sein. Die Minister können nicht nur wegen Gesetzesübertretungen belangt werden; der weite Rahmen des Hochverratsgesetzes Eduards III. und die Möglichkeit des Ächtungsantrages gibt dem Parlament die Handhabe, Minister wegen jeder den Wünschen des Parlaments widersprechender Handlung rechtlich zu belangen. So sind die Minister vom Parlament restlos abhängig; der König aber ist bei allen öffentlichen Handlungen und Äußerungen an die Gegenzeichnung eines Ministers gebunden.

Die notwendige Folge dieser Rechte des Parlaments ist nach Stahl das parlamentarische Regierungssystem. Es besteht darin, »daß die Minister die gesamte Regierung in ihre Hände gelegt bekommen, und dieselbe ohne alle Rücksicht auf den Willen des Königs und mit unbedingter Rücksicht auf den Willen des Parlaments führen« [679]. Die Minister treten zurück, wenn das Parlament ein Mißtrauensvotum gegen sie richtet oder ihren Anträgen nicht mit Mehrheit folgt. Der König muß daher die Führer der im Parlament überwiegenden Partei zu Ministern ernennen und ihnen die Regierung überlassen. So regiert nicht der König, sondern die das Parlament beherrschende Partei. Auch durch Auflösung des Parlaments hat der König kein sicheres Mittel, seinen Willen gegen den der Parlamentsmehrheit zu behaupten, da das Ergebnis der Neuwahlen keinesfalls immer seinen Wünschen entspricht [680].

Die Unantastbarkeit und Erhabenheit des Königs, die mit der Übernahme der Verantwortung durch den gegenzeichnenden Minister gewährleistet werden soll, bezeichnet Stahl als die »Erhabenheit des Knopfes am Kirchturm, um den kein Mensch sich kümmert« [681]. »Die Nation in ihrer parlamentarischen Vertretung re-

[676] Stahl, Phil. d. Rechts, II, 2, S. 374/375.
[677] a. a. O., II, 2, S. 376.
[678] a. a. O., II, 2, S. 377.
[679] Phil. d. Rechts, II, 2, S. 378.
[680] a. a. O., II, 2, S. 379.
[681] a. a. O., II, 2, S. 381.

giert sich selbst, und der König steht nur darüber, indem er dieser Regierung (formell) die Sanktion erteilt und bez., so weit die Umstände ihn unterstützen, sie ermäßigt«[682]. Das parlamentarische Prinzip bedeutet daher ein »Gravitieren zur Republik«[683], es ist mit dem Bestehen einer selbständigen Macht über der Nation, d. h. mit dem wahren Königtum unvereinbar.

Während Stahl das parlamentarische Prinzip für England als historisch bedingt und wertvoll anerkennt, lehnt er es für die deutschen Verhältnisse ab. Er bezeichnet es als das Problem für Deutschland, die berechtigte Forderung nach einer echten Mitwirkung der Landesvertretung an der Regierung mit echter monarchischer Gewalt zu verbinden[684]. Ähnlich wie er das parlamentarische Prinzip weniger in rechtlichen Begriffen als in einer politischen Analyse der Verfassungswirklichkeit zu erfassen sucht, ist für ihn das monarchische Prinzip ein politischer, kein Rechtsbegriff: »Die Souveränität des Königs ist ein reiner und unmittelbarer Rechtsbegriff, das monarchische Prinzip dagegen bezeichnet eine tatsächliche Stellung, die jedoch Ausfluß, Wirkung von Rechten ist«[685]. Er erkennt, daß mit dem Rechtsbegriff der Souveränität, die in England wie in den deutschen Staaten dem König zugeschrieben wird, die Unterschiede der Verfassungswirklichkeit nicht begriffen werden können. Das monarchische Prinzip enthält mehr als die monarchische Souveränität. Es bedeutet, daß »die fürstliche Gewalt dem Rechte nach undurchdrungen über der Volksvertretung stehe, und daß der Fürst tatsächlich den Schwerpunkt der Verfassung, die positiv gestaltende Macht im Staate, der Führer der Entwicklung bleibe«[686]. Stahl entwickelte sein monarchisches Prinzip bewußt als Antithese zum parlamentarischen Prinzip. Gerade die Rechtsinstitute, die die Ausbildung des parlamentarischen Prinzips in England förderten, geben ihm Anhaltspunkte für die rechtliche Ordnung, die das monarchische Prinzip verlangt.

Nach Stahl darf der Fürst unter dem monarchischem Prinzip nicht auf die bloße Vollziehung der Gesetze beschränkt sein. Ihm muß auch die »ganze Sphäre der Administration« zukommen[687]. Dem Fürsten allein muß die Gesetzesinitiative vorbehalten sein; denn als Souverän ist er der Gesetzgeber und damit die entscheidende Macht politischer Gestaltung. Der Landesvertretung kommt lediglich die Petition zu. Wohl aber muß die Zustimmung der Landesvertretung für die Gesetzentwürfe des Fürsten eingeholt werden, und ihr Veto kann nicht überwunden werden[688].

Stahl weiß, daß im Einfluß auf das Budget der Schlüssel zur politischen Macht liegt. Er möchte daher einen zwar begrenzten, aber doch nicht gänzlich geringfügigen Einfluß der Landesvertretung auf den Haushalt zulassen. Der Fürst soll bei der Festsetzung des Budgets dem Willen der Landesvertretung nicht unterworfen sein, aber auch nicht so gestellt werden, daß er nicht nach dem Willen der Landesvertre-

[682] a. a. O., II, 2, S. 382/383.
[683] ibidem.
[684] Phil. d. Rechts, II, 2, S. 384.
[685] ibidem.
[686] ibidem.
[687] Dabei ist zu beachten, daß für Stahl Regierung und Verwaltung mehr sind als bloße Exekutive; wie dargestellt, sieht er das Wesen der Regierung in der »freien schöpferischen Tätigkeit« nach eigenem Ermessen, vgl. oben S. 81.
[688] Phil. d. Rechts, II, 2, S. 386 f.

tung zu fragen braucht[689]. Der Fürst, nicht die Landesvertretung setzt das Budget fest. Die Landesvertretung bewilligt nur die Steuern, deren Erforderlichkeit durch das Budget nachgewiesen wird. Wenn dieser Nachweis nicht erbracht wird, kann sie die geforderte Steuer verweigern, und sie kann dabei auch den Etat bezeichnen, für den eine Verringerung der Ausgaben eintreten soll. Sie darf jedoch nicht das Recht haben, über einzelne Ausgaben innerhalb des Etats zu entscheiden und damit in den Bereich der Administration einzugreifen. Demgemäß sollen im Budget nur die Hauptpositionen, nicht aber sämtliche Einzelausgaben gesetzlich festgelegt werden. »Durchgängige Spezialität« des Budgets würde einer Beteiligung der Landesvertretung an der Verwaltung gleichkommen. Vor allem darf die Landesvertretung nicht das Recht haben, die gesamten Steuern zu verweigern und damit jede Regierung und Verwaltung zu verhindern. Demgemäß legt Stahl besonderen Wert darauf, daß die bisherigen Steuern weiter erhoben werden, wenn eine Einigung des Fürsten und der Kammern über Steuererhöhungen nicht zustande kommt[690].

Den Kern des monarchischen Prinzips sieht Stahl darin, daß »der Fürst Recht und Macht habe, selbst zu regieren«. Die Minister dürfen daher nicht vom Vertrauen der Landesvertretung, sondern allein vom Vertrauen des Königs abhängen. Eine Ministerverantwortlichkeit im englischen Sinne ist damit ausgeschlossen. Mit dem monarchischen Prinzip vereinbar ist lediglich die Ministeranklage vor einem Staatsgerichtshof, wenn die Verfassung verletzt wurde. Die Landesvertretung soll zwar das Recht der Beschwerde über einen Minister beim Könige haben, aber keinesfalls in der Lage sein, den Rücktritt eines Ministers von sich aus zu erzwingen. Für Stahl ist es die entscheidende Frage der deutschen Verfassungszukunft, ob der Fürst regieren soll oder die Kammermajoritäten[691]. Er weist die Meinung zurück, daß das Vetorecht der Landesvertretung bei der Gesetzgebung den König wie unter dem parlamentarischen System zwänge, die Minister zu wählen, die sich auf eine Mehrheit im Parlament stützten. Das könne nur eintreten, wenn die Landesvertretung außer dem Vetorecht gegen neue Gesetze noch andere Möglichkeiten habe, die Regierung zu bedrängen, vor allem in Finanzfragen. Diese Möglichkeiten aber glaubt Stahl auf ein erträgliches Mindestmaß beschränkt zu haben, weil nach seiner Lehre die Regierung nur bei Steuererhöhungen, nicht aber bei der Forterhebung bestehender Steuern auf die Zustimmung der Landesvertretung angewiesen ist. Stahl weiß, daß verfassungsrechtliche Bestimmungen allein nicht ausreichen, um den Bestand der Monarchie zu sichern, sondern daß die Verfassungswirklichkeit durch die realen Machtverhältnisse bestimmt wird. Wenn sich die Regierung nicht als »stark, energisch, auf festen wenn auch gemäßigten Prinzipien ruhend« erweise, werde die Macht tatsächlich im Widerspruch zur Verfassung an die Landesvertretung gelangen. In seiner Lehre vom monarchischen Prinzip sieht Stahl aber immerhin eine Möglichkeit, einer starken und zielbewußten Regierung rechtliche Mittel zur Selbstbehauptung zu bie-

[689] Stahl, a. a. O., II, 2, S. 391/392.

[690] Der Art. 109 der preußischen Verfassung, der vorsah, daß die bisherigen Steuern und Abgaben fortdauern, bis sie durch Gesetz abgeändert werden, fand daher in Stahl einen entschiedenen Verfechter; vgl. seine Rede über das Steuerverweigerungsrecht, Phil. d. Rechts, II, 2, S. 710 ff. (Beilage).

[691] Phil. d. Rechts, II, 2, S. 400.

ten und zugleich die vom Begriff des sittlichen Reiches her geforderte und überdies zeitgemäße Mitwirkung des Volkes an den politischen Entscheidungen zu verwirklichen.

3. Der Maßstab der Verfassung

Stahls Vergleich der Staats- und Verfassungsformen läßt sich durch eine Untersuchung seines »Maßstabes der Verfassung« zusammenfassen und abschließen.

Stahl kennt einen absoluten, einen relativen und einen individuellen Maßstab der Verfassung[692]. Der absolute Maßstab ist teils absolute Anforderung, teils absoluter Vorzug. Die absoluten Anforderungen leitet Stahl aus dem Begriffe des sittlichen Reiches ab, dessen Charaktere dem Staate wesentlich und daher von allgemeiner Gültigkeit für jeden Staat sind. Aus jedem der drei Charaktere des sittlichen Reiches ergibt sich eine absolute Anforderung an die Verfassung: aus dem Charakter der unabhängigen persönlichen Autorität die Forderung nach einer »gesicherten und starken Regierung«; aus dem Charakter der Herrschaft aus sittlichen Motiven zu sittlichen Zwecken die Forderung nach einer bestimmten gesetzlichen Ordnung; aus dem Charakter der Personalität der Glieder des sittlichen Reiches die Forderung nach »bürgerlicher Freiheit«, d. h. für Stahl nach Schutz und Unabhängigkeit der Staatsbürger in ihrer Individualsphäre[693].

Die absoluten Anforderungen an die Verfassung enthalten das Minimum, das verwirklicht sein muß, wenn der Staat wesentlich Staat, d. h. sittliches Reich sein soll; sie können an jede Verfassung zu jeder Zeit gestellt werden, »es gibt keinen Zustand ,der ihren Mangel entschuldigte«[694]. Die Merkmale, die Stahl zum »absoluten Vorzug« der Verfassung rechnet, gehören jedoch nicht unbedingt zum Wesen des Staates; ihre Verwirklichung ist erwünscht, aber von bestimmten Umständen abhängig. Zu ihnen gehören die »äußere Zweckmäßigkeit, die plastische Vollendung und die politische Freiheit«[695].

Die Zweckmäßigkeit der Verfassung ist für Stahl bloßes Mittel zu einem äußeren Erfolg ,d. h. für das Funktionieren des Staatsapparates. Die »plastische Vollendung« der Verfassung sieht Stahl in der »reichen Entfaltung der Verfassungselemente und dadurch dem reichen Ausdruck der Idee des Staates«: in der »Majestät des Königtums«, in der konservativen Tradition des Adels, in einem befähigten Beamtenstand, einer festen gesetzlichen Ordnung der Verwaltung, einem starken gesicherten Staatsbürgertum, das zur selbständigen Mitarbeit am Staate berechtigt ist[696]. Stahl beruft sich auf Platon, der die Schönheit des Staates als harmonische Entfaltung und Ordnung mannigfacher Kräfte verlangt, und auf Schelling, der den Wert der Verfassung in der »Energie der rhythmischen Bewegung und Schönheit des öffentlichen Lebens« gesehen habe[697]. Diese romantisch-ästhetisierende Betrachtungsweise ver-

[692] Phil. d. Rechts, II, 2, S. 222.
[693] a. a. O., II, 2, S. 229.
[694] ibidem.
[695] ibidem.
[696] Phil. d. Rechts, II, 2, S. 230.
[697] ibidem.

bindet Stahl mit einer ethisierenden: in der »Hingebung an die persönliche Autorität und Majestät«, im konservativen Sinn, in der Amtstreue, in der »Heiligkeit des Gesetzes und der erworbenen Rechte«, im Bewußtsein der »Freiheit und der Sicherheit in der privaten Sphäre« findet er nicht nur künstlerische Schönheit, sondern zugleich einen Reichtum der sittlichen Elemente und Motive. Ihn nennt er den »erhabensten Vorzug der Verfassung«, und ihn glaubt er in den monarchischen Staaten Europas eher zu finden als in der Republik[698].

Die politische Freiheit besteht für Stahl »in der eigenen wohlgeordneten Teilnahme des Volkes an Ausübung der öffentlichen Gewalt«[699]. Zum Unterschied von der bürgerlichen Freiheit, die als Schutz des Bürgers in seiner Individualsphäre eine absolute Anforderung an den Staat ist, stellt die politische Freiheit nur einen absoluten Vorzug dar. Lediglich einen »gewissen Grad« politischer Freiheit hält Stahl zum Schutze der bürgerlichen Freiheit für unentbehrlich; ob sie in größerem Maße verwirklicht werden kann, hängt von Bedingungen ab, die nicht immer gegeben sind, so von der politischen Reife des Volkes. Vor allem ordnet Stahl die politische Freiheit der bürgerlichen Freiheit unter: ihr Sinn ist der vollkommene Schutz der bürgerlichen Freiheit, sie ist nicht Selbstzweck: »Das Volk hat die Aufforderung, seine Rechte und seine ethische Ordnung zu sichern, nicht aber den Anspruch, sich die Regierung als Regierung zuzueignen, nicht zu herrschen um bloß zu herrschen.«[700]

Diesem aus absoluten Anforderungen und absoluten Vorzügen bestehenden absoluten Maßstabe stellt Stahl den relativen Maßstab der Verfassung gegenüber. Jeder Staat muß »nach seinen eigentümlichen Beziehungen verfaßt sein, die Verfassung muß den Bedürfnissen, den hergebrachten Verhältnissen, der Sitte und Sinnesart der Nation entsprechen«[701]. Der relative Maßstab prüft somit, in welcher Weise die absoluten Anforderungen und Vorzüge unter den gegebenen Bedingungen verwirklicht werden können. Für Stahl geht der relative Maßstab dem absoluten vor; das »an sich Vollkommene kann gerade das Verderbliche sein, wo seine Voraussetzungen fehlen«[702]. Stahl setzt sich mit dieser Äußerung in einen gewissen Gegensatz zu seiner eigenen Meinung, nach der die absoluten Anforderungen an jede Verfassung gestellt werden können[703]. Der Widerspruch könnte nur dann vermieden werden, wenn angenommen würde, daß Stahl den relativen Maßstab nur über die Ausführbarkeit der absoluten Vorzüge, nicht aber auch über die Ausführbarkeit der absoluten Anforderungen entscheiden lassen will. Diese Annahme findet jedoch im Wortlaut des Textes nur eine schwache Stütze[704].

[698] Stahl, a. a. O., II, 2, S. 231.
[699] ibidem.
[700] ibidem.
[701] Phil. d. Rechts, II, 2, S. 221.
[702] a. a. O., II, 2, S. 222.
[703] a. a. O., II, 2, S. 229.
[704] Vgl. a. a. O., II, 2, S. 222: »Der relative (Maßstab) besteht in der Angemessenheit an die gegebenen Bedingungen, welche über die Ausführbarkeit jener Prinzipien (der »Prinzipien, welche durch das Wesen des Staates und seine überall gleiche Bedeutung für das menschliche Leben, abgesehen von jeder Besonderheit, gegeben sind«) und namentlich jener Vorzüge entscheiden. Er geht deshalb dem absoluten vor; ...«.

Während Stahl im absoluten und im relativen Maßstab der Verfassung mögliche Gegensätze sieht, betrachtet er den individuellen Maßstab als die Ergänzung des absoluten: der individuelle Maßstab mißt die konkrete Gestaltung der allgemeinen, absoluten Prinzipien an der Volksindividualität, aus der diese Gestaltung in ihrer Besonderheit hervorgeht[705]. Die Verfassung muß dem durch Anlage und Geschichte bestimmten Volkscharakter, dem Bildungsstand und dem Geist der Zeit entsprechen. Für die individuelle Durchführung der absoluten Verfassungsprinzipien gibt es »kein Urteil, was das Höhere, Bessere, und keine Vergleichung mit den Erzeugnissen anderer Individualität«[706]. Die mit dem Volkscharakter und dem Zeitgeist übereinstimmende Verfassung hat ihren Wert in sich. Dieser individuelle Maßstab muß auch angelegt werden, um zu entscheiden, ob einem Staate die monarchische oder republikanische Staatsform angemessen ist. Für Stahl ist die Monarchie weder in einem göttlichen Gebot noch im Wesen des Staates als eines sittlichen Reiches notwendig begründet: »Schon der allgemeine Unterschied von Monarchie und Republik läßt kaum ein Urteil zu, welches das Höhere und Vollkommenere; sondern wenn auf der einen Seite die Monarchie wohl die normale, die allgemein angemessene Verfassungsform ist, so gibt es auf der anderen Seite Staaten, die entschieden den Beruf zu republikanischer Form haben und dann Vorzüge entwickeln, die wieder die Monarchie nicht erreichen kann, und es ist das Eine wie das Andere so sehr der bloße Ausdruck der innersten Eigentümlichkeit, daß schlechterdings die Vergleichung und Rangordnung ausgeschlossen ist.«[707].

Die Aufgabe, die sich Stahl gestellt hatte und die Masur als die Entwicklung des Naturrechts der historischen Schule bezeichnete, zeigt sich hier in ihrer ganzen Schwierigkeit. Stahl will weder eine rein geschichtlich-relativierende noch eine ungeschichtlich-normative Betrachtungsweise, sondern er sucht einen Mittelweg: er will durch eine partielle Historisierung der Norm selbst starr normatives Denken vermeiden, ohne dabei die Norm gänzlich zu verlieren. Daher mag die Unschärfe der Begriffe Stahls rühren, wenn er einmal den relativen Maßstab der Verfassung über den absoluten stellt und dann wieder den absoluten Maßstab, sofern er nicht bloß absoluter Vorzug, sondern absolute Anforderung ist, zur Allgemeingültigkeit erhebt. Dieser Versuch einer Historisierung der Norm selbst zeigte sich schon in Stahls Prinzip der Legitimität. Dort leitet er die sittlich verbindliche Ordnung nicht allein aus dem unveränderlichen Gebot Gottes, sondern zugleich auch aus der historischen Entwicklung ab, sofern diese dem Gebot nicht widerspricht. Stahls Gedanken über den Maßstab der Verfassung können ähnlich interpretiert werden. Unbedingt geboten ist das aus dem Begriff des sittlichen Reiches abgeleitete Minimum, die absolute Anforderung: starke Regierung, Rechtsordnung, bürgerliche Freiheit. Dieses Minimum ist so weit abstrahiert, daß es auf alle Verhältnisse paßt, unter allen Umständen verwirklicht werden kann. Die konkrete Verfassung muß dieses Minimum

705 a. a. O., II, 2, S. 222.

706 ibidem.

707 Phil. d. Rechts, II, 2, S. 223; unter dem Einfluß der historischen Schule urteilt Stahl hier unvoreingenommener als Hegel, der in der konstitutionellen Monarchie die allein vollkommene Verfassung sieht und für den die »Persönlichkeit des Staates« nur in der Person des Monarchen wirklich wird, vgl. Hegel, Grundlinien der Philosophie des Rechts, § 279.

in individueller, den objektiven Gegebenheiten und dem Volkscharakter angemessener Weise ergänzen.

Der wahre Maßstab für die konkrete Verfassungswirklichkeit wird erst durch den absoluten, den relativen und den individuellen Maßstab zusammen gebildet. Der absolute Maßstab ist ungeschichtlich, unbedingt, starr. Relativer und individueller Maßstab aber sind letztlich historisch bedingt. Dadurch, daß der wahre Maßstab den relativen und den individuellen mit umfaßt, wird er geschichtlich, dynamisch. Dabei bleibt er aber an die Entfaltung der Volksindividualität gebunden, er entwickelt sich daher kontinuierlich, im Stile konservativer Reform, ohne in revolutionärer Weise den gegebenen Verhältnissen weit vorauszueilen.

Stahls Lösung wäre überzeugend, wenn er als absoluten Maßstab, als Unbedingtes im Bedingten, als statisches Element in der Dynamik des historischen Werdens wirklich etwas Unbedingtes festhalten könnte. Aber hier zeigt sich, daß Stahl auch bei seinen Ausführungen über den Maßstab der Verfassung der gleichen Versuchung erliegt, der er bei seiner Ableitung der ethisch verbindlichen Ordnung erlegen ist; er wählt die zeitbedingte lutherische Deutung von Römer 13 zur absoluten Norm. Wenn wir ihm zubilligen, daß die Idee des sittlichen Reiches, wie er sie vollendet im Gottesreiche anschaut und wie er sie als wesensmäßige Struktur der bürgerlichen Ordnung zugrundelegt, für den Christen das unbedingte telos des menschlichen Gemeinlebens ist, so folgt doch aus dieser Voraussetzung noch nicht der obrigkeitliche Staatsbegriff, den Stahl daraus ableitet. Stahl selbst weist immer wieder darauf hin, wie groß der Unterschied zwischen dem sittlichen Reich als Gottesreich und dem sittlichen Reiche als bürgerliche Ordnung ist. Dennoch verleitet ihn Luthers Obrigkeitsdenken, das Element der erhabenen Autorität, das in der Königsherrschaft Christi seinen Platz hat, kritiklos zum Bestandteil des irdischen Staates zu erheben. Es wird zur absoluten Anforderung einer vom Volkswillen unabhängigen starken Regierung. Das sittliche Reich verlangt jedoch, daß der Wille des Herrschers, das Ethos und der Wille der Beherrschten eine Einheit bilden. Diese Einheit besteht in der Sicht Stahls in der Identifizierung der Willen der Einzelnen mit dem Willen des Herrschers, die die Einzelnen deshalb vollziehen können, weil der Herrscherwille ihrer eigenen wahren Sittlichkeit entspricht. Wie aber, wenn der Wille des Herrschers im irdischen Staat von der Sittlichkeit abweicht? Stahl weiß, daß diese Möglichkeit immer gegeben ist und daß dann die Einzelnen nicht in einem sittlichen Reiche vereint werden können. Aber er folgert daraus nicht, daß der Herrscher einer wirksamen Kontrolle unterworfen werden sollte. Ihm scheint die Willkür der Herrschenden erträglicher als die Willkür der Beherrschten, und er verzichtet eher auf die Integration der Einzelwillen zu einem sittlichen Reiche, als daß er die Regierung dem Volkswillen unterstellte.

4. Die Stellung des monarchischen Prinzips im System der Stahlschen Staatslehre

Es ist nun möglich, die Frage nach der Stellung des monarchischen Prinzips im System der Stahlschen Staatslehre zu beantworten. Hat Stahl seine gesamte Staatslehre im Hinblick auf das monarchische Prinzip konstruiert? Ergibt sich für ihn aus den philosophischen Grundlagen seiner Staatslehre, vor allem aus dem Begriff der Persönlichkeit und dem Gedanken des sittlichen Reiches, logisch zwingend die Forderung nach der konstitutionellen Monarchie unter dem monarchischen Prinzip?

Die vorausgegangene Untersuchung der vergleichenden Verfassungslehre Stahls läßt den Schluß zu, daß Stahl das monarchische Prinzip nicht als die einzig mögliche und vollkommene Verfassung des christlichen Staates auffaßt. Wenn Stahl im monarchischen Prinzip die notwendige Folge seines Persönlichkeitsbegriffs und seines Gedankens des sittlichen Reiches sähe, könnte er nicht das parlamentarische Prinzip für England und die demokratische Republik für Nordamerika als angemessen bezeichnen. Vielmehr ergibt sich, daß Stahl im monarchischen Prinzip eine individuelle Antwort auf eine allgemeine Forderung sieht, die weit genug ist, um auch die Republik einschließen zu können. Die konstitutionelle Monarchie unter dem monarchischen Prinzip ist für ihn die angemessene Staatsform für die deutschen Verhältnisse seiner Zeit, jedoch keine allgemeine, immer und überall anwendbare Norm des christlichen Staates.

Wohl aber läßt sich nicht leugnen, daß Stahls eigentliche Staatslehre aus der Beobachtung deutscher Verhältnisse entstanden und auf die Interpretation der deutschen Verfassungswirklichkeit seiner Zeit ausgerichtet ist. Das aber entsprach der Aufgabe, die Stahl der Staatslehre gestellt hatte: die eigene Zeit und das eigene Vaterland sollte Ziel der Betrachtung sein[708]. Diese ausdrückliche Orientierung der Staatslehre an den deutschen Verhältnissen seiner Zeit braucht die Allgemeingültigkeit ihrer philosophischen Grundlagen nicht zu berühren. Im Gegenteil deutet sie darauf hin, daß Stahl, von den gleichen Grundlagen ausgehend, heute zu anderen Ergebnissen käme.

Schwierigkeiten ergeben sich hingegen bei der Antwort auf die Frage, ob Stahl in der konstitutionellen Monarchie nach monarchischem Prinzip grundsätzlich eine höhere Verfassungsform sieht als in der parlamentarischen Monarchie oder in der Republik. Diese Schwierigkeiten sind in Widersprüchen bei Stahl selbst begründet. So lehnt er in den Ausführungen über den Maßstab der Verfassung jede Rangordnung von Monarchie und Republik ab[709], während er andererseits beim Vergleich von Monarchie und Republik die Republik vor allem in ihrer demokratischen Form abwertet. Besonders deutlich ist die Herabsetzung der Demokratie in den Parteienvorlesungen. Zumindest sieht er in der Monarchie die Staatsform, die dem ersten Element des sittlichen Reiches, der erhabenen Autorität, am ehesten entspricht. Damit ist jedoch nichts darüber gesagt, ob nicht etwa die Republik dem dritten Element des sittlichen Reiches, der Freiheit und der Selbständigkeit des Volkes, angemessener sei als die Monarchie. Es muß festgestellt werden, daß Stahl zwischen dem Streben nach Objektivität, wie es in seinen Ausführungen zum Maßstab der Verfassung erkennbar ist, und seinen persönlichen zeitgebundenen Vorurteilen schwankt, und daß dabei die Vorurteile zugunsten der Monarchie im allgemeinen stärker sind.

Nun ist die These, daß Stahls Persönlichkeitsmetaphysik und sein Begriff des sittlichen Reiches zur Monarchie führen, von so kompetenten Beobachtern wie Erich

[708] Phil. d. Rechts, II, 1, S. 3.
[709] Vgl. a. a. O., II, 2, S. 223, zitiert oben S. 119.

Kaufmann, Henning v. Arnim, Peter Drucker und Gerhard Masur vertreten worden (vergl. oben S. V f.). Welche Gründe haben sie zu ihrer Auffassung veranlaßt?

Erich Kaufmann, an den sich Henning v. Arnim und Peter Drucker in dieser Hinsicht anschließen, stützt sich vor allem auf Stahls Definition des sittlichen Reiches, wie es der bürgerlichen Ordnung zugrundeliegt[710]. In ihr setzt Stahl in der Tat seinen Begriff der konstitutionellen Monarchie mit den Elementen des Erbkönigtums, des Rechtsstaates und der Volksvertretung in sehr enge Beziehung zu den Elementen des sittlichen Reiches und bezeichnet es als die »vollkommene oder doch die regelmäßige natürliche Beschaffenheit« des Staatsorganismus, in einer »natürlichen Persönlichkeit (dem Königtum) ihr innerstes Zentrum« zu haben. Die Analogie zum Gottesreich, in dem die »oberste Persönlichkeit«, Gott, die Menschen beherrscht, scheint offenkundig. Erst die Heranziehung anderer Äußerungen Stahls ergibt, daß er eine analogia entis selbst ablehnt (vergl. oben S. 59) und neben der »natürlichen« Persönlichkeit des Königs auch die »künstliche« Persönlichkeit einer Versammlung als Zentrum des Staatsorganismus gelten läßt (vergl. oben S. 79). So kann auch aus dieser Stelle nur gefolgert werden, daß Stahl die Monarchie als im allgemeinen angemessene und natürliche, aber nicht als die aus dem Gedanken des sittlichen Reiches notwendig folgende Staatsform ansieht, und auch diese Folgerung muß wieder im Hinblick auf Stahls Ausführungen über den Maßstab der Verfassung mit Einschränkungen versehen werden.

Ein starkes Argument für die Systembedingtheit des monarchischen Prinzips läßt allerdings aus den Formulierungen der 1. Auflage der Philosophie des Rechts (II, 2, 1837) entnehmen. Von ihnen geht Masur aus. Unter der Überschrift »Die vollkommene Verfassung in ihren Umrissen« sagt hier Stahl, daß das Herrscheramt Einheit und Ursprünglichkeit der Gewalt fordere und daß nur in der Person des Erbmonarchen beide Bedingungen erfüllt seien[711]. In der gleichen Auflage spricht Stahl von einem »natürlichen Triebe der Staaten zur Monarchie[712]. Die konstitutionelle Monarchie erscheint als das Ziel, zu dem sich die Verfassungen der christlichen Staaten entwickeln: »Je höher nun die Bildungsstufe eines Zeitalters ist, desto mehr muß die Mannigfaltigkeit der Verfassungen abnehmen, und das was in dem allgemein Menschlichen begründet ist, vorherrschen«[713]. Zwar betont Stahl auch hier schon, daß die besonderen Züge jeder Zeit und jeder Volksindividualität und somit auch die besonderen Verfassungsformen als etwas Notwendiges und für sich Vollkommenes angesehen werden müßten[714]; doch dieser Versuch, am geschichtlichen Denken festzuhalten, wird durch das normative Element überwuchert. Als »Schlußstein der wissenschaftlichen Darstellung des Staates« fordert Stahl dann wieder eine Betrachtung des Staates »im Zusammenhang mit der geschichtlichen Entwicklung der Menschheit«[715]. Offenbar ist er der Ansicht, die historischen mit der normativen Sicht dadurch verbinden zu können, daß er Geschichte als Führung zu immer vollkommene-

[710] Vgl. Stahl, Phil. d. Rechts, II, 2, S. 2, zitiert oben S. 54.
[711] Phil. d. Rechts, 1. Auflage, II, 2, S. 68.
[712] a. a. O., 1. Auflage, II, 2, S. 307.
[713] a. a. O., 1. Auflage, II, 2, S. 64.
[714] a. a. O., 1. Auflage, II, 2, S. 62.
[715] a. a. O., 1. Auflage, II, 2, S. 299; vgl. dazu Masur, a. a. O., S. 207 Anm.

ren Formen des menschlichen Gemeinlebens betrachtet, so daß eine bestimmte Verfassungsform ihren unvergleichlichen Wert für die geschichtliche Entwicklungsstube erhält, in der sie sich herausgebildet hat, während einer höheren Entwicklungsstufe auch eine höhere Verfassungsform entspricht. Doch da Stahl diese Entwicklung in der konstitutionellen Monarchie gipfeln läßt, fällt er dem gleichen Irrtum wie Hegel zum Opfer, das eigene Vorurteil für die Krone der Entwicklung zu halten.

Da Masur sich ausschließlich auf die 1. Auflage der Philosophie des Rechts stützt, mußte er die These von der Systembedingtheit des monarchischen Prinzips als berechtigt empfinden. Schon in der 2. Auflage (1845) ließ Stahl jedoch die Kapitel »Die Frage nach der vollkommenen Verfassung« und »Die vollkommene Verfassung in ihren Umrissen« fort; an ihre Stelle traten die Kapitel »Formen der Verfassung« und »Der Maßstab der Verfassung«[716]. Nun gibt Stahl den Versuch auf, die konstitutionelle Monarchie als die vollkommene Form des christlichen Staates zu entwerfen, und gelangt zu der oben dargestellten Haltung, die trotz aller Schwankungen und Widersprüche die Republik als unter Umständen gleichberechtigte Staatsform anerkennt.

[716] Phil. d. Rechts, 1. Auflage, II, 2, S. 62–73; 2. Auflage, II, 2, S. 184–208; 3. Auflage, II, 2, S. 211–235.

VI. STAHLS POLITISCHE UND WISSENSCHAFTLICHE LEISTUNG

1. Die politische Wirkung der Lehre vom monarchischen Prinzip

Bei aller Kritik an Stahls autoritärem Staatsbegriff darf jedoch nicht übersehen werden, daß es nicht zuletzt Stahl zu verdanken war, wenn die preußischen Konservativen nach 1850 den Verfassungsstaat anerkannten. Stahl war der einzige konservative Staatstheoretiker seiner Zeit, der Geschichte als Entwicklung begriff und einen Sinn für das Zeitgemäße besaß. Er versuchte daher, einen dritten Weg zu gehen, der die Irrtümer der Reaktion und der Revolution vermied und eine kontinuierliche Fortentwicklung zuließ. Dieser Weg mußte ihn in eine doppelte Frontstellung gegen den reaktionären Flügel der Konservativen auf der einen, gegen die Liberalen auf der anderen Seite führen. Sie zeigte sich schon in Stahls erster Rede an der Berliner Universität, als er der Partei der Gegenrevolution vorwarf, sie weigere sich, die veränderten Verhältnisse zu erkennen. Man könne dem Geist einer Zeit mit Wahrheit und Würde entgegentreten; ihren faktischen Zuständen entgegenzutreten, sei Torheit [717].

Zwar war Dahlmanns ironisches Wort, Stahl wolle politische Freiheit nur in »homöopathischen Tropfenteilchen« gewähren [718], nicht unberechtigt. Es ist jedoch zu fragen, ob angesichts der realen Machtverhältnisse im Preußen Friedrich Wilhelms IV. ein größeres Maß an politischer Freiheit durchsetzbar gewesen wäre. Das Scheitern der Revolution von 1848 zeigt, daß die alte Führungsschicht, deren Interesse eine vom Adel und von der Armee beeinflußbare, vom Bürgertum und der anschwellenden Arbeiterschaft dagegen unabhängige Monarchie verlangte, immer noch stark genug war, um jede ihren Wünschen widersprechende Entwicklung aufzuhalten. Diese Führungsschicht, deren politisches Denken vor allem an Haller orientiert war, sah im Übergang zur konstitutionellen Monarchie eine Bedrohung ihrer Vorherrschaft. Sie rang sich schließlich zur Duldung der Verfassung von 1850 durch, weil Stahl ihr bewies, daß die Existenz einer Volksvertretung die Machtstellung des Monarchen und den Einfluß der konservativen Kräfte in Grundaristokratie, Armee und Verwaltung nicht beeinträchtigt, wenn die Regierung allein vom Könige abhängt. Mit welchen Vorbehalten die Konservativen Stahl folgten, wird an zwei Äußerungen Ludwig v. Gerlachs besonders deutlich. Nach Stahls Tod sagte er im privaten Gespräch, er habe Stahl »mehr seiner menschlichen Eigenschaften wegen geliebt, als er ihn als Staatsmann geschätzt habe« [719]. 1867 schrieb er an Heinrich

[717] Rede vom 23. 11. 1840, bei Adelheid Roos, a. a. O., Anm. 502.

[718] Dahlmann, Die Politik auf den Grund und das Maß der gegebenen Zustände zurückgeführt, 1. Bd. 1847, S. 235.

[719] Zu Anna Homeyer, der Tochter eines mit Stahl befreundeten Berliner Professors, bei Adelheid Roos, a. a. O., Anm. 235.

Leo, Stahl sei großenteils dem »constitutionalismus vulgaris anheimgefallen« und habe ihn nur »konservativ zu temporieren versucht«[720]. Wenn selbst Ludwig v. Gerlach, der Stahl menschlich nahestand und mit ihm zusammen jahrelang die konservative Fraktion der Ersten Kammer (»Fraktion Gerlach-Stahl«) leitete, ein solches Urteil fällte, so deutet das auf die erheblichen Widerstände hin, die Stahl in seiner eigenen Fraktion zu überwinden hatte und die ihn zwangen, in seiner parlamentarischen Tätigkeit die antiliberalen Elemente in seiner Staatslehre zu betonen. Es zeigt zugleich, daß Stahl erreicht hat, was 1850 erreichbar war. Gegen die Konservativen konnte damals keine Politik durchgesetzt werden, und mit den Konservativen war nur eine Politik möglich, die ihre Stellung nicht antastete.

Stahls monarchisches Prinzip bestimmte die preußische Verfassung bis 1918. Es bot die theoretische Begründung für die Ablehnung des parlamentarischen Prinzips auch in der Reichsverfassung und verursachte somit die Sterilität des parlamentarischen Lebens und die doktrinäre Erstarrung der Parteien im Bismarck-Reich. Es verhinderte die Herausbildung einer parlamentarischen Regierungstradition und war daher mitverantwortlich für das Versagen des Parlamentarismus in der Weimarer Republik. Doch diese Folgen des monarchischen Prinzips können nicht Stahl zur Last gelegt werden. 1848 war Stahls Programm den realen Machtverhältnissen angemessen. Schon eine Generation später war die soziale Grundlage dieser Machtverhältnisse erschüttert; das monarchische Prinzip wurde reaktionär. Doch wie im Vorangehenden nachgewiesen, waren die Prinzipien der Stahlschen Staatslehre keineswegs starr auf das monarchische Prinzip ausgerichtet. Von der gleichen philosophischen Position und vom gleichen Geschichtsbild aus hätte ein Staatstheoretiker am Ende des Jahrhunderts im Übergange zum parlamentarischen Regierungssystem die Forderung der Zeit erkennen können, wie Stahl um die Mitte des Jahrhunderts im Übergang zum Konstitutionalismus das Zeitgemäße erkannte. Stahls Leitgedanke der konservativen Reform schloß die kontinuierliche Entwicklung der preußischen Monarchie zum modernen Verfassungsstaat ein, wenn Stahl selbst auch nur den ersten Schritt dieser Entwicklung, die einheitliche Landesvertretung, verlangte.

2. Stahls wissenschaftliche Leistung

Von bleibenderem Wert als die politische ist die wissenschaftliche Leistung Stahls. Stahl formulierte als erster das parlamentarische Prinzip und stellte es dem monarchischen Prinzip gegenüber. Anerkennung verdient auch seine Überwindung des privatrechtlichen Staatsbegriffs der Hallerianer durch einen öffentlich-rechtlichen Staatsbegriff. Dabei konnte Stahl zwar an Hegel anschließen; seine eigene Leistung ist jedoch die Entwicklung des öffentlich-rechtlichen Staatsbegriffs als Teil einer systematischen politischen Theorie, die den Staat allen privaten Sonderinteressen, auch denen des Fürsten, entzieht. Gegen Haller richtete sich auch Stahls Ablehnung eines naturalistischen Staatsbegriffs, der den Staat lediglich auf Machtbeziehungen gründet. Während Haller vom natürlichen Herrschaftsrecht des Stärkeren ausging,

720 Salzer, Historische Vierteljahresschrift, Bd. XIV, 1911, S. 203, nach Konservative Monatsschrift 51, 1904: Briefwechsel zwischen Ludwig v. Gerlach und Heinrich Leo.

ist für Stahl Herrschaft niemals durch Stärke allein, sondern durch sittliche Autorität legitimiert. Zwar muß Stahls Versuch, diese Autorität letztlich aus einer göttlichen Sanktion abzuleiten, zurückgewiesen werden; wertvoll bleibt jedoch die Vorstellung, daß die Staatsgewalt eine sittliche Aufgabe hat und sich daher nicht auf Macht allein, sondern auf Autorität stützen muß, die sie durch Erfüllung ihrer Aufgabe erwirbt.

Bemerkenswert ist ferner Stahls Kritik an der organischen Staatsauffassung der Romantik. Sein Begriff des sittlichen Reiches ließ ihn die Fragwürdigkeit einer Theorie erkennen, die dem Einzelnen keine Selbständigkeit zubilligt, sondern ihm Lebensfähigkeit nur als eingeordnetes Glied einer umfassenden Ganzheit zuspricht und daher den Vorrang der Gemeinschaft gegenüber dem Individuum behauptet. Stahl verfiel nicht in den entgegengesetzten Fehler eines extremen Individualismus, der das Gemeinschaftsbedürfnis des Menschen übersieht. Die Spannung zwischen Individuum und Gemeinschaft wird im sittlichen Reich zu einer fruchtbaren Polarität, da sich der Einzelne als Persönlichkeit nur im sittlichen Reiche der Gemeinschaft vollenden kann. Die Mitwirkung des Einzelnen an der Verwirklichung des sittlichen Reiches der Gemeinschaft ist notwendig zur Entfaltung seiner eigenen Persönlichkeit; die Gemeinschaft selbst hat in der Persönlichkeit der Einzelnen ihr höchstes Ziel.

Der Staat kann demnach nicht Selbstzweck sein. Stahl wehrte sich gegen die Hegelsche Auffassung, die dem Staate als Instrument des Weltgeistes ein absolutes Recht jenseits moralischer Begriffe zuerkennt. Absoluter Wert ist ihm die Persönlichkeit des Einzelnen, nicht der Staat. Staatliches Handeln muß daher der Persönlichkeit des Einzelnen und ihrer Entfaltung im sittlichen Reiche der Gemeinschaft dienen. Die Ablehnung eines totalen Anspruchs des Staates gegenüber seinen Bürgern wird bei Stahl deutlich: er beschränkt den Staat auf die äußere Ordnung des Gemeinlebens und entzieht ihm die Individualsphäre des Einzelnen. Der entsprechenden Ablehnung eines totalen Anspruchs des Staates gegenüber anderen Staaten widmet Stahl keine Aufmerksamkeit: die Außenpolitik fehlt in seinem System. Von den Grundlagen seines Denkens aus hätte er jedoch Willkür und Rechtsbruch auch in den internationalen Beziehungen ausschließen müssen. Wenn der Staat ein sittliches Reich sein soll, darf er auch gegenüber anderen Staaten nicht unsittlich handeln und hat die Individualität und die Rechte anderer Völker zu achten.

Sein höchstes Ziel, die Spannung zwischen Freiheit und Ordnung zu überwinden, hat Stahl hingegen nicht erreicht. Eine Deutung seines Bemühens und seines Scheiterns wird möglich, wenn die Begriffe der Theonomie, der Autonomie und der Heteronomie verwendet werden, wie sie Paul Tillich entwickelt hat[721].

Stahl erkannte, daß die Autonomie des Menschen, in der die Aufklärung das vornehmste Ziel des historischen Fortschritts sah, zur Sinnentleerung des Daseins und zur Bedrohung anthropologischer Konstanten führte. Er ahnte, daß der Verlust der Transzendenz den Menschen der Dämonie irdischer Mächte ausliefern würde. Diese Befürchtung stand hinter seinem Bemühen, die »göttliche Ordnung« zu bewahren. Sein Ziel wurde es, der Autonomie die Möglichkeit einer Theonomie entgegenzusetzen. Eine theonome Ordnung ist von Menschen in Freiheit geschaffen; sie ist keine

721 Paul Tillich, Der Protestantismus – Prinzip und Wirklichkeit. Stuttgart 1950.

Theokratie. Sie verliert dennoch ihren transzendierenden Sinn nicht, weil die Menschen, die sie gestalten, dabei nach der Forderung Gottes fragen. Vor allem nach protestantischem Verständnis ist diese Forderung kein starres Gebot, das ein für allemal bindet. Sie ergeht immer wieder von neuem als Wort Gottes an seine Gemeinde, und es sind Mißverständnisse dieser Forderung nicht ausgeschlossen. Daher gilt das Wort Pascals, daß Gott hat, wer ihn sucht. So ist das Kennzeichen einer theonomen Ordnung die stets erneuerte Frage nach dem Willen Gottes und damit nach dem transzendierenden Sinn aller menschlichen Gestaltung. Eine theonome Ordnung ist dynamisch; sobald sie erstarrt, wird sie zur Heteronomie, zu einem fremden Gesetz, das der Mensch als Zwang empfindet.

Stahl strebte nach Theonomie auf zwei verschiedenen Ebenen: er stellte den Staat, wie jede menschliche Ordnung, in ein transzendentales, im Willen Gottes begründetes Sinngefüge und suchte somit, menschlichem Handeln den absoluten Maßstab wiederzugeben. Aber auch dem Staate selbst wollte er mit dem Gedanken des sittlichen Reiches eine theonome Struktur unterlegen. Auch der staatliche Wille soll den Bürgern nicht als fremdes Gesetz gegenübertreten, dem sie sich unterwerfen müssen, ohne die Frage nach dem Sinn und der Berechtigung dieses Gesetzes stellen zu dürfen. Sie sollen im Staatswillen den Ausdruck ihrer eigenen Sittlichkeit und Vernunft erkennen können und ihm aus freier Einsicht folgen. Die Einzelnen sind im Staate nicht autonom; sonst wäre keine Ordnung möglich. Sie stehen aber auch nicht unter einem heteronomen Gesetz, das ihnen keine Freiheit gibt. Wenn sie dem Gesetz nur unterworfen sind, soweit es ihrer eigenen Sittlichkeit und Vernunft entspricht, stehen sie formal unter einer Herrschaft von theonomem Charakter, einer Herrschaft, die mit ihrer Freiheit vereinbar ist.

Wie die Untersuchung seiner Staatslehre ergab, gelangt Stahl jedoch nicht zu einer Ordnung, in der die Übereinstimmung des Staatswillens mit der Sittlichkeit der Bürger gewährleistet ist. In gleicher Weise verfehlt Stahls Kirchenbegriff die Möglichkeit der Theonomie. Weil Stahl die Dynamik fürchtet, der sich sein eigenes Geschichtsbild nicht verschließt, stattet er menschliche Gewalten in Staat und Kirche mit göttlichen Vollmachten aus, erhebt er Bedingtes zu Unbedingtem, Zeitgebundenes zu Zeitlosem, Dauerhaftes zu Ewigem. So entwirft und stützt er heteronome Ordnungen, mit denen sich die Menschen nicht in Freiheit identifizieren können.

3. Der Gedanke des sittlichen Reiches als Ansatz einer historisch-elastischen Norm der gerechten Ordnung

Wenn Stahl aber der Autonomie nur eine neue Heteronomie entgegensetzen kann, so ergibt sich die Frage, ob seine Leistung nur noch von wissenschaftsgeschichtlichem Interesse ist oder ob er der politischen Theorie der Gegenwart noch Anregungen bietet. Trotz der hier an Stahl geübten Kritik wird vor allem in seinem Begriff des sittlichen Reiches ein fruchtbarer Ansatz zur Entwicklung einer auch heute anwendbaren Norm der gerechten Ordnung gesehen werden können.

Die positivistische Rechtsphilosophie und Staatslehre der Jahrhundertwende kannte keinen ontologischen Maßstab, an dem das positive Recht und der konkrete Staat gemessen werden konnten. Das Naturrecht wurde mit gleicher Entschiedenheit abgelehnt wie die Vorstellung von einem objektiven Zweck des Staates. Wenn Jellinek vom Wesen des Staates sprach, meinte er nicht die ontologische Struktur des Staates, die das »Anwesen des Seins im Seienden«[722] bezeichnet, sondern den aus der Empirie durch Abstraktion gewonnenen allgemeinen Begriff des Staates[723]. Schon Smend tadelte die Unfruchtbarkeit dieses Denkens, das vom »Wesen und der Substanz des Staates« nichts wisse[724]. Doch erst die Geschichte der jüngsten Vergangenheit bewies, daß eine Rechts- und Staatslehre ohne einen transzendentalen Maßstab von Recht und Staat die öffentliche Ordnung den subjektiven Zwecken der Herrschenden preisgibt. Die Frage nach einem objektiven Zweck, nach einem transzendenten Sinn der öffentlichen Ordnung stellt sich unausweichlich; denn »nur von der Transzendenz bekommt die Immanenz einen Sinn, nur von der Ewigkeit fällt Licht auf die Zeitlichkeit«[725]. Diese Frage darf daher nicht zurückgewiesen werden, nur weil sie aus der Empirie nicht beantwortet werden kann. Bleibt sie offen, so kann politisches Handeln nur an subjektiv gesetzten Zielen gemessen werden; jeder Sinn wird relativiert, größtes Unrecht kann im Namen positiven Rechts gerechtfertigt werden.

Die Rechtsphilosophie der Gegenwart hat angesichts der totalitären Herrschaftssysteme der Frage nach dem Naturrecht wieder erhöhte Aufmerksamkeit gewidmet[726]. Über Problemstellung und Ansätze ist sie jedoch noch nicht hinausgekommen. Die entsprechende Aufgabe der politischen Wissenschaft wäre es, einen Maßstab der gerechten Ordnung zu entwickeln. Er müßte naturrechtliche Normen einschließen, doch außerdem einen Hinweis auf Struktur und Zweck der öffentlichen Ordnung enthalten. Seine Ausarbeitung ist ein zwar erkanntes[727], bisher aber wenig untersuchtes Problem, bei dessen Lösung Stahls Begriff des sittlichen Reiches von Nutzen sein kann.

Weder das Naturrecht noch der Maßstab der gerechten Ordnung können heute im Sinne zeitlos gültiger materialer Normen verstanden werden; denn alles materiale Recht, auch das materiale Naturrecht, hat sich als zeitbedingt erwiesen[728]. Auch die Maßstäbe des Rechts und der gerechten Ordnung müssen das geschichtliche Werden berücksichtigen, sie müssen Raum gewähren für den Kairos, für die hier und jetzt geforderte Weise der Verwirklichung des Wahren, die immer nur eine unvollkommene Annäherung an das Wahre sein kann. Die Forderung nach geschichtlich-elastischen Maßstäben bedeutet keinen Rückfall in einen Relativismus. Wohl läßt sich nicht leugnen, daß alle menschliche Erkenntnis des Absoluten und daher auch alle Versuche der Gestaltung, selbst wenn sie sich am Absoluten orientieren,

[722] Max Müller, Existenzphilosophie im geistigen Leben der Gegenwart, 2. Aufl. 1958, S. 84.
[723] Vgl. Jellinek, Allgemeine Staatslehre, 7. Neudruck der 3. Auflage, 1960, S. 174 ff.
[724] Smend, Verfassung und Verfassungsrecht, 1928, S. 72.
[725] Arthur Kaufmann, Naturrecht und Geschichtlichkeit, 1957, S. 30.
[726] So Heinrich Rommen, Die ewige Wiederkehr des Naturrechts, 1947, Helmut Coing, Die obersten Grundsätze des Rechts, ein Versuch zur Neugründung des Naturrechts, 1947, Erik Wolf, Das Problem der Naturrechtslehre, 1955, Werner Maihofer, Recht und Sein, Prolegomena zu einer Rechtsontologie, 1954, Arthur Kaufmann, a. a. O.
[727] Vgl. O. H. v. d. Gablentz, Politische Forschung in Deutschland, in »Politische Forschung«, hsg. v. O. Stammer, 1960.
[728] Vgl. Arthur Kaufmann, a. a. O., S. 8, S. 21.

zeitbedingt sind. Daraus folgt jedoch nicht, daß es kein Absolutes gäbe[729]. Die Geschichtlichkeit der Maßstäbe bedeutet auch nicht unbedingt, daß mit Heidegger ein Wesenswandel in der ewigen Wahrheit selbst angenommen werden müßte, daß es also »nicht nur einen Wandel der Verwirklichungsformen im gleichbleibenden »Sinn« gäbe, »sondern einen Wandel des ›Sinnes‹ selbst von Religion, Kunst, Politik, Wissenschaft, Sittlichkeit und Recht, ohne daß diese dadurch zum Gemächte der Menschen herabsänken, sondern so, daß der Gott, die Schönheit, der Staat, die Wahrheit, das Gute und die Gerechtigkeit von sich her verlangten, je anders erkannt und anerkannt zu sein, eine je andere Rolle in unserem Leben und im Leben unserer Gemeinschaft zu spielen, eine je andere Offenbarkeit und Gegenwart bei uns zu erlangen«[730]. Es soll nicht bestritten werden, daß eine Historisierung der Norm im Sinne Heideggers möglich ist, ohne zum Relativismus zurückzuführen. Doch spricht vieles dafür, daß Arthur Kaufmann recht hat, wenn er bei Heidegger die Dimension der Ewigkeit vermißt[731]. Die Geschichtlichkeit der Maßstäbe soll daher hier im Anschluß an Arthur Kaufmann so verstanden werden, daß Staat und Recht in ihrer konkreten Gestalt geschichtlich bedingt sind, daß daher auch die Maßstäbe von Staat und Recht historisch-elastisch sein müssen, daß sie aber stets auf ihr absolutes, essentielles und unveränderliches Ziel ausgerichtet sind, ein Ziel, das kein Zeitalter endgültig erkennen kann, um dessen Erkenntnis und Verwirklichung jedoch stets gerungen werden muß[732].

Stahls doppelter Ansatz von der christlichen Ethik und von der historischen Rechtsschule her ließ ihn das Problem der Geschichtlichkeit der Norm sehen. Seine Bindung an eine biblizistische Theologie hinderte ihn jedoch, es in befriedigender Weise zu lösen. Es scheint aber möglich, einer auch heute brauchbaren Lösung näherzukommen, wenn auf dem Wege, den er mit dem Gedanken des sittlichen Reiches beschritten hatte, weitergegangen wird.

Stahl unterscheidet das sittliche Reich im vollkommenen Zustand, das Gottesreich, und das sittliche Reich in unvollkommenen Zustand, wie es durch die »bürgerliche Ordnung«, Recht und Staat, verwirklicht werden soll. Aus dem vollkommenen Gottesreich leitet er weder die Maßstäbe des politischen Handelns noch die Strukturen der öffentlichen Ordnung ab; denn die Unvollkommenheit der von Gott abgewandten Menschen gestattet nicht die Übertragung der dem Gottesreiche angemessenen Verhältnisse auf den irdischen Zustand[733]. Die Prinzipien der politischen Ordnung entwickelt er aus einem sittlichen Reich von »niedrigerer Stufe«, einem sittlichen Reich, das notwendige Züge der Unvollkommenheit trägt. Essentiell haben beide Begriffe des sittlichen Reiches die gleiche Struktur, im vollkommenen Gottesreich fallen essentia und existentia zusammen, im unvollkommenen sittlichen Reiche, wie es als Norm der öffentlichen Ordnung dienen kann, besteht bereits eine Diffe-

[729] Arthur Kaufmann, a. a. O., S. 17.

[730] Max Müller, Existenzphilosophie im geistigen Leben der Gegenwart, 2. erw. Aufl. 1958, S. 35.

[731] »... Augustinus wußte, was Heidegger nicht mehr begreift, daß Zeit nur sein kann, wo Ewigkeit ist«, A. Kaufmann, a. a. O., S. 30 Anm.

[732] Vgl. Arthur Kaufmann, a. a. O., S. 29.

[733] Stahl, Phil. d. Rechts, II, 1, S. 141; II, 2, S. 3, vgl. oben S. 59.

renz zwischen essentia und existentia. Die Norm, die Stahl der öffentlichen Ordnung setzt, kann deshalb nicht als die absolut vollkommene und daher unveränderliche essentielle Norm der klassischen Metaphysik angesehen werden. Stahls Norm der öffentlichen Ordnung ist weder mit der unveränderlichen »essentia« des Gemeinwesens identisch, obwohl sie deren Struktur aufweist, noch ist sie einfach mit der konkreten Gestalt von Recht und Staat gleichzusetzen. Stahl nimmt vielmehr eine Dreistufigkeit beim Übergang vom Sein zum Seienden an:

auf der höchsten Stufe steht das sittliche Reich als Gottesreich; es zeigt die essentia des Gemeinwesens, seine ewige und unveränderliche Gestalt;

auf der mittleren Stufe steht das sittliche Reich, wie es von Recht und Staat verwirklicht werden soll und kann und wie es die Norm der gerechten Ordnung bildet;

auf der untersten Stufe steht die existentia, die öffentliche Ordnung in ihrer konkreten empirischen Gestalt.

Dieses Schema bedeutet nicht, daß hier ein doppelter Seinsbegriff bei Stahl angenommen wird. Dem Sein, der essentia, ist auch für Stahl nur die Stufe der Vollkommenheit und Zeitlosigkeit gemäß. Essentielle Struktur der öffentlichen Ordnung ist daher nur das sittliche Reich im vollendeten Zustande des Gottesreiches. Das sittliche Reich im unvollkommenen Zustand, die Norm von Recht und Staat, enthält die essentielle Struktur in höherem Maße als die empirische öffentliche Ordnung, aber es ist nicht selbst vollkommene essentia.

Das Sein bedarf des Seienden, das Seiende bedarf des Seins. Das Gottesreich zeigt den Einzelnen als vollendete Persönlichkeit, die Gemeinschaft als vollkommenes sittliches Reich von persönlichem Charakter. Die Erhebung des Einzelnen und der Gemeinschaft zu vollkommener Personalität ist daher das absolute Ziel, von dem her alles menschliche Handeln seinen transzendenten Sinn erhält. Zwar liegt das Ziel jenseits des Weges, den die Menschheit in ihrer Geschichte zurücklegt; aber der »Zug der Schöpfung nach Persönlichkeit«, dieses Element der Utopie in Stahls Denken, gibt die Richtung dieses Weges an. Wie das Recht die »Ideen der göttlichen Weltordnung« verwirklichen soll und Recht nur im juristischen, aber nicht im sittlich-bindenden Sinne ist, wenn es der göttlichen Weltordnung widerspricht, so muß auch der Staat danach streben, die Entfaltung des Einzelnen und der Gemeinschaft zur Personalität zu fördern. Widerspricht der Staat diesem telos, so mag er wohl im juristischen Sinne Staat sein, ist es aber nicht im sittlichen Sinne. Das durch den absoluten Wert der Persönlichkeit gegebene Ziel der öffentlichen Ordnung sagt hingegen wenig über die materialen Normen der gerechten Ordnung aus. Sie folgen erst aus dem Begriff des sittlichen Reiches im unvollkommenen Zustand, und es ist bemerkenswert, daß Stahl sie, soweit sie sich auf die konkrete Struktur des Staates beziehen, weniger spekulativ als empirisch ableitet: erhabene Autorität, feste Rechtsordnung und persönliche Freiheit der Bürger glaubt er in jedem dauerhaften Staat feststellen und daher von jedem Staat fordern zu können [734].

Bis hierher führen die Gedanken Stahls. Sie geben lediglich einen Ansatz für die Lösung des Problems der Entwicklung einer historisch-elastischen Norm. Doch sie weisen den Weg zu einer Fortentwicklung, die zwar an Stahl Kritik üben und über ihn hinausgehen muß, die aber an seinen Grundlagen festhalten kann.

[734] Vgl. Phil. d. Rechts, II, 2, S. 2/3, S. 229, vgl. oben S. 117.

Die Differenz von Essenz und Existenz, die Stahl im sittlichen Reich als Norm der öffentlichen Ordnung annimmt, bedeutet die Teilnahme der Norm an den Bedingungen der Existenz. Damit aber unterliegt die Norm auch der Kategorie der Geschichtlichkeit, Mit der Erkenntnis, daß die Norm der öffentlichen Ordnung nicht aus dem vollkommenen Gottesreich abgeleitet werden kann, befreit Stahl die Norm von der Unveränderlichkeit und Zeitlosigkeit des Vollkommenen und ermöglicht es, sie zu einem der historischen Situation angemessenen Maßstabe zu entwickeln.

Doch er nutzt diese Möglichkeit nur unzureichend. Er lehnt es zwar ab, irgendeine Staatsform schlechthin als die vollkommene Form des christlichen Staates zu bezeichnen; aber er hält zugleich an der Zeitlosigkeit seiner Interpretation der göttlichen Weltordnung fest. Er setzt sein Verständnis der »Ideen der göttlichen Weltordnung« absolut, während dieses Verständnis schon heute als zeitbedingt erscheint. Das gilt vor allem für seine an Luther anschließende Auslegung von Röm. 13, die ihn die Forderung nach Untertanengehorsam sowohl in den Katalog der »Ideen der göttlichen Weltordnung« als auch in die Strukturprinzipien der öffentlichen Ordnung übernehmen läßt, und es ist außerdem zu fragen, ob nicht auch andere Institutionen, die er zur göttlichen Weltordnung rechnet, wie etwa das Eigentum, heute schon einen Bedeutungswandel erfahren haben. Weder sein Verständnis der dem Recht zugrundeliegenden »Ideen der göttlichen Weltordnung« noch sein Autoritätsbegriff können daher unverändert übernommen werden.

Im Gegensatz zur orthodoxen neulutherischen Theologie, von der Stahl ausging, kann zumindest die protestantische Theologie der Gegenwart nicht mehr bestimmte Formen der Erkenntnis der ewigen Wahrheit als die ewige Wahrheit selbst ansehen. Sie hält an der Unveränderlichkeit der ewigen Wahrheit fest, hat aber im allgemeinen erkannt, daß die Aufnahme des Evangeliums als der Botschaft von dieser Wahrheit zeitbedingt ist. »Während die Botschaft selbst jenseits unseres Begreifens liegt und unverfügbar ist, obgleich sie uns ergreifen und über uns verfügen kann, ist ihre theologische Auslegung eine Tat der Kirche und einzelner Menschen innerhalb der Kirche. Sie ist deshalb religiös und kulturell bedingt, und selbst ihre Norm und ihr Kriterium können nicht den Anspruch erheben, von der existentiellen Situation des Menschen unabhängig zu sein«[735]. Gottes Wort ist daher weder mit dem Inhalt der Bibel identisch, obwohl in ihr enthalten ,noch in den Lehrmeinungen und Dogmen der Kirche in zeitloser Gütigkeit erfaßt. Jede Generation begegnet der Botschaft in neuer Weise, jede Generation stellt neue Fragen, auf die neue Antworten verlangt werden.

Dieses Verständnis theologischer Normen, wie es bei Paul Tillich entwickelt wird, ermöglicht eine historisch-elastische Interpretation der Prinzipien christlicher Ethik und damit eine Überwindung der am lutherischen Obrigkeitsbegriff und an der ständischen Gesellschaftsordnung orientierten Staatsauffassung, wie sie noch bei Walter Künneth deutlich wird[736]. Das starre Festhalten an Vorstellungen des 16. Jahrhunderts kann durch die Frage ersetzt werden, was das Evangelium jetzt und

[735] Paul Tillich, Systematische Theologie, Bd. I 1956, S. 64 f.

[736] Walter Künneth, Politik zwischen Dämon und Gott. Eine christliche Ethik des Politischen, 1954.

hier verlangt. Damit aber wird auch eine Neuinterpretation des sittlichen Reiches als Maßstab der gerechten Ordnung möglich.

Stahl glaubte, die Strukturprinzipien der erhabenen Autorität, der festen Rechtsordnung und der persönlichen Freiheit empirisch in jedem dauerhaften Staat beobachten zu können. Sie galten ihm als die institutionellen Voraussetzungen für die Integration der Einzelnen zu einem sittlichen Reiche. Werden diese Strukturprinzipien nicht als zeitlos, sondern in ihrer geschichtlichen Bedingtheit gesehen, so ergibt sich, daß sie in eine Zeit relativ statischer Gesellschaftsordnungen mit hierarchischen Wert- und Herrschaftsstrukturen passen. Auch Stahl wußte, daß Autorität mehr ist als bloße Macht, daß Autorität nur hat, wem das Recht zur Machtausübung zugestanden wird[737]. Seine »Obrigkeit« aber erwirbt Autorität nicht durch unmittelbare Legitimierung vor dem Volke, sondern als Sachwalter einer allgemein anerkannten göttlichen Ordnung. In der pluralistischen, durch »Fundamentaldemokratisierung« (Mannheim) gekennzeichneten modernen Gesellschaft kann Autorität jedoch nicht mehr durch Berufung auf eine höhere Ordnung erworben werden. Autorität ist nun das Ergebnis der unmittelbaren Anerkennung des Herrschers durch das Volk, sei es auf Grund von Charisma, Leistung, Tradition oder einer Verbindung dieser Motive. Die notwendige Konsequenz ist die Volkssouveränität in dem Sinne, daß alle öffentliche Gewalt vom Volke ausgehen und sich vor dem Volke legitimieren muß, nicht dagegen im Sinne der Herrschaft der ungeordneten Menge, wie sie Stahl bekämpfte. Nur wenn Stahls Autoritätsbegriff erweitert wird, so daß er die unmittelbare Legitimierung der Staatsgewalt vor dem Volke einschließt, können seine Strukturprinzipien auf die öffentliche Ordnung der Gegenwart angewendet werden. Autorität in diesem revidierten Sinne, feste Rechtsordnung und persönliche Freiheit lassen sich auch in der Gegenwart als Voraussetzungen für den dauerhaften Bestand eines Gemeinwesens nachweisen, sofern ihm ein personalistisches Menschenbild zugrundeliegt.

Die Revision des ersten Moments im Begriff des sittlichen Reiches ist aber nicht allein notwendig, weil Autorität heute nur noch aufgrund der unmittelbaren Anerkennung durch die ihr Unterworfenen entsteht. Die Forderung nach Revision des Autoritätsbegriffs ergibt sich auch aus dem Gedanken des sittlichen Reiches selbst. Stahl will, daß der Staat der sittlichen Vollendung des Einzelnen diene. Er soll sittliche Ideen verwirklichen, wenn auch nur durch äußere Normen und Sicherungen. Diese Verwirklichung der sittlichen Ideen geschieht nach Stahl durch das »Aufnehmen des Denkens und Wollens des Herrschers in das Sein der Beherrschten«[738], wobei Stahl lediglich verlangt, daß dieses »Denken und Wollen« an die der wahren Sittlichkeit des Volkes entsprechende Rechtsordnung gebunden sei. Eine aktive Beteiligung des ganzen Volkes an der Verwirklichung des sittlichen Reiches schließt er mit seinem Autoritätsbegriff aus. Doch er hätte wissen müssen, daß die christliche Botschaft den Menschen zum aktiven Handeln auffordert, weil nur durch die lebendige Teilnahme an der »neuen Wirklichkeit« deren Wesen erkannt werden kann[739]. Er hätte daraus schließen können, daß auch die Verwirklichung des sittlichen Reiches

[737] R. M. MacIver, Macht und Autorität, 1953, S. 76.
[738] Vgl. Stahl, Phil. d. Rechts, II, 2, S. 9.
[739] Paul Tillich, a. a. O., S. 112.

die aktive Teilnahme der Beherrschten an der Herstellung der öffentlichen Ordnung verlangt. Diese Einsicht war ihm jedoch durch seine Bindung an den lutherischen Obrigkeitsbegriff verwehrt.

Wird die erhabene Autorität durch eine dem Volke verantwortliche Autorität ersetzt und das ganze Volk zur aktiven Teilnahme an der Verwirklichung des sittlichen Reiches aufgerufen, so geschieht die Integration der Einzelnen zu einem Gemeinwesen nicht mehr einseitig von »oben« her, durch den Willen des Herrschers, sondern sie ergibt sich aus der gemeinsamen Herstellung der jeweils als gerecht empfundenen Ordnung. Da nach dem Gedanken des sittlichen Reiches die öffentliche Ordnung stets ein Streben nach einem transzendenten Ziel sein muß, erscheint die Integration letzten Endes als Folge eines consensus in den ethischen Fundamentalwerten. Sie enthält die Elemente der persönlichen, funktionellen und sachlichen Integration, wie sie Smend schildert[740], doch sie geht in einer wesentlichen Beziehung über den Integrationsprozeß bei Smend hinaus. Die Integration zu einem sittlichen Reiche ist an einen absoluten Wert gebunden, sie zielt auf die Vollendung der Persönlichkeit des Einzelnen in der zur Personalität erhobenen Gemeinschaft. Smend hingegen faßt den Integrationsprozeß wertfrei auf. Er kennt zwar die integrierende Wirkung gemeinsamer Wertvorstellungen[741], relativiert jedoch die Werte, betrachtet keinen Wert als der öffentlichen Ordnung aufgegebenes absolutes Ziel[742].

Die Auffassung des Staates als eines Willensverbandes, der durch die gemeinsame Herstellung der jeweils als gerecht empfundenen Ordnung stets neu integriert werden muß, wird der historischen Dynamik gerecht. Der Begriff des sittlichen Reiches enthält jedoch auch hier in der hier versuchten Neuinterpretation das notwendige Gegengewicht der Kontinuität. Sie ergibt sich nicht nur aus den im Wechsel der jeweils als gerecht empfundenen konkreten Ordnungen relativ stabil bleibenden, obwohl langfristig nicht unveränderlichen Strukturprinzipien des sittlichen Reiches. Die Kontinuität, die der Begriff des sittlichen Reiches einschließt, ist die Kontinuität des Weges, der in jeder Generation neu gefunden werden muß, der aber immer auf das in seinem Wesen gleichbleibende absolute Ziel gerichtet ist. Ohne diese Kontinuität müßte der Wechsel der konkreten zeitbedingten Ordnungen zur Auflösung des Gemeinwesens führen. Die auf ihr unveränderliches telos gerichtete Gestalt des sittlichen Reiches enthält somit stets ein konservatives Element.

Sie mahnt zur Achtung vor dem auf das gleiche Ziel gerichtete Bemühen der Vergangenheit, damit das Streben der Gegenwart sein Ziel nicht verfehle und seine Verantwortung vor der Zukunft mißachte. Der Gedanke des sittlichen Reiches verlangt, daß das Ganze in der Einheit der lebenden, der toten und der kommenden Geschlechter gesehen werde.

Wird der Begriff des sittlichen Reiches in der hier versuchten Neuinterpretation zum Maßstab der gerechten Ordnung erhoben, wie er für die Gegenwart und für den westlichen Kulturkreis Geltung beanspruchen kann, so ergeben sich demnach die folgenden Anforderungen an diese Ordnung:

[740] Smend, Verfassung und Verfassungsrecht, 1928.
[741] Smend, a. a. O., S. 40 ff.
[742] So bezeichnet Smend den Faschismus, obwohl er sich keineswegs mit ihm identifiziert, als ein Beispiel allseitiger Integration, vgl. Smend, a. a. O., S. 62.

1 Ausrichtung des politischen Handelns an einer personalistischen Ethik, deren konkrete Inhalte weder zeitlos-unveränderlich noch willkürlich auswechselbar sind, sondern sich nach christlichem Verständnis aus der in jeder Epoche neu zu beantwortenden Forderung des Evangeliums, nach humanistischem Verständnis aus dem jeweils neu zu formulierenden transzendenten Selbstverständnis des Menschen ergeben;

2. Integration der Einzelnen zu einem Gemeinwesen durch aktive Teilnahme der Einzelnen an der Gestaltung der jeweils als gerecht empfundenen Ordnung, so daß sich das gesamte Volk mit der Verfassungsform, die diese Teilnahme erlaubt, und wenigstens eine Mehrheit des Volkes mit der konkret verwirklichten Ordnung identifizieren kann;

3. Beachtung der Strukturen, die sich zumindest in den Gemeinwesen mit einem personalistischen Menschenbild als unabdingbare Prinzipien politischer Ordnung erwiesen: der Autorität, der festen Rechtsordnung und der persönlichen Freiheit;

4. Verantwortung nicht nur vor der gegenwärtigen Generation, sondern vor dem Volke in seiner überzeitlichen Einheit.

Diese Anforderungen bezeichnen die Grenzen, innerhalb derer sich eine auf das konkrete Gemeinwohl, auf die konkrete Gestaltung der gerechten Ordnung zielende Politik bewegen darf. Soweit sie mehr als formale Prinzipien darstellen, sind sie eher ein »negativer« Maßstab als eine positive Festsetzung des Gerechten; aus ihnen läßt sich wohl ersehen, was eindeutig ungerecht ist, aber nicht, was im konkreten Falle als gerecht zu gelten hat. Mehr kann jedoch von einem allgemeinen Maßstab nicht erwartet werden, weil jeder weitergehende Versuch einer Konkretisierung seine Allgemeingültigkeit gefährdet[743]. Die Entscheidung, was im Rahmen dieser Anforderungen als jeweils gerechte Ordnung anzusehen und anzustreben ist, kann daher auch nur formal beantwortet werden. Der Begriff des sittlichen Reiches verlangt, daß sich die Bürger aus freier Einsicht mit dem Gesetz identifizieren können. Eine Ordnung kann daher nicht als gerecht bezeichnet werden, wenn sie dem Willen breiter Schichten des Volkes gänzlich widerspricht. Andererseits aber ist auch die Übereinstimmung der politischen Ordnung mit dem Volkswillen kein Kriterium für ihre Gerechtigkeit, sofern die aus dem Begriff des sittlichen Reiches abgeleiteten Anforderungen nicht beachtet werden. Das jeweils Gerechte steht nicht a priori fest; es ist nicht vorgegeben, sodaß es nur durch einen rationalen Prozeß gefunden werden könnte. Es darf auch nicht der autoritären Feststellung durch eine Minderheit unterliegen, weil diese nie von Sonderinteressen frei wäre. Es ergibt sich vielmehr erst aus seiner politischen Willensbildung, die jedem Bürger die gleiche Chance gewährt, seine Vorstellung der hier und jetzt zu verwirklichenden gerechten Ordnung im Rahmen der Anforderungen des sittlichen Reiches durchzusetzen: es ergibt sich aus einem freien Wettbewerb von Ideen und Interessen. Nur die Freiheit der politischen Willensbildung bietet die Gewähr, daß breite Schichten des Volkes sich mit der politischen Ordnung identifizieren können, und nur die Bindung an die Prinzipien des sittlichen Reiches vermag sicherzustellen, daß diese Ordnung ihr transzendentes Ziel nicht verfehlt.

[743] Vgl. zu diesem Problem Arthur Kaufmann, a. a. O., S. 23.

LITERATURVERZEICHNIS

Werke Stahls

1. Die Philosophie des Rechts nach geschichtlicher Ansicht,
   I. Band: Die Genesis der gegenwärtigen Rechtsphilosophie. Heidelberg 1830
   II. Band: Christliche Rechts- und Staatslehre, erste Abteilung Heidelberg 1833
   zweite Abteilung Heidelberg 1837
2. Die Philosophie des Rechts, 2. (erweiterte) Auflage,
   I. Band: Geschichte der Rechtsphilosophie, Heidelberg 1847
   II. Band: Rechts- und Staatslehre auf der Grundlage christlicher Weltanschauung
   erste Abteilung Heidelberg 1845
   zweite Abteilung Heidelberg 1846
3. Die Philosophie des Rechts, 3. Auflage (gegenüber der 2. Auflage erweitert, seitdem unverändert), Heidelberg 1854–1856; Einteilung wie 2. Auflage (zitiert ist nach der dritten Auflage, es sei denn, daß eine andere Auflage angegeben ist)
4. Die Kirchenverfassung nach Lehre und Recht der Protestanten, 1. Auflage Erlangen 1840
5. Das monarchische Prinzip. Heidelberg 1845
6. Fundamente einer christlichen Philosophie. Heidelberg 1846
7. Der christliche Staat und sein Verhältnis zu Deismus und Judentum. Eine durch die Verhandlungen des Vereinigten Landtages hervorgerufene Abhandlung. Berlin 1847
8. Rechtswissenschaft oder Volksbewußtsein? Berlin 1848
9. Die Revolution und die konstitutionelle Monarchie. Berlin 1848
10. Die deutsche Reichsverfassung nach den Beschlüssen der deutschen Nationalversammlung und nach dem Entwurf der drei königlichen Regierungen, beleuchtet von F. J. Stahl. Berlin 1849
11. Der Protestantismus als politisches Prinzip. Vorträge auf Veranstaltung des evangelischen Vereins für kirchliche Zwecke zu Berlin im März 1853 gehalten. Berlin 1853
12. Wider Bunsen. Berlin 1856
13. Die Lutherische Kirche und die Union. Berlin 1859
14. Die gegenwärtigen Parteien in Staat und Kirche; 29 akademische Vorlesungen. Berlin 1863
15. Reden von Stahl aus den Verhandlungen der preußischen Ersten Kammer und des Volkshauses des Deutschen Unions-Parlaments 1849 und 1850. Verlag W. Hertz, Berlin 1850
16. Parlamentarische Reden von Fr. J. Stahl, herausgegeben von J. P. M. Treuherz, Berlin 1856
17. 17 parlamentarische Reden und 3 Vorträge von Stahl herausg. v. Hertz, Berlin 1862
18. Stahl und Rotenhan, Briefe. Herausgegeben von Ernst Salzer, Historische Vierteljahresschrift Bd. XIV (1911)
19. Neue Briefe Fr. J. Stahls. Herausg. v. Ernst Salzer, Deutsche Rundschau 159 (1914)

Übrige Literatur

1. Althaus, Paul, Paulus und Luther über den Menschen, Gütersloh 1938
2. v. Arnim, Henning, Studien zur Entwicklung des konservativen Staatsgedankens, Diss. Greifswald 1925
3. Coing, Helmuth, Die obersten Grundsätze des Rechts. Ein Versuch zur Neugründung des Naturrechts, Heidelberg 1947
4. Bluntschli, Johann Kaspar, Geschichte des Allgemeinen Staatsrechts und der Politik, München 1864
5. Bluntschli, Johann Kaspar, Staatswörterbuch, Zürich 1869 ff.
6. Dahlmann, F. C., Politik auf den Grund und das Maß der gegebenen Zustände zurückgeführt 1. Bd. 2. Aufl. 1847
7. Dempf, Alois, Sacrum Imperium, Darmstadt 1954
8. Drucker, Peter, Friedrich Julius Stahl, Konservative Staatslehre und geschichtliche Entwicklung, Tübingen 1933
9. Fahlbusch, Erwin, Die Lehre von der Revolution bei F. J. Stahl, theol. Diss. Göttingen 1957
10. Fichte, Johann Gottlieb, Sämtliche Werke, herausg. v. J. H. Fichte, Berlin 1845–1846
11. Fischer, Fritz, Der deutsche Protestantismus und die Politik im 19. Jahrhundert, in: Historische Zeitschrift Bd. 171 (1951), S. 473 ff.
12. Fischer, Kuno, Geschichte der neueren Philosophie, Bd. 7, 4. Auflage Heidelberg 1923
13. Friedrich, Carl Joachim, Der Verfassungsstaat der Neuzeit, Berlin 1953
14. Fuhrmanns, Horst, Schellings letzte Philosophie, Berlin 1940
15. von der Gablentz, Otto Heinrich, Die politischen Theorien seit der Französischen Revolution, Köln u. Opladen 1957
16. von der Gablentz, Otto Heinrich, Reaktion und Restauration, in: Zur Geschichte und Problematik der Demokratie, Festgabe für Hans Herzfeld, Berlin 1958
17. von der Gablentz, Otto Heinrich, Politische Forschung in Deutschland, in: Politische Forschung. Beiträge zum zehnjährigen Bestehen des Instituts für politische Wissenschaft, herausg. v. Otto Stammer, Köln u. Opladen 1960
18. Gollwitzer, Helmut, Die christliche Gemeinde in der politischen Welt, Tübingen 1954
19. von Haller, Carl Ludwig, Restauration der Staats-Wissenschaft oder Theorie des natürlich-geselligen Zustandes, der Chimäre des künstlich-bürgerlichen entgegengesetzt, 1. Aufl. Winterthur 1816–1820
20. Heckel, Johannes, Der Einruch jüdischen Geistes in das deutsche Staats- und Kirchenrecht durch Fr. J. Stahl, in: Historische Zeitschrift, Bd. 155, Heft 3, 1937
21. Heckel, Johannes, Lex charitatis, München 1953
22. Heckel, Johannes, Im Irrgarten der Zwei-Reiche-Lehre, in: Theologische Existenz heute, Heft 55, München 1957
23. Hegel, G. W. F., Sämtliche Werke, Stuttgarter Jubiläumsausgabe 1952
24. Heller, Hermann, Staatslehre, herausg. v. G. Niemeyer, Leiden 1934
25. Hirsch, Emanuel, Geschichte der neueren evangelischen Theologie, Bd. V Gütersloh 1954
26. Hirsch, Emanuel, Die Reich-Gottes-Begriffe des neueren europäischen Denkens, Göttingen 1921

27. Hübner, Reinhard, Fr. J. Stahl und der Protestantismus, Diss. Bonn 1928
28. Jacobi, Friedrich Heinrich, Werke, Leipzig 1812–1825
29. Jaspers, Karl, Schelling, Größe und Verhängnis, München 1955
30. Jellinek, Georg, Allgemeine Staatslehre, 3. Aufl. 7. Neudruck, Darmstadt 1960
31. Kant, I., Gesammelte Schriften, herausg. v. d. Königlich Preußischen Akademie der Wissenschaften, Berlin 1910–1923
32. Kaufmann, Arthur, Naturrecht und Geschichtlichkeit, in: Recht und Staat in Geschichte und Gegenwart, Heft 197, Tübingen 1957
33. Kaufmann, Erich, Studien zur Staatslehre des monarchischen Prinzips, Diss. Leipzig 1906
34. Kaufmann, Erich, Über den Begriff des Organismus in der Staatslehre des 19. Jahrhunderts, Heidelberg 1908
35. Kelsen, Hans, Allgemeine Staatslehre, 1925
36. Knittermayer, Hinrich, Schelling und die romantische Schule, München 1928
37. Künneth, Walter, Politik zwischen Dämon und Gott. Eine christliche Ethik des Politischen. Berlin 1954
38. Lang, Wilhelm, Stahls »christlicher Staat« und Luthers »Obrigkeit«, Diss. Bonn 1936
39. Leo, Heinrich, Studien und Skizzen zu einer Naturlehre des Staates, 1833, Neuauflage in der Reihe Civitas Gentium, herausg. v. Max Graf zu Solms, 1948
40. Luther, Martin, Gesammelte Werke, Weimarer Ausgabe 1883 ff.
41. Luther, Martin, Die Hauptschriften, herausg. v. H. Freiherr von Campenhausen, Berlin o. J.
42. MacIver, R. M., Macht und Autorität, Frankfurt 1953
43. Maihofer, Werner, Recht und Sein, Prolegomena zu einer Rechtsontologie, Frankfurt 1954
44. Mannheim, Karl, Ideologie und Utopie, 3. Aufl. Frankfurt 1952
45. Mannheim, Karl, Das konservative Denken, in: Archiv für Sozialwissenschaften und Sozialpolitik, Bd. 57, 1927
46. Masur, Gerhard, Friedrich Julius Stahl. Geschichte seines Lebens. Aufstieg und Entfaltung 1802–1840. Berlin 1930
47. Meisner, Heinrich Otto, Die Lehre vom monarchischen Prinzip im Zeitalter der Restauration und des Deutschen Bundes, Breslau 1913
48. Möhler, Johann A., Symbolik, Regensburg 1871
49. von Mohl, Robert, Geschichte und Literatur der Staatswissenschaften, Erlangen 1855
50. Müller, Adam H., Die Elemente der Staatskunst, ungekürzt nach der Originalausgabe 1808/09 Meersburg und Leipzig 1936
51. Müller, Max, Existenzphilosophie im geistigen Leben der Gegenwart, 2. Aufl. Heidelberg 1958
52. Novalis, Werke, Briefe, Dokumente, herausgegeben von Ewald Wasmuth, Heidelberg 1953 f.
53. Poppelbaum, K., Die Weltanschauung Fr. J. Stahls, Diss. Frankfurt 1922
54. Rommen, Heinrich, Die ewige Wiederkehr des Naturrechts, 2. Aufl., München 1947
55. Roos, Adelheid, Konservatismus und Reaktion bei Fr. J. Stahl, Diss. Bonn 1957

56. von Savigny, Friedrich Carl, Über den Beruf unserer Zeit zur Gesetzgebung..., in: Thibaut und Savigny. Ein programmatischer Rechtsstreit auf Grund ihrer Schriften, herausg. v. J. Stern, Darmstadt 1959
57. Schellings Werke, Münchner Jubiläumsausgabe herausg. v. Manfred Schröter, 1927
58. Schmauch, Werner, und Wolf, Ernst, Königsherrschaft Christi, in: Theologische Existenz heute, Heft 64, 1958
59. Smend, Rudolf, Verfassung und Verfassungsrecht, München und Leipzig 1928
60. Thilo, Christfried Albert, Die theologisierende Rechts- und Staatslehre, Leipzig 1861
61. Tillich, Paul, Gesammelte Werke Bd. I: Frühe Hauptwerke, Stuttgart 1959
62. Tillich, Paul, Systematische Theologie, Bd. 1 Stuttgart 1956, Bd. 2 Stuttgart 1958
63. Tillich, Paul, Der Protestantismus, Prinzip und Wirklichkeit, Stuttgart 1950
64. Tillich, Paul, Liebe, Macht, Gerechtigkeit, Tübingen 1955
65. Troeltsch, Ernst, Gesammelte Schriften, Bd. 1 1912, Bd. 4 1925
66. Volz, Otto, Christentum und Positivismus, Die Grundlagen der Rechts- und Staatsauffassung Fr. J. Stahls, Tübingen 1951
67. Wolf, Erik, Das Problem der Naturrechtslehre. Versuch einer Orientierung. Karlsruhe 1955
68. Zachariae, Karl Salomo, Vierzig Bücher vom Staate, Heidelberg 1839
69. Ziebura, Gilbert, Die V. Republik, Köln und Opladen 1960

GPSR Compliance

The European Union's (EU) General Product Safety Regulation (GPSR) is a set of rules that requires consumer products to be safe and our obligations to ensure this.

If you have any concerns about our products, you can contact us on ProductSafety@springernature.com

In case Publisher is established outside the EU, the EU authorized representative is:

Springer Nature Customer Service Center GmbH
Europaplatz 3
69115 Heidelberg, Germany

Batch number: 10809472

Printed by Printforce, the Netherlands